C++와
CUDA C로 구현하는
딥러닝 알고리즘 Vol.1

KB075423

C++와 CUDA C로 구현하는
딥러닝 알고리즘 Vol.1

Restricted Boltzman Machine의 이해와 Deep Belief Nets 구현

티모시 마스터즈 지음 | 이승현 옮김

에이콘

이 책을 시작하기에 앞서

이 책에 관련된 소스코드들을 비롯해 모든 내용이 최대한 올바르게 수록될 수 있도록 많은 노력을 들였다. 하지만 오타나 일부분이 생략되는 실수를 범했을 수도 있다. 실제로 그랬을 가능성이 매우 높다. 이 책이나 이 책에서 다루는 소스코드들은 전문적인 연구 자료로 제공하기 위해 제작한 것은 아니다. 따라서 이 책과 관련된 모든 내용과 코드에 오류가 없다고 보장할 순 없으며, 이러한 자료들을 사용하는 것과 연관된 모든 법적 책임은 독자에게 있음을 명시한다.

이 책에서 설명하는 알고리즘들과 DEEP 프로그램에 구현된 기법들은 실험적인 것들이며, 외부 전문가를 통한 검증을 받거나 엄격하게 테스트되지 않았다. 따라서 이 자료들은 있는 그대로 다뤄주길 바란다.

지은이 소개

티모시 마스터즈 Timothy Masters

수리 통계학 분야에서 수치 계산numerical computing 전공으로 박사학위를 받았다. 그 이후 독립적인 컨설턴트로서 정부와 산업 기관에서 지속적인 경력을 쌓았다. 초기 연구 분야는 고고도high-altitude 촬영 사진에서 자동으로 특징feature을 추출하는 기능과 관련된 것들이며, 홍수와 가뭄 예측, 숨겨진 미사일 저장탑 탐지, 위협적인 군시용 차량 확인 등의 다양한 애플리케이션들을 개발했다. 그후에는 침생검needle biopsies상에서 유익한 세포와 유해한 세포를 구별해내는 알고리즘 개발을 위해 의료 연구원으로 근무했다. 이후 12년 동안, 주로 자동화된 경제 마켓 트레이딩 시스템을 평가하기 위한 알고리즘을 개발했다. 지금까지 예측 모델을 실무에 적용하는 방법에 대한 내용으로 『Practical Neural Network Recipes in C++』(Academic Press, 1993), 『Signal and Image Processing with Neural Networks』(Wiley, 1994), 『Advanced Algorithmsfor Neural Networks』(Wiley, 1995), 『Neural, Novel, and Hybrid Algorithmsfor Time Series Prediction』(Wiley, 1995), 『Assessing and Improving Predictionand Classification』(CreateSpace, 2013) 등 5권의 저서들을 출판했다.

이 책에서 활용하는 코드는 저자의 홈페이지 TimothyMasters.info에서 다운로드할 수 있다.

옮긴이 소개

이승현(dedoogong@gmail.com)

한국 항공대학교 기계공학부를 졸업하고 삼성 소프트웨어 멤버십과 산업통상자원부 소프트웨어 마에스트로를 수료한 뒤, 한양대학교 컴퓨터공학과에서 석사과정을 마쳤다. MDS 테크놀로지에서 자동차 ISO 26262 국제 안전 표준과 AUTOSAR 관련 기술 지원을 담당했으며, 시어스랩에서 모바일 환경에서의 얼굴 랜드마크 검출 DCNN 구동을 위한 압축 알고리즘 연구를 했다. 현재 KT 융합기술원에서 딥러닝 기반의 무인 상품 인식과 얼굴/몸 keypoint 검출을 통한 이상 행동 검출, 딥러닝 가속화 엔진 구현 등 딥러닝 기반의 다양한 영상 분석에 매진하고 있다. 양질의 원서를 하루라도 빨리 우리글로 옮겨 국내 개발자들에게 도움을 주고자 번역에 발을 들였다. 번역한 책으로는 에이콘출판사에서 펴낸 『윈도우폰 7 게임 프로그래밍』(2012), 『안드로이드 앱 인벤터』(2013), 『데이터 마이닝 Data Mining』(2013)이 있다.

옮긴이의 말

4년 전, 우연히 처음 데이터 마이닝 분야를 접하게 된 이후 줄곧 데이터 속에서 특정한 패턴을 찾아내는 기법들이 얼마나 놀라운 속도로 발전하고 있는지 구경하는 것만으로도 상당한 재미가 있었다. 예전에는 '인공지능'이란 말이 그저 스타크래프트와 같은 게임 소프트웨어를 만드는 데에만 국한돼 사용되는 것 같았지만, 요즘에는 부쩍 자동차 소프트웨어나 사용자와 대화해주는 소프트웨어, 주식 거래 자동화 소프트웨어, 바이오인포매틱스 등에 활발하게 적용되면서 왠지 모를 보람을 느끼고 있다. 이 책은 이러한 인공지능 기술에서 가장 중심에 해당하는 '딥러닝' 알고리즘의 핵심인 'Deep Belief Network'를 'CUDA'와 함께 다룸으로써 딥러닝의 구조와 원리를 이해하고, 이러한 알고리즘이 GPGPU에서 동작하기 위해 어떠한 개념과 기법들이 적용되고 있는지 확인해볼 수 있는 좋은 진입점이라 할 수 있다. 내 좁은 시각으로 보면 알파고나 구글카의 자율 주행 기술들에 딥러닝이 적용되는 것은 그야말로 시작에 불과한 것 같다. 딥러닝이 빅데이터의 어깨 위에서서 이 세상이 돌아가는 역학적 원리를 학습하기 시작한다면 이 알고리즘의 본 면모가 제대로 드러날 것 같다. 요즘 '구글라이프'라는 말을 종종 듣곤 하는데, 이러한 기술을 우리나라 엔지니어들도 빠르게 습득해 이런 볼만한 구경거리를 그저 바라보고만 있지 말고 직접 무대에 올라서서 같이 퍼포먼스를 보여줬으면 한다. 나도 아직 딥러닝의 모든 것을 제대로 이해하고 있는 것은 아니기 때문에 번역에 어려움이 많았지만, 이렇게 Vol. 1을 마치고 나니 한숨 돌릴 것 같다. 혹시나 이 책을 읽고 딥러닝 기술을 실시간 영상처리에 적용하는 데(되도록 자동차 분야에 국한해) 관심이 있는 독자가 있다면 기꺼이 교류하고 싶다. 아무쪼록 Vol. 1으로 독자와 인사드리게 돼 큰 영광이며,

차후 관련 서적들을 통해 지속적으로 인사드릴 수 있었으면 한다. 참고로, 이 책을 번역하면서 나름대로 그림을 그리며 정리한 자료가 있는데, 원하는 독자는 나의 LinkedIn(kr.linkedin.com/in/seunghyun-lee-0845528b)에 접속하면 찾을 수 있을 것이다. 독자들이 이 책을 읽으면서 자료를 함께 참고해 학습 시간을 절약할 수 있었으면 한다.

이승현

차례

3 제한된 볼츠만 머신   133

1

소개

이 책의 대상 독자

이 책은 신경망에 대해 이미 기본적인 지식이 있으며, Deep Belief Nets에 대해 학습하고 실험해보면서 DEEP 프로그램도 구현하고자 하는 독자를 대상으로 한다. 이 책의 특징은 다음과 같다.

- Deep Belief Nets 패러다임에 대한 학습 동기를 제공한다.

- 대부분의 일반적인 Deep Belief Nets의 구성 요소들을 위한 중요한 함수와 수식들을 제시하고, 정당성에 대해 적당히 연구한다.

- 일반적인 Deep Belief Nets 패러다임을 위한 훈련, 실행, 분석 알고리즘들을 언어 독립적인 형태로 제공한다.

- 이 책에 수록돼 있는 DEEP 프로그램의 상세한 사용자 매뉴얼은 홈페이지 (TimothyMasters.info)에서 무료로 다운로드할 수 있다. 이 책에서는 이 프로그램의 내부적인 동작 원리를 상세하게 다룬다.

- 여러 가지 필수적인 Deep Belief Nets 알고리즘을 구현한 C++ 코드를 제공한다. 윈도우상에서 실행되는 멀티스레드 버전의 구현물과 더불어 nVidia 비디오카드의 슈퍼 컴퓨팅 성능을 활용할 수 있도록 CUDA C 기반으로 구현한 코드도 제공한다.

이 책에는 다음과 같이 상세히 수록되지 않은 항목들도 있다는 사실을 꼭 명심하자.

- 상세한 수학적 이론은 대부분 생략했다. Deep Belief Nets의 수학적 배경 원리를 자세히 공부해보고 싶은 독자들은 인터넷에서 방대한 양의 논문들을 찾아보길 바란다. 1장의 뒷부분에서는 가장 뛰어난 몇 가지 논문을 소개한다.

- 가장 뛰어난 실용성을 지닌다고 판단되는 모델들만 이 책에 제시했다. 즉 이 책에 수록되지 않은 모델들도 충분히 탁월한 것들이 많으며, 단지 내가 그러한 모델을 아직 제대로 맛보지 못했거나, 내가 몸담고 있는 특

수한 도메인에서는 아직 눈에 띌 정도로 유용한 점을 찾지 못한 것일 수 도 있다.

요약하자면 나는 Deep Belief Nets의 대중적 도메인들의 차이를 메꾸려는 시도를 해왔다. 수많은 논문이 철저한 이론들을 소개하고 있으며, 특히 제프리 힌튼 박사Dr. Geoffrey Hinton의 논문이나 이 분야에서 명성을 떨치고 있는 다른 선구자들의 논문을 참고하면 많은 도움이 될 것이다. 이와 관련된 뛰어난 내용의 논의들을 여기서 다시 하는 것은 낭비다. 또한 기본적인 알고리즘에 대한 일반적인 설명들을 인터넷에서 쉽게 찾아볼 수 있다(이런 자료들은 대개 실질적으로 적용해볼 수 있을 만한 정보가 결여돼 있긴 하지만). 이는 결국 유치한 수준의 문제에만 적용해볼 만한 낮은 수준의 자료들과 진정으로 유용한 알고리즘 간의 명확한 차이를 만든다. 공개 도메인에서 부족한 것은 Deep Belief Nets를 구현하길 원하면서 실제 세계에서 일어나는 문제들을 풀고 싶어 하는 사람이 필요로 하는 구체적이고 특수한 정보들이다. 이 책은 그러한 실용성에 초점을 둔다.

다중 레이어 피드포워드 신경망 개요

다중 레이어 피드포워드 신경망Multiple-Layer Feedforward Networks은 일반적으로 그림 1.1과 1.2에 나와 있는 것처럼 '뉴런'들로 구성된 레이어들을 여러 겹에 걸쳐 쌓는 것으로 표현된다. 고전적인 모델링 서적에서는 하단에 있는 입력 레이어를 소위 '독립 변수' 혹은 '예측자predictor' 등으로 지칭한다. 이러한 입력 레이어 바로 위에는 첫 번째 은닉 레이어first hidden layer가 존재한다. 이 은닉 레이어상에 존재하는 뉴런들은 입력 값들에 가중치를 적용해서 합산한 다음, 이를 비선형 함수의 입력 값으로 대입시킴으로써 '활성화'된다. 이러한 개개의 은닉 뉴런들은 저마다의 입력 가중치 값들을 집합적으로 갖게 된다.

이 위에 하나의 레이어, 즉 두 번째 은닉 레이어가 더 있다면 첫 번째 은닉 레이어상의 활성도 값에 다시 가중치를 적용한 후 모두 합산해 두 번째 은닉 레이어의 뉴런들이 갖는 활성도를 계산한다. 이런 식으로 원하는 만큼 많은 은닉 레이어를 두고 동일한 계산 과정을 반복해나간다.

신경망의 최상단에 있는 출력 레이어의 활성도를 계산하는 방법은 다양하게 존재하며, 이들 중 몇 가지 방법을 향후 논의할 것이다. 지금 당장은 일단 바로 밑에 있는 레이어상의 활성도 값들에 각각 가중치를 적용하고 더함으로써 비선형 함수에 다시 대입하지 않고 그냥 개개의 출력단 뉴런들의 활성도를 계산한다고 가정한다.

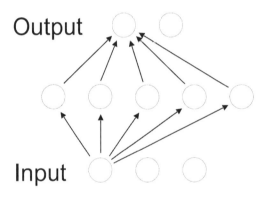

그림 1.1 얇은 레이어를 갖는 신경망

그림 1.1과 1.2에서는 전체 중 일부 연결선들만 나타냈다. 하지만 실제로는 모든 레이어상의 모든 뉴런은 자신보다 위에 있는 레이어의 모든 뉴런과 연결돼 있는 구조를 갖는다.

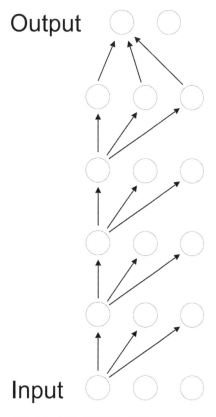

그림 1.2 깊은 레이어의 신경망

좀 더 구체적으로 은닉 뉴런의 활성화 값은 식 (1.1)과 같이 이전 레이어의 활성화 값들 기반으로 한 함수로 표현된다. 이 식에서 $x = \{x_1, \ldots, x_K\}$는 이전 레이어 활성화 값들로 구성된 벡터이고, $w = \{w_1, \ldots, w_K\}$는 이 활성화 값들에 적용되는 가중치 값들의 벡터이며, b는 바이어스를 나타내는 항이다.

$$a = f\left(b + \sum_{k=1}^{K} w_k x_k\right) \qquad (1.1)$$

때로는 전체 신경망의 활성도를 한꺼번에 고려해 계산하는 것이 편할 수도 있다. 식 (1.2)에서 가중치 행렬 W는 K개의 열을 가지며, 각 열은 이전 레이어상에 존재하는 각 뉴런에 대응한다. 또한 계산 대상이 되는 레이어상에 있는 뉴런들의 개수만큼 행이 존재한다. 바이어스와 입력 x는 하나의 열을 갖는 벡터다. 비선형 활성 함수가 바로 이 벡터의 각 원소들마다 적용돼 계산된다.

$$a = f(b + Wx) \tag{1.2}$$

●● 옮긴이 추가

바이어스 벡터의 원소들의 개수는 출력단에 존재하는 뉴런의 개수 No와 동일하며, x는 곧 입력 뉴런들로 이뤄진 벡터이므로 Ni개만큼의 원소를 가지며, 가중치 행렬 W는 그림 1.2와 같이 개개의 뉴런들이 모든 출력 뉴런과 연결되며, 이 연결선마다 가중치가 존재한다고 보면 $W = No \times Ni$의 크기를 갖는다. 즉, 다음과 같다.

$b = [b_1; \cdots ; b_{No}]$

$W = [W_{11} \cdots W_{1Ni}; W_{21} \cdots W_{2Ni}; \cdots; W_{No1} \cdots W_{No\,Ni}]$

$x = [x_1; \cdots; x_{Ni}])$

활성화 값의 계산을 표현하는 방법이 한 가지 더 있는데, 경우에 따라서 가장 간편하게 써먹을 수 있다. 바이어스 벡터 b가 처리하기 골치 아픈 존재일 수 있기 때문에 바이어스 벡터를 기존 가중치 행렬 W의 오른편에 덧붙이고, 입력 벡터 x의 행에 1이라는 성분을 추가하는 식으로 동치화시킬 수 있다 ($x = \{x_1, \ldots, x_K, 1\}$). 이렇게 하면 다음과 같이 각 레이어의 활성화 함수를 단순히 행렬/벡터 간의 곱을 입력받는 함수로 변환된다.

$$a = f(Wx) \tag{1.3}$$

활성화 함수는 어떤 형태를 갖는가? 보편적으로 활성화 함수는 훈련 프로세스를 빠르게 해준다고 알려진 쌍곡 탄젠트^{hyperbolic tangent} 함수를 사용한다. 나중에 좀 더 명확하게 밝히겠지만, 어떤 이유로 인해 우리는 다음 식과 같은 로지스틱 함수를 사용할 것이다(그림 1.3 참조).

$$f(t) = \frac{1}{1 + e^{-t}} \qquad\qquad (1.4)$$

신경망을 구성하는 레이어의 개수가 단 하나일지라도 뛰어난 성능을 갖게 해주는 여러 가지 이론이 있다. 이런 방법들을 여기서는 추구하지 않겠지만, 이론적으로나마 그러한 신경망들이 매우 광범위한 부류의 문제들을 해결할 수 있는 능력을 지닌다는 사실을 알게 될 것이다. 더불어서 모든 실용적인 목적들을 고려해 두 번째 은닉 레이어를 추가함으로써 남아 있는 몇 가지 문제들을 해치울 수 있다. 이런 탁월함 때문에 다중 레이어 피드포워드 신경 망 이론이 오늘날 큰 인기를 누리는 것이 당연지사다.

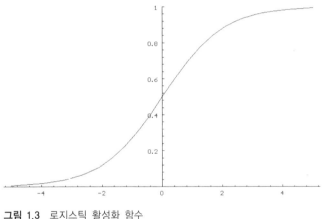

그림 1.3 로지스틱 활성화 함수

Deep Belief Nets란 무엇이며, 왜 이 모델이 좋은 것인가?

신경망 이론이 발달되기 전에 연구원들은 일반적으로 시스템을 예측하고 분 류하는 문제에 있어 사람의 지적 능력에 크게 의존했다. 관심 대상인 변수들 을 측정한 뒤 이러한 '원본raw' 변수들을 연구 작업을 수행하기 위해 선형 판별식 분석과 같은 알고리즘들을 쉽게 만들어주는 새로운 변수들로 관리하 는 여러 가지 방법을 브레인스토밍으로 찾아낸다. 이러한 원본 변수들의 한 예로 그레이스케일로 이뤄진 이미지를 들어보자면 보통 연구원들은 이미지에 에지 검출^{egde detection} 알고리즘이나 퓨리에 변환 알고리즘을 적용한 결과를 분류기에 적용시킨다(원본 이미지 데이터를 곧바로 분류하지 않고, 좀 더 쉽고 효율적이며, 더 낮은 결과를 얻기 위해 영상 처리를 한 후에 분류기 모듈에 적용해 분류시킨다. - 옮긴이).

신경망 알고리즘, 특히 갑작스럽게 기존 알고리즘과 비교했을 때 훨씬 더 적은 전처리 작업을 필요로 하는 다중 레이어 피드포워드 신경망의 탄생으로 데이터 분석 분야가 흥분에 들썩이고 있다. 이로 인해 간단하게 그레이스케일의 이미지 픽셀 배열 데이터를 신경망에 대입한 뒤, 자체적으로 특징들은 거의 기적처럼 명확한 클래스들로 분류해낼 수 있게 됐다.

수년간에 걸쳐 피드포워드 신경망의 아키텍처를 얕고^{shallow} 넓게 설계하는 것이 최고라고 여겨왔다. 다시 말하면 입력(종종 밑단 레이어라고도 부름)과 출력(종종 최상단 레이어라고 부름)과 더불어 피드포워드 신경망이 단 하나 혹은 기껏해야 두 개의 은닉 레이어만 갖는다는 의미다. 이러한 관행이 지속되는 데는 여러 가지 강력한 원동력들이 그 밑받침이 됐다. 몇 가지 이론들은 매우 광범위한 부류의 문제들을 하나 혹은 두 개의 은닉 레이어만으로 충분히 해결 가능하다는 것이 증명됐다. 또한 은닉 레이어를 세 개 이상 만들려고 하면 언제나 너무 많은 경우의 수가 있어 고려할 가치가 없는 포인트들을 사용할지 말지를 결정하는 문제를 끝내 해결하지 못했다.

그때 당시 존재했던 이론들은 더 많은 은닉 레이어가 필요 없었으며, 더 많은 레이어를 원한다고 해도 아무튼 그 안의 뉴런들을 훈련시킬 수도 없었다. 이러니 무엇 때문에 수고를 자처하겠는가?

원래 신경망 이론은 두뇌의 동작 원리를 모델로 해 연구돼 오고 있었다. 불행히도 두뇌의 구조는 연산 구조가 매우 깊은 형태를 갖기 때문에 이때 당시의 신경망 구조와는 거리가 멀었다. 그러다가 새로운 이론적 결과가 등장하기 시작하면서 여러 가지 중요한 부류에 속하는 문제들을 대상으로, 개수를 동일하게 유지했을 때 넓고 얕은 구조보다는 좁고 깊은 구조가 더 좋은 성능을 지닌다는 결과를 보여줬다. 실제로 얕은 신경망^{shallow network}이 어떤 문제를 푸는 데 충분한 성능을 지닐지라도 이렇게 하려면 그 너비가 방대해질 수밖에 없다. 반면 딥 신경망^{deep network}은 너비가 매우 좁아도 이러한 문제를 풀어낼 수 있다. 딥 신경망이 제시하는 방식은 매혹적이지만, 이를 구현하는 일은 여전히 너무나도 가혹하다.

2006년, 제프리 힌튼 박사가 제출한 논문인 「A Fast Learning Algorithm for Deep Belief Nets」에는 획기적인 알고리즘이 담겨있었다. 이 논문은 대략적으로 말해 딥 신경망을 훈련시키는 일반적인 절차를 적절히 소개하며, 이 이론의 근간이 됐다.

1) 원하는 출력 값과는 무관하게 원본 입력 데이터들을 반영해^{reflectively} 재생산할 수 있도록 단 하나의 은닉 레이어상에 존재하는 뉴런들을 비감독 훈련시키는 방법을 활용한다. 은닉 뉴런들의 수가 입력에 비해 적다면 레이어들이 암기하듯 결과를 내뱉는 것보다는 데이터의 패턴을 학습하도록 강요한다. 이러한 패턴 학습은 주요 컴포넌트들을 대상으로 발생하는 것들이나 일부 종류의 데이터 압축 작업과 닮았다. 입력의 수보다 은닉 뉴런의 수가 더 적지 않다고 하더라도 훈련만 적절히 이뤄지면 패턴 학습을 할 수 있다.

2) 각 훈련 과정에서 훈련된 이전 은닉 레이어의 활성화 결과를 다음 은닉 레이어에 전달될 입력으로 사용한다. 이러한 두 번째 은닉 레이어가 이전 은닉 레이어에서 전달해준 입력을 반영해 재현하도록 학습시킨다.

3) 원하는 만큼 많은 은닉 레이어를 대상으로 반복시킨다. 각 은닉 레이어를 따라 상위로 올라갈수록 더욱 고차원적인 패턴들을 인코딩한다. 예를 들어 원본 데이터 입력으로 이미지를 그레이스케일로 변환시킨 픽셀 배열 데이터가 있을 수 있다. 첫 번째 은닉 레이어는 이 이미지에 존재하는 수많은 에지들을 검출할 것이다. 두 번째 은닉 레이어는 이러한 에지들이 연결된 패턴들을 검출할 것이다. 세 번째 은닉 레이어는 이렇게 연결된

패턴들을 조합해 형태를 인식할 만한 사물들로 추출할 것이다. 이렇게 점진적인 특징 추출 과정은 얕은 신경망 구조에서는 불가능한 일이다.

이제 감독 훈련 기법을 이용해 마지막 은닉 뉴런들의 활성화 연산 결과를 최상 단 레이어상에 존재하는 각 클래스나 예측 결과들과 매핑한다. 대신 비감독 훈련 과정에서 학습된 가중치 값을 고전적이지만 아주 깊은 피드포워드 신경 망을 감독 훈련시켜나가는 과정의 초기 값으로 사용할 수 있다.

이러한 방식을 일반화하게 되면 아주 다양한 형태가 존재할 수 있으며, 이들 중 가장 인기 있으면서 유용한 몇 가지 형태에 대해 살펴볼 것이다. 하지만 좀 더 광범위한 시야로 볼 때 이러안 알고리즘은 오늘날 Deep Belief Nets를 적용한 여러 가지 사례를 포괄한다.

Deep Belief Nets가 갖는 가상 매력석인 속성 중 하나는 훈련 예제 데이터들의 일반성을 넘어서는 놀라운 일반화 능력이다. 이는 출력 레이어가 원본 데이터 자체를 보는 것이 아니라 이러한 데이터들이 형성하는 '일반적인' 패턴을 보기 때문이다.

이와 밀접하게 연관된 한 가지 속성은 Deep Belief Nets가 과적합^{overfitting} 오류에 대해 놀라울 정도로 강하다는 점이다. 초창기 통계학과 학생들은 누구나 훈련에 사용할 데이터를 더 많이 모으는 일이 최적화가 가능한 가중치를 고려하는 것보다 더욱 중요하다고 배운다. 50개의 최적화 가능한 파라미터를 갖는 어떤 모델을 훈련시키기 위해 100개의 훈련 데이터를 사용한다면 이러한 데이터들의 패턴을 학습해 나가면서 결과적으로 얻게 되는 모델은 훈련 집합 안의 존재하는 여러 잡음 성분들까지 학습을 수행해버리므로 무용지물이 된다는 것이다. 하지만 수기로 기록된 MNIST 데이터 집합을 고려해보자. 이렇게 세계적으로 표준화된 데이터 집합에는 60,000여 개의 훈련 데이터와 10,000여 개의 독립적인 테스트 데이터가 존재한다. 여러 종류의 '수백만' 개로 구성된 파라미터들을 갖는 Deep Belief Nets를 훈련시키기 위해 누구나 이 모든 훈련 데이터를 사용함으로써 10,000여개의 테스트 데이터들을 대상으로 오차율을 1% 미만으로 낮출 수 있다!

어떤 경우든지 Deep Belief Nets가 과적합에 강한 이유는 가장 마지막에 위치한 레이어가 훈련을 마칠 때까지의 모든 학습 과정이 비감독으로 진행된다는 사실이다. 은닉 레이어를 훈련시키는 동안 학습 알고리즘은 각 훈련 데이터의 참 클래스가 무엇인지 전혀 모른다(사실, 참 클래스에 대해 제약적인 지식을 이용하는 몇 가지 하이브리드 형태의 알고리즘도 존재하며, 감독 훈련에 의해 세밀하게 튜닝된 은닉 레이어가 때로 수행되지만, 우리는 이러한 알고리즘들에 대해선 당장 논의하진 않을 것이다). 이러한 훈련 알고리즘이 참 클래스들이 무엇인지 모르는 채로 동작해야만 하므로, 이 대신 반드시 데이터들의 일관적인 패턴을 인식하도록 학습해야만 한다. 정의에 따르면 잡음 데이터가 일관적인 패턴을 가질 가능성이 낮다. 오로지 정상적인 패턴들만이 규칙적으로 데이터상에 나타나게 된다. 이는 Deep Belief Nets 모델이 랜덤 잡음을 무시하면서 데이터의 실질적인 구조를 학습할 수 있도록 보상을 제공한다.

2

감독 피드포워드 신경망

Deep Belief Nets는 일반적으로 단계별 훈련 절차를 거친다. 먼저 하나 이상의 레이어들을 비감독 훈련 기법으로 학습시킨다. Deep Belief Nets 모델이 원하는 것은 클래스들의 집합이나 예상되는 결과 값들을 학습하는 것보다는 간단히 독립 변수들이 형성하는 일관된 패턴들을 찾아내는 것이다. 패턴을 검출해낸 다음에야 학습 방식을 감독 훈련 방식으로 전환한다. 하지만 감독 훈련 알고리즘이 일반적인 비감독 훈련 방식보다 더 이해하기 쉽기 때문에 우선 감독 훈련 방법에 의한 Deep Belief Nets를 공부해볼 것이다.

오차 역전파

감독 훈련 기법의 근본적인 목표를 간단히 알아보자. 신경망에 입력 데이터가 주어졌을 때 신경망의 출력 값이 기댓값에 최대한 근사하게 나오도록 파라미터(식 1.2와 같이 서술되는 가중치와 바이어스)들을 찾는다. 이러한 파라미터들을 찾기 위해서는 반드시 '근사'라는 개념이 무엇을 말하는지 엄격하게 정의해 줄 성능 기준이 있어야 한다.

기존에 즐겨 쓰던 성능 기준은 평균 제곱 오차[MSE, Mean Squared Error]다. 각 훈련 데이터마다 각 출력 뉴런의 기대 활성도 값과 실제로 얻은 활성도 값의 차이를 제곱한 뒤 합산한다. 이렇게 모든 훈련 데이터를 대상으로 구한 제곱 오차의 평균은 이 책의 범위는 벗어나지만, 수많은 이론적이면서 실용적인 양질의 속성들을 갖는다.

1부터 K까지의 인덱스를 갖는 K개의 출력단 뉴런이 존재한다고 하자. 어떠한 훈련 데이터가 주어졌을 때 t_k를 이 데이터에 대한 참값이라고 하자. 즉, 이 값이 바로 우리가 신경망을 통해 얻고자 하는 값이다. 또한 o_k를 실제 신경망을 거쳐서 얻은 값이라고 하자. 그러면 이 단일 데이터의 평균 제곱 오차 MSE는 식 (2.1)과 같이 표현된다. 전체 훈련 집합에 대한 MSE를 계산하기 위해 모든 데이터를 대상으로 이 식을 적용해 구한 값들을 합산한 다음, 데이터의 총 개수로 나눈다.

$$E = \frac{1}{K} \sum_{k=1}^{K} (o_k - t_k)^2 \qquad (2.1)$$

다중 레이어 피드포워드 신경망에 적용하는 감독 훈련 알고리즘은 식 (2.1)의 계산 결과를 최소화하는 가중치 및 바이어스 항을 찾는 것이다.

어떤 수치 해석적인 최소화 알고리즘이든 오차 함수에 개개의 파라미터들을 편미분해 최소 극값을 구한 결과인 기울기^{gradient} 값을 효과적으로 계산할 수 있게 하는 것이 아주 유리하다. 운 좋게도 신경망 분야에서는 매우 쉽게 이러한 기울기를 적용할 수 있다. 그냥 출력단부터 시작해서 입력단 방향으로 거꾸로 거슬러 내려가면서 미분의 체인 룰^{chain rule}을 반복적으로 적용해주면 된다.

출력 뉴런 k의 활성화 값은 바로 아래에 있는 레이어상의 뉴런들을 대상으로 구한 활성화 값들과 가중치를 각각 곱한 결과들을 더한 '가중 합'이다. 여기서는 오차를 출력 레이어상의 k번째 뉴런으로 수렴되는 가중 합으로 편미분하는 것을 그리스 문자인 델타를 이용해 표현할 것이다. 식 (2.1)을 편미분하면 식 (2.2)와 같다. 이 식에서 문자 O는 출력 뉴런에 대한 델타 함수임을 의미한다.

$$\delta_k^O = 2(o_k - t_k) \qquad (2.2)$$

여기서 뉴런은 바로 이전 레이어상의 모든 뉴런을 대상으로 한 가중 합을 받아들인다. 이전 레이어상의 i번째 뉴런으로부터 어떻게 오차를 가중치로 편미분한 값을 계산할 수 있을 까? 이때 사용하는 방법이 바로 미분 체인 룰이다. 즉, 식 (2.2)의 미분식은 결국 각 입력단들을 그에 대응되는 가중치들로 편미분해(현재 출력단 뉴런에 입력으로 들어오는 편미분 값들의 가중 합) 레이어를 거치면서 연쇄적으로 곱한 결과라는 의미다.

이 문자 항의 비중은 사소하다. 이전 레이어상의 i번째 뉴런으로부터 구한 가중 합에 기여하는 비중은 그저 출력 레이어의 k번째 뉴런과 이 i번째 뉴런을 연결하는 가중치와 활성화 함수의 결과 값을 곱한 결과가 전부다. 이러한 출력 가중치를 w_{ki}^{O}라고 하겠다. 그러므로 가중 합을 w_{ki}^{O}로 편미분한 결과는 사실 i번째 뉴런의 활성화 값일 뿐이다. 그 결과 마지막 은닉 레이어를 출력 레이어와 연결해주는 가중치로 오차를 편미분해주는 공식이 나온다. 식 (2.3)에서는 신경망이 1부터 M까지 총 M개의 은닉 레이어로 이뤄져있을 때 M번째 은닉 레이어에 존재하는 하나의 뉴런의 활성화를 나타내기 위해 활성화 변수 a와 M이라는 문자를 이용한다.

$$\frac{\partial E}{\partial w_{ki}^{O}} = a_{i}^{M} \delta_{k}^{O} \tag{2.3}$$

은닉 레이어들에 가중치를 적용할 때 두 가지 닌관이 존재한다. M번째 마지막 은닉 레이어에서 M-1번째 은닉 레이어로 가중치를 적용한다고 하자. 궁극적으로 얻고 싶은 것은 오차를 이러한 가중치로 편미분한 값이다. 앞서 출력 레이어를 대상으로 편미분 체인 룰을 적용했던 것처럼 이번에도 편미분 값을 분리시킬 것이다. 오차를 현재 뉴런에 입력으로 전달되는 신경망의 입력 변수로 편미분한 값과 현재 뉴런에 입력으로 전달되는 신경망의 입력 변수를 가중치로 편미분한 값을 곱한 형태로 말이다. 이전처럼 후자 항은 여기서 비중이 작다. 그저 이전 뉴런의 활성도가 가중치를 거쳐 전달되는 정도를 나타낼 뿐이다. 문제는 전자 항이다. 우선 출력 함수가 선형 함수라는 것이 문제다. 출력의 활성도는 단지 이 출력 뉴런에 전달되는 신경망 입력일 뿐이다. 하지만 은닉 레이어의 뉴런들은 비선형이다. 특히 은닉 뉴런의 입력을 활성 함수에 대입하는 함수가 식 (1.4)에 나와 있는 로지스틱 함수다. 그러므로 미분의 체인 룰은 신경망 입력으로 오차를 편미분하는 것과 오차를 출력으로 편미분한 것을, 이 출력을 입력으로 편미분한 것과 곱한 결과와 같다는 걸 말해준다. 다행히도 로지스틱 함수 $f(a)$의 미분은 간단한 형태를 갖는다.

$$f'(a) = f(a)(1-f(a)) \tag{2.4}$$

다른 하나는 해당 은닉 레이어에 있는 뉴런의 출력이 그 다음 레이어에 있는 모든 뉴런들과 연결되기 때문에 이를 다 고려하려면 함수가 복잡해질 수밖에 없다. 그러므로 이때의 오차는 이러한 모든 뉴런 사이의 연결을 따라서 전파된다. δ_k^O가 출력 레이어의 k번째 뉴런으로 전달되는 가중 합으로 오차를 편미분한 항이라는 걸 상기해보자. 출력 레이어 아래에 있는 마지막 M번째 은닉 레이어의 i번째 뉴런에서 출력 레이어의 k번째 뉴런으로 가중 합이 영향을 미치는 정도는 은닉 레이어의 i번째 뉴런의 활성도 값에 이 뉴런을 출력 레이어의 k번째 뉴런과 연결해주는 가중치를 곱한 크기와 같다. 그래서 i번째 뉴런의 활성도를 통해 이러한 연결을 따라 전달되는 오차의 변화율, 즉 오차의 미분이 미치는 영향은 여기서 고려되는 가중치와 δ_k^O을 곱한 값과 같다. i번째 뉴런이 출력 레이어의 모든 뉴런과 연결돼 있기 때문에 식 (2.5)와 같이 가중치가 곱해지는 모든 경우를 합산해야 한다.

$$\frac{\partial E}{\partial a_i^M} = \sum_{k=1}^{K} w_{ki}^O \, \delta_k^O \tag{2.5}$$

이제 거의 다 왔다. 우리의 목표는 $M-1$번째 은닉 레이어에 존재하는 한 뉴런을 M번째 은닉 레이어에 존재하는 한 뉴런과 연결해주는 가중치로 오차 함수를 편미분하는 것이다. 이는 결국 다음과 같이 앞서 공부한 세 가지 항들을 곱한 것과 같다.

- M번째 은닉 레이어 안의 뉴런에 전달되는 신경망 입력을 관심 대상인 가중치로 편미분
- 현재 뉴런의 출력을 해당 뉴런의 신경망 입력으로 편미분(현재 뉴런의 비선형 활성화 함수의 편미분)
- 오차를 현재 뉴런의 출력 함수로 편미분

오차를 가중치 항으로 편미분(M번째 은닉 레이어상의 i번째 뉴런과 M-1번째 은닉 레이어의 j번째 뉴런을 연결하는 가중치)한 것은 결국 앞 세 가지 편미분 성분들을 곱한 것과 같다. 여기서 두 번째 항과 세 번째 편미분을 곱한 항은 식 (2.6)과 같이 식(2.4)에 의해 $f'(.)$으로 표현된다. 세 가지 편미분을 모두 고려한 식은 식 (2.7)과 같다.

$$\delta_i^M = f'\left(a_i^M\right) \sum_{k=1}^{K} w_{ki}^O \delta_k^O \tag{2.6}$$

$$\frac{\partial E}{\partial w_{ij}^M} = a_j^{M-1} \delta_i^M \tag{2.7}$$

마지막 은닉 레이어 아래에 있는 은닉 레이어상의 뉴런들과 연관된 편미분 방정식까지 유도할 필요는 없다. 어차피 방정식 유도 결과는 동일할 것이며, 단지 미분 체인 룰 법칙에 따라 은닉 레이어마다 하나씩 대응되는 편미분으로 쪼개서 연속적으로 곱해 나가는 것이다. 특히 몇 가지 은닉 레이어(m<M)에 대해서는 식 (2.8) 을 통해 m번째 레이어상의 i번째 뉴런으로 수렴해 연결되는 가중 합으로 오차를 편미분한다. 식 (2.9)는 오차를 m번째 은닉 레이어의 i번째 뉴런에 m-1번째 레이어의 j번째 뉴런을 연결하는 가중치로 오차를 편미분한 함수다.

$$\delta_i^m = f'\left(a_i^m\right) \sum_{k=1}^{K} w_{ki}^{m+1} \delta_k^{m+1} \tag{2.8}$$

$$\frac{\partial E}{\partial w_{ij}^m} = a_j^{m-1} \delta_i^m \tag{2.9}$$

SoftMax 출력 계산 기법을 이용한 분류 작업

앞에서 논의한 내용들은 평가 척도로서 평균 제곱 오차를 사용하는 것만 염두에 둔 것이다. 보편적으로 수치적인 예측을 하는 것이 목적일 경우에는 이렇게 하는 것이 탁월한 선택이다. 하지만 분류하는 것이 목적이라면 MSE를 사용하는 데 문제점도 있다. 이 책의 범위를 벗어나는 몇 가지 애매모호한 문제점들 이외에도 특히 잘 알려져 있는 두 가지 문제점이 있다.

먼저 일반적이면서도 합리적인 분류 방법은 각 클래스마다 별도의 출력 뉴런을 사용해서 다른 모든 클래스에 대해서는 0을, 올바르게 분류된 클래스만 1로 정의하는 식으로 모델을 훈련시키는 것이다. 어떤 데이터를 시험 삼아 신경망에 적용해보면 어떤 출력 결과든 가장 높은 값으로 클래스를 결정할 것이다. 그러나 출력 값이 어떤 일이 발생할 확률을 나타낸다고 해석할 수 있다면 좋지 않을까? 지금까지의 출력은 심지어 확률로 사용할 수도 없는 음수 값이 계산될 수도 있었다.

분류 성능을 가늠할 수 있는 척도로 MSE를 이용할 때 생길 수 있는 또 다른 문제를 그림 2.1에서 보여준다. 이 그림에서 보여주는 건 매우 간단한 분류 문제다. 단순히 두 개의 예측 변수인 $X1$, $X2$만 있으며, 0은 1로 분류되는 클래스를 의미하고 1은 0으로 분류되는 클래스를 의미한다. 이 그림에 나와 있는 점들은 훈련 데이터들이다. 두 가지 클래스를 분리시키는 선형 함수(그림 상의 점선)를 찾는 건 쉬운 일이다. 1과 0이라는 두 개의 클래스를 분류하는 것이 목적이기 때문에 예측 임계값을 0으로 정하는 것이 합리적일 것이다.

그림의 왼쪽 하단을 보면 두 개의 1 클래스 데이터가 위치해 있다. 아쉽지만 점선으로 나타낸 선형 함수는 이러한 외톨이 데이터들과 상당한 거리를 갖는다. 이러한 이상적인 선형 함수는 거의 3.0 정도의 출력 결과를 내놓을 것이며, 이는 곧 기대 예측 값인 1.0과 비교했을 때 MSE 값이 크다는 걸 말한다. MSE를 최소화시켜보면 이 분류선을 이동시키는 선형 함수가 나올 것이다. 새로 구한 선형 함수는 앞에서 언급했듯이 아마도 출력 값이 0.5가

될 것이다. 이런 식으로 외톨이 데이터는 더 이상 그리 멀지 않은 존재가
된다. 실제로 이 선형 함수는 분류 작업과는 관계도 없는 MSE 성능을 개선
하기 위해 실질적으로 필요한 분류 성능은 저하시키고 만다.

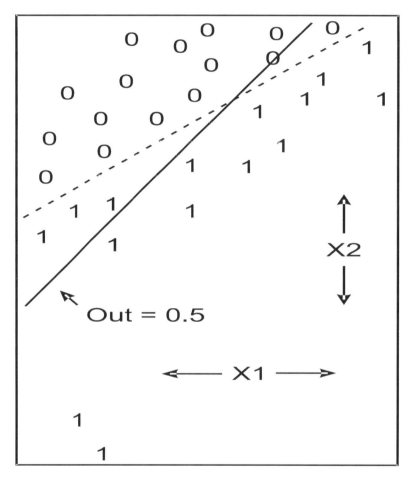

그림 2.1 MSE는 분류 작업에 쓰기엔 부적합하다

이럴 때는 이와 동일한 문제를 해결하기 위해 오래 전부터 고안돼 유지되고
보편화된 로지스틱 회귀를 활용하는 것이 탁월한 대안이다. 이 취약점 많은
기법은 변수를 선형 조합해(바이어스를 마지막에 더해) 오즈비^{Odds Ratio}의 예측 값
을 구한다. 위와 같이 두 개의 클래스를 분류하는 경우에는 하나의 데이터가

어떤 관심 대상 클래스에 속할 확률을 변수 π라고 둔다. 그러면 오즈비는 π/(1-π)가 된다. 이제 로지스틱 회귀 함수를 적용하면 다음과 같다(오즈비는 보통 클래스에 속할 확률과 그렇지 않을 확률의 비율, 즉 몇 배나 되는지를 의미한다. – 옮긴이).

$$\log\left(\frac{\pi}{1-\pi}\right) = b + \sum_i w_i x_i \tag{2.10}$$

그러므로 선형 조합으로 클래스에 따라 정확히 값이 1.0인지 0.0인지 예측하는 대신, 확률과 밀접한 관계가 있는 연속적인 값을 예측하게 한다. 다중 레이어 피드포워드 신경망에서 출력 레이어를 대상으로 로지스틱 회귀법을 이용할 때 식 (2.10)의 x_i 항은 마지막 은닉 레이어상에 존재하는 뉴런의 활성화를 의미한다.

간단하게 식 (2.10)을 일반화해 두 개 이상의 클래스들도 분류할 수 있다. 한 번 더 모든 x 벡터에 1.0을 추가해서 바이어스 항들이 가중치 성분에 흡수된다고 가정할 것이다. 이는 식 (1.3)에서 했던 것과 유사하다. w_k를 출력 레이어의 k번째 뉴런에 적용되는 가중치로 된 벡터라고 하자(바이어스 항들도 포함됨). 예측 값은 이러한 가중치 벡터와 x 벡터를 내적한 결과로, 종종 logit 이라고도 한다(식 (2.11) 참조). 이 책에서는 x가 마지막 은닉 레이어의 활성화 요소들로 구성된 벡터이며, 마지막에는 바이어스 항을 나타내기 위한 1.0이 추가돼 있다고 본다.

$$logit_k = w_k \bullet x \tag{2.11}$$

K 클래스가 있다고 해보자. 이 모델이 추정한 입력 x가 클래스 k에 속할(출력 레이어에 존재하는 k번째 뉴런의 활성화) 확률은 식 (2.12)와 같다. 이 함수를 SoftMax 활성화 함수라고 한다. 소프트라고 하는 부르는 이유는 점수를 많이 딴 승자가 모든 클래스를 가져가 버리는 것처럼 활성화를 최대화하는 클래스들을 선택하는 'hard max' 모델과 개념은 같지만, 그 정도를 완화시킨 버전이기 때문이다.

$$p(y=k) = \frac{e^{logit_k}}{\sum_{i=1}^{K} e^{logit_i}} \qquad (2.12)$$

당연히 이러한 출력 레이어의 활성화 값이 양수이며, 그 합이 1인 건 자명하다. 앞에서 1과 0 클래스를 예측하고 MSE를 최소화했던 것처럼 가중치들로 구성된 K개의 벡터가 존재하며, 개개의 벡터는 m+1개의 가중치로 구성된다. 여기서 m은 마지막 은닉 레이어에 존재하는 뉴런의 개수다.

하지만 잠깐, 눈치 빠른 독자들은 말할 것이다. 이번 경우에는 출력 레이어의 활성화 값들의 합이 1이어야만 한다는 제약이 있다. 여기서 내포된 의미는 K-1개의 활성화 값들을 알 경우 마지막 남은 활성화 값을 알 수 있다는 말이다. 그래서 SoftMax 함수를 쓸 때는 K-1개의 가중치 벡터만 있으면 된다. 이걸 알았다면 보는 눈이 있는 거다!

우리가 할 수 있는 것은 마지막 클래스에 대한 가중치 벡터가 0이나 마찬가지라고 가정하는 것이다(사실, 우린 어떤 클래스든 골라서 이러한 구별을 할 수 있으며, 그 결과는 동일할 것이다. 하지만 전통적인 방식이 지배한다). 이 경우에는 클래스에 따라 식 (2.12)이 두 가지 형태를 갖는다. 마지막 클래스를 제외한 모든 클래스에 대해서는 식 (2.13)을 적용하고, 마지막 클래스에는 식 (2.14)를 적용한다. 이때 e^0=1이므로, 분모에 1.0을 별도로 빼놓았다.

$$p(y=k) = \frac{e^{logit_k}}{1 + \sum_{i=1}^{K-1} e^{logit_i}} \qquad if \ k<K \qquad (2.13)$$

$$p(y=K) = \frac{1}{1 + \sum_{i=1}^{K-1} e^{logit_i}} \qquad (2.14)$$

평균 제곱 오차 최적화 기준은 식 (2.1)에서 정의했다. 이제는 SoftMax 출력 레이어의 파라미터(가중치와 바이어스)에 적용할 적절한 값을 찾기 위해 다른 최적화 기준이 필요하다. 가장 좋은 기준은 최대 발생 가능 확률$^{maximum\ likelihood}$이다. 어떤 파라미터들이든 조금 전 소개한 방정식으로 x가 주어졌을 때 개개의 발생 가능한 클래스들의 확률을 정의한다. 우리의 훈련 데이터 집합은 일련의 데이터에서 랜덤하게 추출했으며, 각 데이터마다 하나의 x 벡터와 참 클래스 정보를 제공한다고 가정한다. 참 모델을 정의하면서 주어진 일련의 모델 파라미터들을 고려하는 경우 관측됐던 훈련 데이터들을 얻을 확률을 계산할 수 있다(여기서는 이에 대해 자세한 논의를 하지 않는 것이 최선일 것이다). 그러므로 이 확률을 최대화시켜주는 파라미터들을 찾게 된다. 다시 말하면 우리는 일련의 데이터에서 랜덤으로 추출한 훈련 데이터를 얻을 최대의 가능성 확률을 제공하는 모델을 찾는 것이 목적이다.

우리의 애플리케이션에서는 어떤 데이터의 발생 가능 확률은 단지 이 데이터가 속해 있는 클래스에 대한 모델에 의해 주어진다. 이때 훈련 데이터들을 통틀어 합산할 수 있는 기준이 필요하므로, 곱하는 형태를 띠는 발생 가능 확률을 고려하는 대신 로그를 취한 형태의 확률을 평가 기준으로 이용할 것이다. 그러면 각 훈련 데이터들에 대한 확률 값들을 더해 전체 훈련 집합이 얼마만큼의 척도를 갖는지 계산할 수 있다.

또한 독자가 좀 더 심도 있는 책을 읽으면 볼 수도 있을 더 일반적인 로그 형태의 확률 함수나 앞으로 나올 미분 형태를 갖는 수식에도 잘 적용할 수 있게 좀 더 복잡한 형태로 표현해보겠다. 주어진 훈련 데이터가 클래스 k에 속하면 t_k를 1.0으로, 속하지 않으면 0.0으로 정의한다. 훈련 데이터를 대입했을 때 출력 뉴런 k의 활성화 값은 식 (2.12)나 두 개의 동치식인 (2.13)과 (2.14)에서 주어졌던 p_k로 정의한다. 그러면 모델 파라미터의 해당 확률 값을 로그 형태로 나타내면 식 (2.15)와 같다. 이 식을 교차 엔트로피$^{cross\ entropy}$라 부르며, 내부적인 메커니즘에 관심 있는 독자도 있을 것이다.

$$L = \sum_{k=1}^{K} t_k \log\left(p_k\right) \tag{2.15}$$

시그마 내부의 두 변수를 보면 자신이 속한 k번째 클래스가 아닌 다른 클래스에 해당할 경우 모두 0이 되는 걸 알 수 있다. 그러므로 이러한 로그 형태의 확률 값은 결국 해당 데이터가 속해야 할 클래스에 대해 이 모델이 계산하는 확률 값일 뿐이다. 여기서 로그 형태의 확률 함수에 대해 다음과 같이 몇 가지 알아둘 점이 있다.

- p는 원칙적으로 1보다 작기 때문에 로그를 취한 결과는 항상 음수다.
- 올바른 클래스의 확률을 더 잘 계산해낼수록 그 확률 값의 크기는 더 커진다(그러므로 0에 가까워진다). 클래스가 올바를 확률에 로그를 취했기 때문에 실제로 올바른 클래스가 맞다면 모델을 통해 계산된 확률 값은 커진다.
- 이상적인 모델을 통해 계산했다면 모든 데이터마다 클래스가 올바를 확률을 계산한 결과는 1.0이 되며, 로그를 취한 결과는 이 모델이 가질 수 있는 최대치인 0이 된다.

이제 거의 믿을 수 없을 정도로 운이 좋은 경우를 맛볼 차례다. k번째 출력 뉴런으로 전달되는 MSE를 가중 합으로 미분했던 식 (2.2)를 상기해보자. 이때는 그다지 복잡한 미분 연산이 없었다. 간단히 생각해보면 식 (2.15)에서 보여주는 로그 형태의 확률만 미분해봐도 얼마나 식이 복잡해질지, 특히 식 (2.12)나 이와 동치식이었던 그 다음 두 개의 식으로 정의했던 확률 함수의 복잡함을 고려한다면 미분을 절대로 함부로 취할 일이 아니다. 하지만 여기서 놀라운 사실이 발견된다. 수차례 걸쳐 공식을 유도해볼 필요 없이 주어진 데이터에 대해 식 (2.15)를 미분한 결과가 다음과 같다고 말한다. 이렇게 간단해진다.

$$\delta_k^O = \frac{\partial L}{\partial \, logit_k} = p_k - t_k \tag{2.16}$$

놀랍게도 두 배라는 사실만 제외하면 출력 레이어에 대한 SoftMax 함수의 델타 변수와 최대 발생 가능 확률의 최적화 결과는 결국 출력 레이어에 대한 선형 조합 함수의 델타 변수와 평균 제곱 오차 최적화 결과와 동일하다. 그 이하에 유도되는 모든 종속적인 기울기 관련 방정식들도 마찬가지다. 그러므로 이러한 두 가지의 매우 색다른 모델링 방식은 거의 동일한 형태의 코드로 프로그래밍할 수 있다.

기울기 계산 수행 소스코드

이 책에서 다룬 모든 소스코드는 내 홈페이지에서 무료로 다운로드할 수 있다. 하지만 이 책에서도 일부 소스를 담아서 독자가 동작 원리에 대해 이해할 수 있게 설명하고자 한다.

먼저 감독 훈련 알고리즘에서 빈번하게 사용될 코드 루틴부터 살펴보자. 이 루틴은 단순히 두 개의 벡터를 내적하는 연산을 수행한다. 즉, 두 벡터의 성분별 곱을 합산하는 것이 전부다. 하지만 다음 코드의 경우 내용은 단순할지 몰라도 연산 속도를 대폭 향상시킬 수 있는 방법을 쓰기 때문에 여기에 수록한다.

```
double dotprod (
   int n ,          // 벡터의 길이
   double *vec1 ,   // 내적 연산에 사용될 벡터 변수
   double *vec2 )   // 또 다른 벡터 변수
{
   int k, m ;
   double sum ;

   sum = 0.0 ;     // 이 변수로 합산 결과를 누적해나간다.
   k = n / 4 ;     // 벡터를 4개의 그룹으로 나눈다.
   m = n % 4 ;     // 나은 벡터의 개수를 저장한다.

   while (k--) {   // 4개로 나눠진 각 벡터 그룹마다 순환 루프를 수행한다.
```

```
        sum += *vec1 * *vec2 ;
        sum += *(vec1+1) * *(vec2+1) ;
        sum += *(vec1+2) * *(vec2+2) ;
        sum += *(vec1+3) * *(vec2+3) ;
        vec1 += 4 ;
        vec2 += 4 ;
    }

    while (m--)   // 나머지 벡터들도 합산한다.
        sum += *vec1++ * *vec2++ ;

    return sum ;
}
```

위 서브루틴은 루프 펼치기^{loop unrolling}라는 연산 테크닉을 구현한 것이다. 여러 CPU 제조사들은 일련의 연산 속에서 실제 호출돼 사용되기 전에 미리 메모리로부터 필요 데이터를 가져와서 미리 준비돼 있는 상태를 만들어 놓음으로써 가능한 한 많은 작업량을 사전 처리하려고 노력하고 있다. 하지만 루프의 마지막에 다다르면 일부 프로세서들은 어떤 분기문으로 갈지 모르기 때문에 이러한 프로세스를 중단시켜 버린다. 즉, 다음 루프로 돌아가거나 그냥 다음 라인으로 넘어가버린다. 현대 최고의 프로세서들과 컴파일러들은 분기 예측 휴리스틱 기법을 효과적으로 이용해서 그러한 파이프라인 깨짐이나 중단의 영향을 최소화시킨다. 하지만 이 방법이 완벽한 대안이 될 순 없다. 그러므로 어떤 광신도들은 한 라인에 여러 연산을 수행한다. 벡터의 길이가 길어서 프로세서가 무지막지하게 파이프라이닝에 의존하지만 분기 예측엔 그리 좋지 않다면 루프 펼치기 기법이 수행 시간을 대폭 줄여줄 수 있다. 직접 해볼 만한 가치가 있으며, 한다고 해서 다치는 일도 아니다.

다음 서브루틴도 자주 호출되는 루틴이다. 이 루틴을 사용해보기도 전에 호출자 서브루틴에 이 얼마 안 되는 코드를 집어넣고 싶은 독자도 많을 것이다. 하지만 자주 여기저기서 공용으로 쓰이는 수행문을 별도의 루틴으로 만드는 것은 종속적으로 실행되는 코드를 더욱 짧고 명확하게 만들어준다. 이

루틴은 입력 벡터를 받아들여서 단일 뉴런의 활성화 값을 계산해낸다. 일반적으로 선형 활성화 함수를 사용하는 출력 레이어에 대해서는 outlin 변수를 true로, 로지스틱 활성화 함수를 사용하는 은닉 뉴런의 경우엔 false로 지정한다.

```
void activity (        // 식 (1.1)을 구현한 함수
   double *input,      // ninputs만큼의 길이를 갖는 현재 뉴런의 입력 벡터
   double *coefs       // ninputs +1 길이를 갖는 가중치 벡터(바이어스를
                       // 마지막에 추가함)
   double *output,     // 도달한 현재 뉴런의 활성화
   int ninputs,        // 입력 벡터의 길이(개수)
   int outlin          // 선형 여부 판단 변수
)
{
   double sum ;

   sum = dotprod (ninputs, input, coefs ) ;
   sum += coefs[ninputs] ;    // 바이어스 항

   if (outlin)                     // 0이 아니면 활성화 함수는 선형이며
     *output = sum ;
   else                            // 0이면 로지스틱 함수다.
     *output = 1.0 / (1.0 + exp(-sum)) ;
}
```

이제 복잡한 부분을 약간 건드려볼 차례다. 다음 서브루틴은 하나의 입력 벡터를 받아들여서 모든 은닉 레이어와 출력 레이어상에 존재하는 뉴런들의 활성화를 계산한다는 측면에서 전체 신경망을 대상으로 작업을 수행된다. _thr은 스레드 관련 보호 장치로써 플래그를 사용하는 버전임을 나타낸다. 즉, 이런 보호 장치가 없는 버전도 있다.

이 서브루틴이 훨씬 더 크고 복잡한 DEEP 프로그램에서 그대로 발췌한 부분이기 때문에 몇 가지 호출 파라미터들은 설명이 필요할 것 같다. 접두어

_all은 신경망 전체를 대상으로 관련돼 있음을 나타내는 플래그다(나중에 전체 신경망을 일부분으로 쪼개나가는 것에 대해 살펴볼 것이다). nhid_all은 각 은닉 레이어마다 뉴런의 개수를 담고 있는 포인터다. weights_opt는 포인터 배열로, 각 레이어의 가중치 값들을 가리킨다. weights_opt[i]가 가리키는 i번째 레이어의 가중치는 nhid_all[i]개만큼의 가중치 값 집합들로 구성되며, 각 집합은 다시 이전 레이어상에 존재하는 뉴런의 개수(또는 첫 번째 은닉 레이어의 경우 모델의 입력 개수만큼)에 바이어스 항 하나를 더한 개수만큼의 요소들을 갖는다. hid_act 배열은 각 은닉 레이어마다 현재 레이어의 뉴런 개수만큼의 길이를 갖는 개개의 벡터를 담고 있는 활성화 벡터를 가리키는 포인터 배열이다. 이러한 값들은 나중에 사용될 수 있도록 계산되고 저장될 것이다. 마지막으로, final_layer_weights는 ntarg개만큼의 출력 레이어상에 존재하는 가중치 벡터로 구성된다. 각 가중치 벡터는 다시 마지막 은닉 레이어 안에 존재하는 뉴런 개수에 바이어스 항 하나를 더한 만큼의 크기를 갖는다.

```
static void trial_thr (
   double *input ,          // n_model_inputs만큼의 길이를 갖는 입력 벡터
   int n_all ,              // 출력은 포함하고 입력은 제외한 레이어의 개수
   int n_model_inputs ,     // 모델에 입력되는 입력의 개수
   double *outputs ,        // ntarg만큼의 길이를 갖는 모델의 출력 벡터
   int ntarg ,              // 모델의 최종 출력 개수
   int *nhid_all ,          // nhid_all[i]은 i번째 은닉 레이어에 존재하는
                            // 은닉 뉴런의 개수
   double *weights_opt[] ,  // weights_opt[i]은 i번째 은닉 레이어의
                            // 가중치 벡터를 가리키는 포인터를 담고 있다.
   double *hid_act[] ,      // hid_act[i]는 i번째 은닉 레이어의
                            // 활성화 벡터를 가리키는 포인터를 담고 있다.
   double *final_layer_weights , // 마지막 레이어의 가중치를 가리키는 포인터
   int classifier           // 0이 아니면 SoftMax로 출력하며,
                            // 1이면 선형 조합으로 출력한다.
   )
   {
```

```
int i, ilayer;
double sum ;

for (ilayer=0 ; ilayer<n_all ; ilayer++) {

  if (ilayer == 0 && n_all == 1) { // 입력이 곧바로 출력되는가?
                                    // (은닉 레이어가 없는 경우)
    for (i=0 ; i<ntarg ; i++)
      activity ( input, final_layer_weights+i*(n_model_inputs+1) ,
          outputs+i , n_model_inputs , 1 ) ;
  }

  else if (ilayer == 0) {  // 첫 번째 은닉 레이어인가?
    for (i=0 ; i<nhid_all[ilayer] ; i++)
      activity ( input, weights_opt[ilayer]+i*(n_model_inputs+1) ,
          hid_act[ilayer]+i , n_model_ inputs , 0 ) ;
  }

  else if (ilayer < n_all-1) { // 중간 위치의 은닉 레이어인가?
    for (i=0 ; i<nhid_all[ilayer] ; i++)
      activity ( hid_act[ilayer-1] ,
          weights_opt[ilayer]+i*(nhid_all[ilayer-1]+1) ,
          hid_act[ilayer]+i , nhid_all[ilayer-1] , 0 );
  }

  else {                          // 출력 레이어인 경우
    for (i=0 ; i<ntarg ; i++)
      activity ( hid_act[ilayer-1] ,
          final_layer_weights+i*(nhid_all[ilayer-1]+1) ,
          outputs+i , nhid_all[ilayer-1] , 1 );
  }
}

if (classifier) {   // 클래스 분류가 목적이면 항상 SoftMax를
                    // 이용한다(식(2.12)).
  sum = 0.0 ;
  for (i=0 ; i<ntarg ; i++) {  // 모든 출력들을 대상으로 순환한다.
```

```
        if (outputs[i] < 300.0)     // SoftMax는 가끔씩 큰 값을
                                     // 도출할 수도 있다
          outputs[i] = exp (outputs[i] ) ;
        else
          outputs[i] = exp ( 300.0 ) ;
        sum += outputs[i] ;
      }
    for (i=0 ; i<ntarg ; i++)
      outputs[i] /= sum ;
  }
}
```

이제 실질저으로 핵심적인 역할을 하는 기울기와 최적화 평가 기준을 계산하는 루틴을 다룰 차례다. 이 서브루틴은 여러 세션으로 나눠서 별개로 다룰 것이다. 호출 파라미터는 다음과 같다.

```
double batch_gradient (
    int istart ,          // 입력 행렬의 첫 번째 데이터 인덱스
    int istop ,           // 지난 마지막 데이터의 인덱스
    double *input ,       // 입력 행렬; 각 데이터의 길이 == max_neurons
    double *targets ,     // 목표 행렬; 각 데이터의 길이 == ntarg
    int n_all ,           // 출력은 포함하고 입력은 제외한 레이어의 개수
    int n_all_weights ,   // 마지막 레이어와 모든 바이어스 항을 포함한
                          // 총 가중치 개수
    int n_model_ inputs , // 모델 입력의 개수; 입력 행렬은 더 많은 열을
                          // 가질 수도 있음
    double *outputs ,     // 모델의 출력 벡터; 여기서는 작업 벡터로 사용됨
    int ntarg ,           // 출력의 개수
    int *nhid_all ,       // nhid_all[i]은 i번째 은닉 레이어에 존재하는 뉴런의 개수
    double *weights_opt[], // weights_opt[i]는 i번째 은닉 레이어의
                          // 가중치 벡터를 가리키는 포인터
    double *hid_act[] ,   // hid_act[i]는 i번째 은닉 레이어의 활성화 벡터를
                          // 가리키는 포인터
```

```
   int max_neurons ,    // 입력 행렬의 열의 개수; n_model_inputs보다
                        // 최대치가 크다
   double *this_delta , // 현재 레이어에 대한 델타 변수를 가리키는 포인터
   double *prior_delta , // 다음 단계에 사용하기 위해 이전 레이어에서
                        // 미리 저장해놓은 델타 변수를 가리키는 포인터
   double **grad_ptr ,  // grad_ptr[i]는 i번째 레이어의 기울기를
                        // 가리키는 포인터
   double *final_layer_weights ,   // 마지막 레이어의 가중치를 가리키는
                                   // 포인터
   double *grad ,       // 계산된 모든 기울기로, 하나의 긴 벡터를
                        // 가리키는 포인터
   int classifier       // 0이 아니면 SoftMax 결과를 출력,
                        // 0이면 선형 결과 출력
)
```

대부분의 파라미터들은 이미 앞서 논의했던 것들도 있지만, 새로운 파라미터들도 보인다. 이 루틴은 전체 훈련 데이터 중 일부 집합을 대상으로 호출될 수 있으므로 처음과 끝나는 지점을 인덱스로 정의한다. 모든 레이어를 거치면서 하나의 벡터 변수인 grad를 통해 총 n_all_weights개의 기울기 값들을 관리한다. 가장 까다로운 파라미터는 grad_ptr인데, 입력 레이어를 제외한 전체 레이어의 수만큼 많은 기울기 데이터들을 관리한다. 이 이중 포인터가 가리키는 범위는 해당 레이어에 대한 기울기 벡터(grad에 저장된)들이다. 개개의 기울기 벡터들은 각 레이어에 존재하는 개개의 뉴런마다 대응되는 일련의 벡터다. 이 벡터는 이전 레이어(첫 번째 은닉 레이어라면 입력 레이어가 이에 해당)에 존재하는 뉴런들의 개수 더하기 바이어스에 해당하는 하나만큼의 길이를 갖는다.

먼저 처리되는 부분은 모든 일련의 훈련 데이터들에 걸쳐 기울기와 오차(혹은 SoftMax의 최대 발생 가능 확률의 로그를 취한 결과에 다시 부호를 뒤바꾸는 것)의 누적을 위한 초기화 작업이다. 그 다음 루프를 돌면서 각 훈련 데이터들을 처리한다. 첫 번째 열에 존재할 입력들의 수보다 훈련 데이터 집합이 더 많을 것이다.

그러므로 이를 고려해 현재의 훈련 데이터를 가리키는 포인터 dptr를 구현한다. 앞에서 논의했던 서브루틴인 trial_thr을 호출함으로써 현재 훈련 데이터에 대한 전체 신경망이 활성화된다. 그 다음 현재 훈련 데이터에 대응하는 타겟 벡터를 가리키는 포인터를 얻게 된다. 이 모델로 예측을 하는 경우 타겟 벡터가 어떠한 실수 값을 저장하고 있을 수 있다. 그게 아니라 분류를 하는 경우 출력 레이어에서 SoftMax를 사용할 것이고, 그러면 타겟 벡터는 보통 올바른 클래스에 대해 1.0을, 다른 클래스들에 대해서는 0.0을 저장하고 있다.

```
{
   int i, j, icase, ilayer, nprev, nthis, nnext, imax ;
   double diff, *dptr, error, *targ_ptr, *prevact, *gradptr,
      delta, *nextcoefs, tmax ;

   for (i=0 ; i<n_all_weights ; i++)   // 합산을 위해 기울기를 0으로 초기화
      grad[i] = 0.0 ;               // 이 변수로 모든 레이어가 줄지어 저장된다.
      error = 0.0 ;                 // 이 변수로 전체 오차 값을 누적해나간다.
   for (icase=istart ; icase<istop ; icase++) {
      dptr = input + icase * max_neurons ; // 현재 데이터를 가리킨다.
      trial_thr ( dptr , n_all , n_model_inputs , outputs , ntarg ,
         nhid_all , weights_opt , hid_act , final_layer_weights ,
         classifier ) ;

      targ_ptr = targets + icase * ntarg ;
```

다음 단계는 최적화 평가 기준을 계산하고 그 결과를 누적하는 것이다. SoftMax를 출력으로 사용하는 경우 가장 큰 타겟 값을 찾아서 참 클래스를 가려내면 된다. 여기서는 식 (2.16)을 이용해서 출력 델타 값을 계산한다. 현재 데이터가 발생 가능 확률에 음의 로그를 취한 값에 미치는 비중은 식 (2.15)로 계산한다. 우리의 알고리즘이 '오차'를 최소화하는 것이 발생 가능 확률을 최대화하기 때문에 결과 값의 부호를 뒤바꾸는 점을 다시 상기해보자. SoftMax를 출력으로 사용하는 것이 아니라면 간단하게 MSE 값을 누적

해서 식 (2.2)로 델타 값을 계산한다.

```
if (classifier) { // SoftMax를 사용한 경우
   tmax = -1.e30 ;
   for (i=0 ; i<ntarg ; i++) { // 최댓값을 갖는 참 클래스를 찾는다.
     if (targ_ptr[i] > tmax) {
       imax = i ;
       tmax = targ_ptr[i] ;
     }
     this_delta[i] = targ_ptr[i] - outputs[i] ; // 교차 엔트로피를
                    // 입력(logit)으로 미분해 음의 부호를 취한 식 (2.16)
   }
   error -= log ( outputs[imax] + 1.e-30 ) ; // 음의 로그 확률을 최소화한다.
}

else {
   for (i=0 ; i<ntarg ; i++) {
     diff = outputs[i] - targ_ptr[i] ;
     error += diff * diff ;
     this_delta[i] = -2.0 * diff ;  // i번째 뉴런의 입력으로 제곱 오차를
                    // 미분해 음의 부호를 취한다.
   }
}
```

다음으로 출력 뉴런에 전달되는 가중치로 평가 기준을 편미분한 (음수) 출력
레이어의 기울기를 계산한다.

```
if (n_all == 1) {            // 은닉 레이어가 없는 경우
   nprev = n_model_inputs ;   // 출력 레이어에 전달되는 입력의 개수
   prevact = input + icase * max_neurons ;  // 현재 데이터를 가리키는 포인터
}
else {
   nprev = nhid_all[n_all-2] ; // n_all-2 인덱스가 곧 마지막 은닉 레이어다.
   prevact = hid_act[n_all-2] ; // 출력 레이어로 전달되는 레이어의 포인터 변수
```

```
  }
gradptr = grad_ptr[n_all-1] ;    // 기울기 벡터에서 출력 기울기를
                                 // 가리키는 포인터
for (i=0 ; i<ntarg ; i++) {      // 모든 출력 뉴런들에 대해 루프 연산 수행
  delta = this_delta[i] ; // 평가 기준을 logit으로 편미분해 음수를 취한다.
  for (j=0 ; j<nprev ; j++)
    *gradptr++ += delta * prevact[j] ; // 모든 훈련 데이터에 대한
                                       // 결과를 누적한다.
  *gradptr++ += delta ; // 바이어스 활성화는 항상 1이다.
}
```

은닉 레이어(전체 레이어의 수가 하나인 출력만 있는 형태)가 없다면 각 출력 뉴런에 전달
되는 입력의 개수를 모델에 입력되는 입력의 개수라고 지정한다. 이는 별개로
처리되는 바이어스를 포함하지 않는다. 그리고 개개의 출력 뉴런에 전달되는
값들의 벡터에 대해서는 단지 입력 데이터만 유지grab토록 한다. 하지만 적어도
은닉 레이어가 하나라도 존재한다면 각 출력 뉴런에 전달되는 수는 마지막 은
닉 레이어에 존재하는 뉴런의 개수와 같으며, 뉴런의 활성화가 전달된다.

gradptr 변수가 거대한 기울기 벡터인 grad의 첫 번째 기울기를 가리키게
한다.

개개의 출력 뉴런들에 대해 뉴런의 델타 값을 얻는다. 이 델타 값은 바로
이전에 제시된 코드에서 계산된다. 그러면 식 (2.3)을 해당 출력 뉴런의 가중
치를 계산하는 데 적용한다. 바이어스 전달은 상수 값 1을 가진다고 가정함
으로써 이 항의 기울기가 이전 레이어의 활성화에 수반되지 않게 된다.

이제 출력 기울기와 관련된 처리 작업이 끝났으니 한 뉴런의 기울기가 다
처리된 다음, 그 레이어의 뉴런 개수를 저장하는 nnext 변수와 그 다음 레이
어의 계수 행렬로 nextcoefs 변수를 다시 설정해 한 레이어만큼 돌아갈
준비가 됐다.

```
nnext = ntarg ;              // 한 레이어 되돌아갈 준비를 한다.
nextcoefs = final_layer_weights ;
```

이제 마지막 은닉 레이어에서부터 첫 번째 은닉 레이어로 거꾸로 진행해나
가면서 모든 은닉 레이어를 처리해보자.

```
for (ilayer=n_all-2 ; ilayer>=0 ; ilayer--) { // 각 은닉 레이어마다
                                              // 역방향으로 진행해 나간다.
  nthis = nhid_all[ilayer] ;    // 현재 은닉 레이어상에 존재하는 뉴런의 개수
  gradptr = grad_ptr[ilayer] ;    // 현재 레이어의 기울기를 가리키는
                                  // 포인터
  for (i=0 ; i<nthis ; i++) {   // 현재 레이어상의 뉴런들에 대해 루프 수행
    delta = 0.0 ;
    for (j=0 ; j<nnext ; j++)   // 식 (2.5)와 (2.6)에서의 합산 연산
      delta += this_delta[j] * nextcoefs[j*(nthis+1)+i] ;
    delta *= hid_act[ilayer][i] * (1.0 - hid_act[ilayer][i]) ; // 미분 연산
    prior_delta[i] = delta ;    // 다음 레이어를 위해 저장
    if (ilayer == 0) {      // 첫 번째 은닉 레이어인가?
      prevact = input + icase * max_neurons ; // 현재 데이터를 가리키는
                                              // 포인터
      for (j=0 ; j<n_model_inputs ; j++)
        *gradptr++ += delta * prevact[j] ;
    }
    else { // 적어도 하나 이상의 은닉 레이어가 현재 레이어 이전에 존재
      prevact = hid_act[ilayer-1] ;
      for (j=0 ; j<nhid_all[ilay er-1] ; j++)
        *gradptr++ += delta * prevact[j] ;
    }
    *gradptr++ += delta ; // 바이어스 활성화는 언제나 1이다.
  } // 현재 은닉 레이어상의 모든 뉴런을 대상으로 한다.
```

각 레이어마다 nthis 변수를 현재 레이어상에 존재하는 뉴런의 개수로 정의
하고, gradptr 변수로 현재 레이어의 기울기를 지정한 다음, 현재 레이어상
의 각 뉴런을 처리해나간다. 첫 번째 단계는 다음 레이어상의 모든 뉴런들에
걸쳐서 평가 척도에 미치는 현재 뉴런의 영향을 합산하는 것이다. 현재 레이
어에서 첫 번째 루프를 돌면서 다음 레이어가 출력 레이어일 때 이는 식

(2.5)나 식 (2.6)에서의 합산 결과가 된다. 그 다음 종속적으로 진행되는 레이어들에 대해서는 식 (2.8)의 합산 결과를 적용한다. 합산이 완료되면 활성화 함수를 미분한 값으로 곱해서(식 (2.4)를 이용) 식 (2.6)이나 (2.8)과 같은 결과를 얻는다. 이 델타 변수 값은 다음 레이어에서 다시 처리할 때 필요하므로 반드시 prior_delta 변수에 저장해둔다. 물론 첫 번째 은닉 레이어를 대상으로 처리할 때는 그 이전 레이어가 없기 때문에 이렇게 저장할 필요가 있을까 싶지만, 미미한 수준이다.

델타 값을 계산한 다음, 현재 뉴런에 전달되는 활성화 값으로 곱해서 식 (2.7)(마지막 은닉 레이어에 대해 적용)이나 식 (2.9)(남은 모든 하위 은닉 레이어에 대해 적용)에 대한 연산을 완료한다. 현재 레이어가 첫 번째 은닉 레이어라면 모델의 입력이 곧바로 '활성화'된다. 그 외의 경우에는 현재 레이어에 전달되는 이전 레이어의 활성화를 적용한다. 마지막에는 바이어스의 활성화 값인 1.0으로 곱해 마무리한다(바이어스 활성화가 정의에 의해 항상 1.0이라는 점을 상기하라).

이렇게 현재 레이어에 대한 모든 연산이 완료됐다. 그 다음에는 prior_delta 변수에 저장했던 현재 레이어의 델타 값을 this_delta 변수에 복사한다. 이 변수는 다음 루프에서 레이어들을 역방향으로 거치며 사용될 것이다. 다음과 같이 nnext(그 다음 레이어에 존재하는 뉴런의 개수) 변수와 nextcoefs(그 뉴런들의 가중치들)에 적절한 값을 설정한 뒤 다시 처음부터 루프를 돈다. 최종적으로 MSE나 최소화된 음의 로그 발생 가능 확률을 반환한다.

```
   for (i=0 ; i<nthis ; i++) // 현재 델타 값을 이전 델타 값으로 저장
     this_delta[i] = prior_delta[i];

   nnext = nhid_all[ilayer]; // 다음 레이어를 위한 준비
   nextcoefs = weights_opt[ilayer];
 } // 모든 레이어를 대상으로 거꾸로 진행해 나간다.
} // 모든 데이터를 대상으로 순환 실행

return error;  // MSE나 음의 로그 발생 가능 확률 반환
```

가중치 패널티

신경망 모델에서 가중치가 이따금씩 너무 과하게 커지는 경향이 있는데, 물론 이런 현상을 없애야만 한다. 먼저 어떤 레이어에 전달되는 입력이 너무할 정도로 동일한 선형 의존성을 갖는 경우가 있다. 예를 들어 다음과 같이 두 개의 입력과 하나의 기대 출력 데이터가 있다고 하자.

```
X1    X2      Y
 1     2      3
 2     4      6
 3     6      9
 4     8     12
 5    10     15
```

이를 선형 함수로 표현하면 다음과 같다.

$$Y = aX_1 + bX_2 + c \qquad (2.17)$$

데이터를 보면 위 식의 계수가 $a=1$; $b=1$; $c=0$이어야 한다는 걸 명백하게 알 수 있다. 하지만 조금만 생각해보면 이 외에도 무수히 많은 해가 있다는 걸 알 수 있다(예: $a=-1,999,999,999,997$; $b=1,000,000,000,000$; $c=0$). 원본 데이터나 은닉 레이어상에 존재하는 뉴런들의 활성화 함수가 이런 경우를 가질 수 있는데, 이때는 대부분의 훈련 알고리즘에서 엄청난 불안전성을 가져온다. 전혀 좋지 않다.

또한 크기가 큰 가중치 값들이 곧 모델이 데이터 속에서 적절한 패턴을 찾아내도록 학습시키는 과정에서 발생할 수 있는 과적합 현상의 특징이기 때문이다. 랜덤 잡음이 섞여서 상당히 현실적인 패턴을 갖는 데이터가 있다고 하자. 이 경우 가중치를 거의 0에 가깝게 한 상태로 훈련 프로세스를 시작하면서 아마도 데이터의 패턴을 잘 설명해주는 가중치를 더욱 부각시킬 것이다. 그러나 훈련 과정이 계속되면서 신경망 모델은 거의 완전하게 적절한 패턴을 찾아낼 것이고, 학습 알고리즘은 이제 학습의 초점을 잡음 요소에 맞추게 되면서 당연히 아직 보지 못한 데이터를 신경망에 입력했을 때 같은 일을 반복하지 않을 것이다. 예외적인 패턴의 랜덤 잡음 데이터까지 맞춰가려다 보니 가중치가 커지기 마련이다. 이런 식으로 가중치가 증가하지 못하게 할 수 있다면 신경망 모델이 훈련 데이터에서 랜덤 잡음을 구별할 수 있도록 더 큰 가중치를 갖는 모델보다 더 좋은 일반화를 해줄 수 있는 모델을 생성해낼 수 있을 것이다.

크기가 큰 가중치들의 영향을 줄이는 간단하면서 효과적인 방법은 가중치의 제곱 값 합을 최적화 평가 기준 값에 더하는 것이다. 이렇게 함으로써 다음과 같은 세 가지 이점을 얻을 수 있다.

1) 이렇게 하면 평가 기준 값을 최소화하기 때문에 명백히 큰 가중치 값을 절감시키는 임무를 완수할 수 있다.

2) 가중치 값이 클수록 가중치에 생기는 작은 변화가 더 큰 영향을 미치게 된다. 이는 직관적으로 보더라도 절댓값과 같은 선형 형태가 갖는 패널티보다 낫다. 가중치 값이 매우 크면 엄청난 패널티를 발생시켜서 적절한 크기의 가중치 값들이 적은 패널티를 가져도 되도록 허용해주지만, 가중치가 너무 커져버리면 이마저도 불가능해진다.

3) 제곱 패널티의 합은 미분 가능한데, 이는 기울기로 쉽게 합쳐질 수 있다는 걸 의미한다.

너무 현학적으로 보이는 일이 없도록 식 (2.18)에 나와 있는 패널티 함수는 식 (2.19)에 나온 편미분 형태로 다시 표현될 수 있다. 여기서 PenFac이란 사용자가 정의한 패널티 인자로, 통상적으로 0.001 정도의 작은 값을 준다.

$$Penalty = PenFac \sum_i w_i^2 \qquad (2.18)$$

$$\frac{\partial Penalty}{\partial w_i} = 2 \cdot PenFac \cdot w_i \qquad (2.19)$$

이러한 가중치 패널티를 구현하기 위해서는 간단히 최적화 평가 기준 함수에 패널티를 더한 다음에 미분한 후 개개의 기울기 벡터 요소마다 이 미분 값을 더해주면 된다.

일반적으로는 가중치 패널티에는 바이어스 항을 포함시키지 않아야 한다(바이어스가 필요해지는 특수 상황이 발생할 수도 있어도 말이다). 이는 신경망에 전달되는 입력 데이터상에 존재하는 커다란 오프셋을 보상하기 위해 큰 바이어스가 필요할 수도 있기 때문이다. 입력이 항상 거의 0에 가깝게 모여 있다는 사실을 알게 된다면 바이어스 패널티가 적절할 수도 있다.

멀티스레드를 지원하는 기울기 연산

이번 절에서 다룰 주제는 앞서 소개했던 기울기 코드를 상대적으로 복잡하지만 훨씬 더 효율적인 스레드 기반의 서브루틴으로 구현하는 것이다. 대부분 현존하는 프로세서들은 다수의 코어를 담고 있어 이 코어들이 동시에 코드를 실행시킬 수 있다. 값비싼 기울기 연산을 다수의 코어에 분산시켜서 동시 다발적으로 실행시킬 수 있다면 훈련 시간을 대폭 줄일 수 있다. 여기서는 윈도우 애플리케이션을 기반으로 구현하겠지만, 독자가 구미에 맞게 자신이 선호하는 플랫폼에 포팅할 수 있을 것이다.

스레드로 수행되는 서브루틴들은 (void *) 타입으로 단 하나의 파라미터만 취한다. 그러므로 프로그래머는 반드시 필요한 모든 파라미터를 하나의 구조체 안에 담은 후 이를 포인터 변수로 가리키게 해서 이 변수를 인자로 전달해줘야 한다. 여기서 사용되는 구조체와 스레드 루틴은 다음과 같다. 불필요한 혼란을 없애기 위해 변수 이름이 앞서 소개된 것과 동일하게 정의한 점을 눈여겨보자.

```
typedef struct {
   int istart ;
   int istop ;
   int분류기 ;
   int n_all ;
   int n_all_weights ;
   int n_model_inputs ;
   int ntarg ;
   int *nhid_all ;
   int max_neurons ;
   double *input ;
   double *targets ;
   double *outputs ;
   double **weights_opt ;
   double **hid_act ;
   double *this_delta ;
   double *prior_delta ;
   double **grad_ptr ;
   double *final_layer_weights ;
   double *grad ;
   double error ;
} GRAD_THR_PARAMS ;

static unsigned int __stdcall batch_gradient_wrapper ( LPVOID dp )
{
   ((GRAD_THR_PARAMS *) dp)-> error = batch_gradient(
        ((GRAD_THR_PARAMS *) dp)->istart ,
        ((GRAD_THR_PARAMS *) dp)->istop ,
        ((GRAD_THR_PARAMS *) dp)->input ,
        ((GRAD_THR_PARAMS *) dp)->targets ,
        ((GRAD_THR_PARAMS *) dp)->n_all ,
        ((GRAD_THR_PARAMS *) dp)->n_all_weights ,
        ((GRAD_THR_PARAMS *) dp)->n_model_inputs ,
        ((GRAD_THR_PARAMS *) dp)->outputs ,
```

```
                 ((GRAD_THR_PARAMS *) dp)->ntarg ,
                 ((GRAD_THR_PARAMS *) dp)->nhid_all ,
                 ((GRAD_THR_PARAMS *) dp)->weights_opt ,
                 ((GRAD_THR_PARAMS *) dp)->hid_act ,
                 ((GRAD_THR_PARAMS *) dp)->max_neurons ,
                 ((GRAD_THR_PARAMS *) dp)->this_delta ,
                 ((GRAD_THR_PARAMS *) dp)->prior_delta ,
                 ((GRAD_THR_PARAMS *) dp)->grad_ptr ,
                 ((GRAD_THR_PARAMS *) dp)->final_layer_weights ,
                 ((GRAD_THR_PARAMS *) dp)->grad ,
                 ((GRAD_THR_PARAMS *) dp)->classifier ) ;
   return 0 ;
}
```

이 서브루틴은 Model 클래스에 속해 있어서 내부의 여러 변수들도 이 클래스의 멤버 변수다. 여기서 이 코드를 소개하는 이유는 소스코드에 주석으로 설명하는 것보다 많은 설명을 책에서 해줘야 할 필요가 있기 때문이다. 단, 메모리 할당이나 오차를 체크하는 부분은 반드시 생략해야 할 부분들이다.

다음에 나온 코드는 호출 리스트와 지역 변수 선언부다. 또한 직관적으로 더 이해하기 쉽게 하기 위해 사용자가 정하는 가중치 패널티 인자를 가중치의 개수로 나눠서 가중치당 패널티 인자의 크기로 사용하게 만들었다.

```
double Model::gradient_thr (
   int nc ,  // 데이터(case)의 개수
   double *input ,  // 입력, nc만큼의 행과 max_neurons만큼의 열로 이뤄진다.
                    // n_model_inputs개의 입력이 존재한다.
   double *target ,  // target 및 nc만큼의 행과 ntarg만큼의 열로 이뤄진다.
   double *grad      // 여기서 계산된 기울기 벡터들을 이 변수에 합쳐놓는다.
)
{
   int i, j, ilayer, ineuron, ivar, n, istart, istop, n_done, ithread ;
   int n_in_batch, n_threads, ret_val, nin_this_layer ;
```

```
double error, *wptr, *gptr, factor ;
double *hid_act_ptr[MAX_THREADS][MAX_LAYERS] ;
double *grad_ptr_ptr[MAX_THREADS][MAX_LAYERS] ;
double wpen, penalty ;
char msg[256] ;
GRAD_THR_PARAMS params[MAX_THREADS] ;
HANDLE threads[MAX_THREADS] ;
wpen = TrainParams.wpen / n_all_weights ;
```

앞에서는 grad_ptr를 각 레이어에 대응하는 기울기들을 가리키는 포인
터들로 이뤄진 벡터라고 했지만, 여기서는 이 포인터들의 벡터를 구축해
나간다.

```
gptr = grad ; // n_all_weights * max_threads 크기만큼의 메모리를 할당했다.
for (ilayer=0 ; ilayer<n_all ; ilayer++) {
  grad_ptr[ilayer] = gptr ;

  if (ilayer == 0 && n_all == 1) { // 은닉 레이어가 없는 경우
    n = ntarg * (n_model_inputs+1) ; // 입/출력 뉴런들의 곱만큼 존재
    gptr += n ; // 이 경우엔 필요한 부분이 아니지만 동일한 처리 과정을 위해 존재
  }
  else if (ilayer == 0) {    // 첫 번째 은닉 레이어인 경우
    n = nhid_all[ilayer] * (n_model_inputs+1) ; // 두 입/출력 은닉 레이어
                                        // 뉴런들의 곱만큼 존재
    gptr += n ;
  }
  else if (ilayer < n_all-1) { // 그 이후 은닉 레이어인 경우
    n = nhid_all[ilayer] * (nhid_all[ilayer-1]+1) ; // 두 입/출력
                                // 은닉 레이어의 뉴런들의 곱만큼 존재
    gptr += n ;
  }
  else
    n = ntarg * (nhid_all[ilayer-1]+1); // 이 경우엔 필요한 부분이
                                // 아니지만 동일한 처리 과정을 위해 존재
```

} // 입력 레이어를 제외한 모든 레이어를 대상으로 동일한 루프 수행

이제 기울기 서브루틴에 전달될 파라미터 구조체를 초기화시켜준다. 이 파라미터들은 이 루틴을 실행하면서 변경되지 않은 상태로 유지된다. 대부분의 파라미터들은 상수지만, 일부는 작업 벡터work vector다. 이러한 벡터들을 각 스레드마다 별개로 생성해서 사용해야하므로, 반드시 충분히 큰 크기로 메모리를 할당해줘야 한다.

또한 hid_act와 grad_ptr은 작업 영역을 가리키는 포인터들로 이뤄진 포인터 배열이기 때문에 특별한 방법으로 다뤄야 한다. 그래서 이 포인터 요소들은 파라미터 구조체 안에 할당되기 전에 초기화부터 돼야 한다. 특히 가장 애매모호한 변수인 grad는 n_all_weights 크기에 스레드의 개수를 의미하는 max_threads만큼 곱해준 크기로 할당해준다. 이 코드가 도대체 무슨 일을 하는지 명확하지 않다면 다시 앞에서 다뤘던 코드 설명에서 grad_ptr가 grad로부터 파생된 변수임을 확인해보자. 이 포인터 배열 변수는 파라미터 구조체로 복사되며, 개개의 복사본들은 전체 가중치 개수만큼 오프셋된 주소를 가리킨다.

```
for (i=0 ; i<max_threads ; i++) {
   params[i].input = input ;
   params[i].targets = targets ;
   params[i].n_all = n_all ;
   params[i].n_all_weights = n_all_weights ;
   params[i].n_model_inputs = n_model_inputs ;
   params[i].ntarg = ntarg ;
   params[i].nhid_all = nhid_all ;
   params[i].max_neurons = max_neurons ;
   params[i].weights_opt = weights_opt ;
   params[i].final_layer_weights = final_layer_weights ;
   params[i].this_delta = this_layer + i * max_neurons ;
   params[i].prior_delta = prior_layer + i * max_neurons ;
   params[i].outputs = outputs + i * ntarg ;
```

```
    params[i].grad = grad + i * n_all_weights ;
    for (j=0 ; j<n_all ; j++) { // n_all은 입력 레이어를 제외한 전체 레이어의 개수
      hid_act_ptr[i][j] = hid_act[j] + i * max_neurons ;
      grad_ptr_ptr[i][j] = grad_ptr[j] + i * n_all_weights ;
    }
    params[i].hid_act=hid_act_ptr[i];
    params[i].grad_ptr=grad_ptr_ptr[i] ;
    params[i].classifier =분류기 ;
}
```

DEEP 프로그램은 최대 스레드 개수의 임계치를 매크로로 설정하는데, 기본
적으로는 전역 변수인 max_threads를 이 값으로 초기화하며, 물론 독자가
임의로 값을 줄일 수도 있다. 훈련 데이터는 일괄적으로 수행되는 스레드의
수만큼 그룹으로 나눠져 각 일괄 처리 스레드마다 할당되는 데이터의 시작
을 가리키는 istart와 끝을 가리키는 istop을 이용하게 된다. 다음 코드가
스레드의 시작부분이다. 오차를 처리하는 부분은 생략했다. 발생하지 않을
가능성이 있는 이벤트에서 beginthreadex() 호출이 실패하면 이미 실행
중인 모든 스레드를 닫고 특수한 오차 코드를 호출자에게 반환함으로써 심
각한 예외 상황이 발생했음을 알려야 한다.

```
n_threads = max_threads ;  // 가능한 한 많은 스레드를 이용한다.
if (nc / n_threads < 100)   // 하지만 스레드가 오버헤드를 갖기 때문에
   n_threads = 1 ;          // 스레드가 데이터에 비해 적다면 사용하지 않는다.

istart = 0 ;                // 일괄 = 훈련 데이터 시작
n_done = 0 ;                // 현재 에포크까지 처리된 훈련 데이터의 개수

for (ithread=0 ; ithread<n_threads ; ithread++) {
   n_in_batch = (nc - n_done) / (n_threads - ithread) ; // 남은 데이터/
                                                        // 남은 스레드
   istop = istart + n_in_batch ;  // istop 인덱스 이전 데이터까지 할당한다.
   params[ithread].istart = istart ; // 스레드 루틴에게 어떤 훈련
   params[ithread].istop = istop ;    // 데이터를 처리할지 전달한다.
```

```
threads[ithread] = (HANDLE) _beginthreadex (
    NULL , 0 , batch_gradient_wrapper , &params[ithread] , 0 ,
    NULL ) ;

n_done += n_in_batch ;
istart = istop ;
} // 모든 스레드에 대해 일괄 처리를 종료한다.
```

이제 다음 코드에 나와 있는 것처럼 모든 스레드가 종료되길 기다린다. 타임
아웃 파라미터로 여기서는 120만 밀리초를 지정했는데, 이 값에는 중요한
의미가 있다. 타임아웃에 도달했는데도 하나의 스레드가 여전히 동작하고
있다면 이 프로세스는 실패하고 말 것이며, 이 경우 반드시 중대한 예외 처리
의 의미를 갖는 플래그를 반환시켜야 한다. 그러므로 이 타임아웃 값을 크게
만들었던 것이다. 그렇다고 이 값을 너무 크게 만들어 버리면 한참 동안 아
무런 반응이 없는 상태로 프로그램이 시작하게 될 것이다.

```
ret_val = WaitForMultipleObjects ( n_threads , 스레드 , TRUE , 1200000 ) ;

CloseHandle ( threads[0] ) ;
for (ithread=1 ; ithread<n_threads ; ithread++) {
    params[0].error += params[ithread].error ;
    for (i=0 ; i<n_all_weights ; i++)
        params[0].grad[i] += params[ithread].grad[i] ;
    CloseHandle ( threads[ithread] ) ;
}

factor = 1.0 / (nc * ntarg) ;
error = factor * params[0]. error ;
for (i=0 ; i<n_all_weights ; i++)
    grad[i] = factor * params[0].grad[i] ; // 주의: grad과
                                           // params[0].grad는 같다!
```

위의 소스코드는 여러 개의 스레드에서 처리된 결과를 가져오는 표준 메소
드를 보여준다. 각 스레드마다 자신에게만 할당된 스칼라 타입의 오차와

grad 벡터를 갖는다. 그러므로 여기서는 단순히 스레드 1부터 시작해서 오차와 기울기 값을 Thread 0에 있는 변수에 더해주고, 데이터의 개수와 출력 뉴런의 개수를 곱한 값으로 나눔으로써 '데이터 하나당' 혹은 '출력 하나당' 얼마만큼의 오차와 기울기를 갖는지 확인할 수 있도록 정규화시켜 준다.

마지막 단계는 가중치 패널티를 구현하는 것이다. 여기서는 이를 두 부분으로 나눠 구현한다. 첫 번째 부분은 모든 은닉 레이어를 대상으로 동작한다. grad_ptr과 weights_opt 변수가 각 레이어마다 존재하는 첫 번째 기울기와 가중치를 가리키는 포인터라는 점을 눈여겨보자. 사용자의 가중치 패널티 인자를 각 기울기 값에 적용되는 부분을 보면 시간 절약을 위해 완료됐을 때만 오차에 적용한다.

사실 앞서 얘기했듯이 기울기를 최소화하기 때문에 가중치 패널티를 기울기 항에 적용할 때 식 (2.19)의 부호를 뒤바꾼다는 점을 상기하자.

이 서브루틴은 패널티에 바이어스 가중치를 포함시키지 않는데, 어떤 전문가들은 이 값이 뉴런에 전달되는 입력에 적용되는 가중치가 아니라 일정한 오프셋이기 때문에 이를 이상하게 생각할 것이다. 훈련 알고리즘이 원하는 값은 뭐든 허용해야만 한다고 주장할 것이다. 모델에 전달되는 입력 자체가 0과 거리가 먼 큰 값의 오프셋을 가질 경우엔 타당한 말이다. 하지만 바이어스 가중치가 어떠한 통제 없이 커지게 허용한다면 결과적으로 하나 이상의 뉴런이 영구적으로 포화 상태에 가깝게 활성화되거나 비활성화돼서 무용지물인 상태가 될 가능성도 있다.

어떤 경우든 일반적으로 사용자가 간단히 신경망에 전달되는 입력의 거동이 적절하다고(적절한 분산과 꼬리의 형태를 가지며 0 근처에 적절하게 분포돼 있는 경우) 확신하다면 이는 큰 문제가 없는 부분이다. 나는 입력 데이터들을 제어할 수(즉, 비감독 레이어가 아니라면 0으로, 맞다면 1로 표준화되는) 있다고 해도 비감독 훈련된 레이어의 모든 입력이 비음수이며, 그 수가 많을 것이라 생각했기 때문에 바이어스 가중치에는 패널티를 적용하지 않게 했으며, 비감독 훈련된 레이어상의 모든 입력은 비음수이자 개수가 매우 많다. 바이어스 가중치에 패널티를 적용하고 싶다면 간단히 < loop test를 <= in ivar<nin_this_layer로 바꾼다. 그러면 각 뉴런의 가중치들 중에서 마지막에 위치한 바이어스 가중치는 패널티와 미분 계산에 모두 포함돼 계산될 것이다.

```
penalty = 0.0 ;
nin_this_layer = n_model_inputs ;
for (ilayer=0 ; ilayer<n_all-1 ; ilayer++) { // 모든 은닉을 대상으로 수행
  for (ineuron=0 ; ineuron<nhid_all[ilayer] ; ineuron++) {
    wptr = weights_opt[ilayer] + ineuron*(nin_this_layer+1) ;
                                  // 현재 레이어상의 현재 작업 중인 뉴런
    gptr = grad_ptr[ilayer] + ineuron*(nin_this_layer+1) ;
    for (ivar=0 ; ivar<nin_this_layer ; ivar++) {
      penalty += wptr[ivar] * wptr[ivar] ;
      gptr[ivar] -= 2.0 * wpen * wptr[ivar] ;
    }
  }
  nin_this_layer = nhid_all[ilayer] ;
}

for (ineuron=0 ; ineuron<ntarg ; ineuron++) {
  wptr = final_layer_weights + ineuron * n_final_layer_weights ;
  gptr = grad_ptr[n_all-1] + ineuron * n_final_layer_weights ;
  for (ivar=0 ; ivar<nin_this_layer ; ivar++) {
    penalty += wptr[ivar] * wptr[ivar] ;
    gptr[ivar] -= 2.0 * wpen * wptr[ivar] ;
  }
}
return error + wpen * penalty ;
}
```

CUDA 기반의 기울기 연산 코드

시중에 이미 일반적인 CUDA 프로그래밍에 대해 설명해놓은 훌륭한 서적들이 있다. 이 책에서 그렇게 방대하고 중요한 주제를 몇 개의 절만으로 설명하긴 힘들 뿐만 아니라, 이 책의 메인 주제는 Deep Belief Nets이기 때문에 그러한 책들과 이 책을 비교할 순 없을 것이다. 그래도 다음과 같은 두 가지 목표를 갖고 계속 진행할 것이다.

1) 적어도 일부 숙련된 CUDA 프로그래머들이라면 이 책에서 제시하는 효율적인 소스코드와 관련 설명을 참고해 활용할 수 있을 것이다.

2) 병렬 프로그래밍에 대한 경험이 없는 독자들은 이 책에서 제시하는 신경망 CUDA 프로그래밍 테크닉에 대한 전반적인 개념 설명을 통해 호기심을 해결하고, 이 흥미로운 주제를 추구해야 할지 결정할 수 있게 하는 데 충분한 내용을 확인할 수 있다.

두 번째 범주에 속한 독자라면 대부분의 근래에 생산되고 있는 엔비디아 nVidia 디스플레이 어댑터들이 CUDA과 함께 엔비디아 웹사이트에서 제공하는 CUDA SDK를 지원한다는 사실을 알아두자. 이 SDK는 무료로 다운로드 받을 수 있을 뿐만 아니라 훌륭한 수준의 매뉴얼도 얻을 수 있다. 그러므로 병렬 프로그래밍에 대해 너무 걱정하지 말자. 생각보단 쉬우니 말이다.

기본 아키텍처

CUDA를 지원하는 디스플레이 어댑터의 아키텍처는 여기서 자세히 다루기엔 너무 너무 복잡하다. 하지만 CUDA를 처음 다뤄보는 독자들도 앞으로 나올 코드를 이해할 수 있도록 기본적인 구조를 설명하고자 한다.

CUDA 장치들은 여러 스레드를 동시에 실행시키며, 프로그래머들은 논리적인 방법으로 이러한 스레드를 처리함으로써 각 스레드들 간의 데이터 교환이 효과적으로 이뤄지게끔 해줘야 한다. 아키텍처는 일반적으로 하드웨어와 소프트웨어 관점에서 봤을 때 서로 다른 모습으로 보이게 된다는 점이 이 처리를 복잡하게 만들어 버린다. 정말 최적의 성능을 내는 데 고군분투하는 실력 있는 프로그래머라면 소프트웨어의 처리 스킴이 하드웨어와 매우 완벽한 수준으로 조합돼 동작할 수 있도록 엄청난 노력을 쏟아 부을 것이다.

앤비디아는 가능한 한 많은 프로그래머가 하드웨어적인 제한에 얽매이지 않고 독립적으로 프로그램을 설계할 수 있도록 지원하고자 한다. 이러한 이유로 이 책에서 소개하는 코드들은 하드웨어에 독립적인 성격을 가질 것이다. 이는 CUDA 연산 장치의 성능에 따라 소프트웨어의 성능도 달라질 수 있음을 의미한다. 전문가들은 원하는 타겟상에서 코드가 원하는 성능을 보여줄 수 있도록 자유롭게 수정할 수 있다.

소프트웨어적 관점에서 보자면 스레드는 두 가지 계층으로 나눠 그룹 지어지는데, 하나는 블록^{blocks} 격자이며 다른 하나는 이 블록 안에 있는 개별적인 스레드^{threads}들이다. 격자 내부의 개별 블록들은 한 블록 안의 개별 스레드들도 마찬가지지만, 세 가지 방식들 중 프로그래머가 원하는 방식으로 처리될 수 있다. 이 블록들은 선형적인 1차원으로 간주해 처리되거나 x, y 좌표로 이뤄진 2차원으로 간주해 처리될 수 있다. 마지막으로 블록과 스레드들은 x, y, z 좌표로 이뤄진 3차원으로 처리될 수 있다. 처리 스킴을 뭘로 할지, 다차원 구조에서 각 차원의 크기를 어느 정도로 잡을지 선택하는 일은 프로그래머가 권장 사항에 잘 순응하는 성격이라면 프로세서의 개수라든지 각 프로세서에 내장된 코어의 개수와 같은 하드웨어적 제약과는 무관해야 한다.

프로그램을 설계할 때 반드시 고민해야 할 중요한 하드웨어적 고려 사항이 있다. 하나의 블록 내에 있는 스레드들은 32개를 하나의 세트로 그룹짓는데, 이를 워프^{warp}라고 부른다(엔비디아에서 보장해주는 워프의 크기가 있는 건 아니지만, 지금까지 항상 32개를 사용했으며, 앞으로도 32로 유지될 것이라고 암시하고 있다). 하나의 워프 안에 있는 모든 스레드는 동시에 수행된다. 여기에 내포된 사실은 하나의 워프 안에 유용한 연산을 수행하는 스레드의 개수가 32개가 안 된다면 효율성에 악영향을 미치게 된다는 점이다. 이렇게 쓰이지 않은 스레드들은 아무런 동작 수행을 하지 않는 소중한 리소스를 차지하고만 있게 된다. 이는 대부분 이 책에서 프로그램 설계 시 중요한 역할을 하는 하드웨어적 고려 사항이다.

그림 2.2는 애플리케이션에서 스레드들을 처리하는 소프트웨어적인 측면에서 정의한 한 가지 방식을 보여준다. 개개의 스레드들은 사실 모든 블록이 동일한 방식으로 스레드들을 갖고 있음에도 좌측 상단 블록에만 보인다.

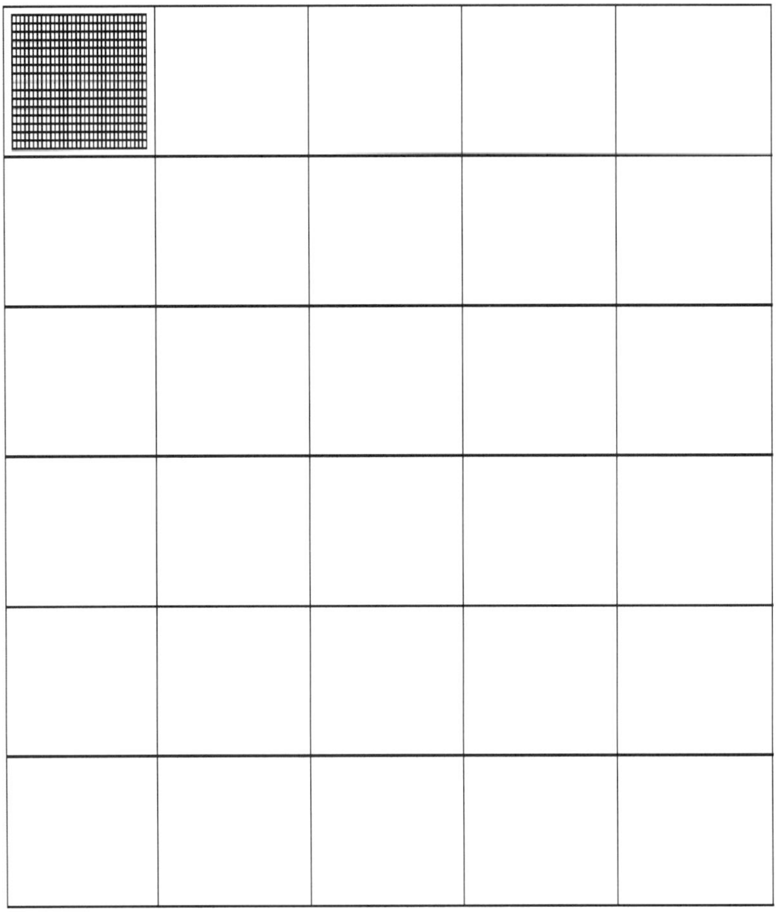

그림 2.2 CUDA 격자의 예

이 격자 예는 5개의 열과 6개의 행으로 된 총 30개의 2차원 블록 구조를 갖고 있다. 각 블록은 다시 16개의 행과 32개의 열로 이뤄진 총 512개의 2차원 스레드 구조를 갖는다. 물론 열의 개수가 워프의 크기와 같은 건 우연의 일치다. 꼭 이렇게 될 필요는 없다. 하지만 어떻게 설계를 했든지, 항상 워프의 개수와 동일한 수의 블록을 수행해야 한다. 그러므로 예를 들어 프로그래머가 513개의 스레드를 사용한다고 해보자. 이는 실제 수행 시 512+32 =544개의 스레드로 뻥튀기 돼버리고, 이 중 31개의 스레드는 리소스만 차지하고서 idle 상태로 빠져버릴 것이다.

간단한 예

다음 절에서는 기울기 연산을 가장 정직하면서 논리적인 순서로 수행하는 방법을 다룬다. 하지만 먼저 가장 간단한 기울기 연산 알고리즘부터 살펴본다. 하나의 일괄 처리 과정에서 각 데이터마다 이전 단계의 벡터를 현재 단계의 벡터로 이동시킨다. 이미 다음 코드처럼 단일한 데이터를 갖고 수행하는 과정을 앞서 살펴봤다.

```
for (i=0 ; i<nthis ; i++)      // 다음 레이어에 대한 델타 값이 된다.
   this_delta[i] = prior_delta[i] ;
```

CUDA에서 동일한 작업을 수행하려면 두 개의 독립적인 루틴을 필요로 한다. 그중 하나는 CUDA 장치상에서 동작할 것이며, 다른 하나는 이 CUDA 장치를 불러일으키기 위해 호출될 호스트 루틴이다. 다음은 장치에 해당하는 코드다.

```
__global__ void device_move_delta (
   int nhid        // 직전에 처리된 레이어상의 뉴런의 개수
)
{
   int icase, ihid ;
```

```
  ihid = block_Idx.x * block_Dim.x + threadIdx.x ;

  if (ihid >= nhid)
    return ;

  icase = block_Idx.y ;

  d_this_delta[icase*nhid+ihid] = d_prior_delta[icase*nhid+ihid] ;
}
```

__global__ 이라는 키워드는 컴파일러로 하여금 이 코드가 CUDA 장치상
에서 동작할 것임을 인식하게끔 해준다. 여기서 파라미터로 선달한 넬타 변
수의 개수는 각 데이터마다 이동돼야 할 필요가 있을 것이다. 이는 이전에
처리된 레이이상에 존재하는 뉴런의 개수를 의미한다. 각 스레드미디 특정
뉴런과 데이터에 내한 단 하나의 멜타를 이동시킬 것이다.

실제로 언제나 데이터가 그랬듯이 CUDA 장치상에서 동작하는 코드는 여러
가지 내장된 변수들을 이용한다. 이번 예제에서는 다음과 같은 변수들이 쓰
였다.

block_Idx.x 실행 중인 블록 격자의 *x* 좌표다. 그림 2.2에서는 열이 이에
해당한다(그림상에는 5개의 열이 있으므로 0에서 4까지 할당한다).

block_Dim.x 이 애플리케이션에 존재하는 블록당 스레드의 개수다. 위
코드와 같이 구현된 이유는 스레드의 주소가 선형으로 나열되는 방식을 이
용하기 때문이다(이는 호스트 서브루틴을 확인하고 나면 더욱 명확해질 것이다). 애플리케
이션이 1차원적인 선형 증가가 아닌 다차원의 스레드 주소 할당 방식을 사용
한다면 이 변수가 갖는 값은 현재 블록의 *x*축 방향 길이가 될 것이다. 하지만
선형적인 스레드 주소 할당 방식을 사용하면서 그림 2.2에서는 각 블록당
전체 스레드의 개수인 512를 갖는다.

threadIdx.x 실행 중인 스레드의 인덱스로, 이 애플리케이션에서는 선형
으로 스레드를 증감시키는 방식을 이용한다. 스레드의 구조가 다차원 구조

라면 블록 안에서 실행 중인 스레드의 x 좌표가 이 변수에 할당될 것이다. 여기서는 선형으로 스레드 ID를 할당한다(블록마다 512개의 스레드가 존재하므로 0부터 511까지 증가한다).

block_Idx.y 실행 중인 스레드의 y 좌표다. 그림 2.2와 같이 2차원 구조라면 해당 행의 순번이 될 것이다(그림상에서는 6개의 행이 있으므로 0에서 5까지 할당한다).

이 예제에서 사용된 스레드 처리 방식을 이해하기 위해 블록 하나당 64개의 스레드가 있다고 해보자(즉, 그림 2.2에서처럼 block_Dim.x가 512가 아니라 64가 된다). 또한 200개의 뉴런이 존재한다고 가정해 각 데이터마다 200개의 스레드가 필요하고, 다시 각 스레드는 하나의 델타 값을 이동시키는 역할을 한다고 해보자. 그러면 뉴런 0번째부터 63번째까지는 0번째 블록으로 관리되며, 뉴런 64~127번째는 1번째 블록으로 관리된다. 나머지도 마찬가지 방식으로 나아간다. 특히 주어진 블록 안의 주어진 스레드에 의해 처리되는 뉴런은 블록 개수에 블록 하나당 스레드 개수를 곱한 값에 해당 스레드 번호를 더한 것과 같다. 이는 곧 앞에서 보여준 루틴에서 첫 번째 코드 라인에 해당한다.

```
ihid = block_Idx.x * block_Dim.x + threadIdx.x ;
```

하지만 일반적으로는 뉴런보다 더 많은 스레드가 존재하며(희망적으로 약간 더 말이다), 델타 벡터 안에서 뉴런을 처리하기 위해 뉴런의 인덱스를 사용하기 때문에 스레드가 실제로 존재하지 않는 뉴런에 할당되려고 하면 반드시 즉시 종료하거나 리턴돼야 한다.

마지막으로, 블록 격자에서 행의 순번을 데이터 인덱스 값으로 얻어오고 뉴런 인덱스와 데이터 인덱스 값을 조합해 하나의 델타 값을 이동시킨다.

눈치 빠른 독자라면 이와 같은 처리 스킴에 뭔가 비효율적인 측면이 있다는 느낌이 들 것이다. 뉴런의 개수는 정확히 블록당 스레드 개수의 배수가 될 것이며, 모든 행(데이터)의 블록은 불완전한 상태, 즉 일부 스레드는 아무런 일도 안하고 즉시 리턴돼 버릴 것이다. 하지만 여전히 스케줄링의 대상이 되면서 리소스를 잡아먹고 있을 것이다. 다음과 같은 방법으로 이런 낭비를 줄일 수 있다.

```
index = block_Idx.x * block_Dim.x + threadIdx.x ;
icase = index / nhid ;
ihid = index % nhid ;

if (icase >= ncases)
   return ;
```

이 방법은 마지막을 제외한 모든 블록이 스레드로 꽉 치있게 보장해준다. 하지만 이렇게 하면 보통 메모리 배열alignment 문제가 생겨서 오히려 효율을 더 악화시킬 수도 있다. 게다가 생각보다 이러한 낭비가 그렇게 심각하지 않음을 보여주는 세 가지 이유가 더 있다.

- 하나의 블록 안에 존재하는 사용되지 않는 워프들은 워프 안에 있는 스레드들만큼이나 문제가 되진 않는다. 거의 곧바로 리턴되는 현상은 전혀 사용되지 않은 워프가 눈 깜짝할 사이에 프로세서에서 벌어지기 때문에 그러한 낭비 비용은 무시할 만하다. 시간문제를 일으키는 건 부분적으로 채워진 워프로, 이런 워프는 몇 개의 스레드가 실행 중이라고 해도 반드시 그대로 상주하고 있어야 한다.

- 이러한 비효율성은 대개 전체 스레드들 중에서 idle 상태 스레드들의 비중이 클 때 작은 태스크들 사이에서 일어난다. 하지만 그러한 데이터들 사이에는 태스크가 차지하는 시간이 전체 애플리케이션의 동작 시간에 비해 상대적으로 작다. 시간에 정말 영향을 미치는 큰 규모의 태스크들이 갖는 idle 상태 스레드의 수는 크지 않다.

- 가장 중요한 원인은 바로 이거다. 워프가 멀티프로세서에 상주하는 동안 계속 실행 중일 거라고 생각하기 쉽지만, 다양한 이유로 인해 중단돼 버릴 수도 있다. 하드웨어는 산술 연산, 메모리 전달, 기타 등등의 동작에 대해

제한된 개수의 파이프라인을 갖고 있다. 또한 전역 메모리 액세스는 메모리 요청이 서비스되기까지 대기하는 동안 중단될 것이다. 그러므로 완전히 모든 스레드를 빠짐없이 상주시키고 실행 준비 상태로 만드는 것은 종종 연산에 드는 리소스에 과부하를 걸어 아무튼 중단시켜 버린다. 사실 엔비디아의 'Best Practices Guide' 매뉴얼에서는 리소스 차지율이 50%를 넘어서면 리소스의 희박성으로 인한 중단 때문에 리턴되는 횟수가 빠르게 줄어드는 시점에 이른 것이라고 말하고 있다.

지금까지 CUDA 지원 장치에서 작은 규모의 모듈을 동작하는 경우를 살펴봤으니, 이 모듈을 실행시키는 호스트 루틴에 대해 알아보자. 다음 코드가 호스트 루틴이다.

```
int warpsize, threads_per_block ;
dim3 block_launch ;

threads_per_block = (nhid + warpsize - 1) / warpsize * warpsize ;
if (threads_per_block > 4 * warpsize)
    threads_per_block = 4 * warpsize ;

block_launch.x = (nhid + threads_per_block - 1) / threads_per_block ;
block_launch.y = ncases ;
block_launch.z = 1 ;

device_move_delta <<< block_launch , threads_per_block >>> ( nhid ) ;
cudaDeviceSynchronize() ;
```

위 코드에서 사용된 dim3 타입은 스레드 실행을 위한 파라미터를 스칼라 타입이 아닌 다차원 구조로 저장하고자 사용하는 벡터 타입이며, warpsize는 앞서 프로그램 안에서 32로 지정했었다. 이는 하드웨어에 고정된 워프 하나당 스레드의 개수다.

첫 번째로 실행되는 코드 라인은 threads_per_block 변수를 가능한 한 가장 작은 값으로 지정해서 모든 뉴런을 처리할 수 있게 하되, 워프 크기의 정수배로 지정한다.

물론 뉴런의 개수가 많다면 이렇게 계산되는 값은 하드웨어나 블록당 스레드의 개수, 블록의 크기에 대한 최대 효율을 갖는 값을 초과해버릴 것이다. 그 다음 두 라인은 블록 크기의 최댓값을 정한다. 이렇게 하는 정확한 방법은 기본적인 사전 주의를 하지 않는 한 문제가 되지 않는다.

- 마지막 값은 워프 크기의 정수 배가 돼야 한다. 그렇지 않으면 정당하긴 하지만 다 채워지지 않아서 낭비가 있는 워프가 발생한다.

- 장치의 코드가 방대한 레지스터를 지원하는 경우 블록당 스레드의 수가 너무 낮으면 하드웨어적 세한을 초과해버릴 것이다. 이 책에서 위 루틴의 레지스터 사용은 얼마든지 자유롭게 블록 크기를 정의할 수 있을 정도로 충분히 작다. 여기서 사용된 네 개의 워프는 문제꺼리도 못된다.

- 블록 크기가 너무 작으면 멀티프로세서에서 동작하는 블록의 개수에 영향을 미치는 하드웨어적 제한은 실행될 자격이 있는 워프의 개수에 대해 지나친 제약을 부과해서 하드웨어를 제대로 활용하지 못하게 된다. 다시 말하지만 네 개의 워프로 된 블록의 크기는 지금이나 가까운 미래에 나올 CUDA 하드웨어에서는 문제가 되지 않는다.

격자의 x축 방향 크기를 저장하는 block_launch.x는 뉴런 인덱스를 제어하게 되는데, 이는 모든 뉴런을 관리할 만큼 충분히 많은 스레드를 할당할 만큼 블록의 최소 개수로 계산된다. y의 크기는 데이터의 개수이며, z의 크기는 현재 우리가 다루는 블록이 2차원이기 때문에 1로 설정한다.

마지막으로, 다음과 같은 코드를 실행한다.

```
device_move_delta <<< block_launch , threads_per_block >>> ( nhid ) ;
cudaDeviceSynchronize() ;
```

첫 번째 코드 라인은 장치 루틴의 이름을 지정하고, 실행 파라미터들을 지정하며, 파라미터 리스트를 제공한다(여기서는 변수 하나다). 두 번째 코드 라인은

CUDA 장치에서 동작하는 코드가 완료될 때까지 호스트 측에서의 실행을 중단한다. 이 명령이 없다면 호스트는 이 루틴이 완료되기 전에 존재하는 결과에 의존하는 연산의 또 다른 단계를 실행하게 계속 실행될 수 있으며, 이는 명백히 재앙이 될 수 있다.

초기화

훈련 알고리즘으로부터 그렇게 하도록 실행될 때마다 기울기를 계산하게 CUDA 장치의 사용을 시작할 수 있기 전에 많은 일이 이뤄져야 한다. 대개 놀랍게도 이런 작업에는 장치에 전역 메모리를 할당하고, 호스트의 배정밀도double precision와 장치상의 대부분 저장 작업에 사용되는 단일 정밀도single precision float 타입 값을 교환하기 위해 호스트 메모리를 할당하는 일 등이 포함된다. 초기화 코드를 여기에 다 수록하기엔 너무 양이 많지만, 대부분 설명이 불필요한 내용들이기 때문에 중요한 부분만 골라서 설명하겠다. 내 홈페이지에서 완전한 CUDA 코드를 무료로 다운로드해보자.

먼저 완전한 변수 선언부부터 살펴보자. 안타깝게도 내용이 좀 길지만, 여러 루틴에서 논의되며 레퍼런스로 사용하기에 간편하다. 이러한 변수 선언부의 여러 가지 측면이 주목할 만하다.

- 이 변수들은 모두 읽기 전용인 상수 메모리 공간에 로딩되도록 선언된다. 이렇게 해야 전역 메모리 공간보다 액세스가 빨라진다.
- 내가 즐겨 쓰는 방식인데, h_로 시작하는 변수들은 호스트가 액세스하고, d_로 시작하는 변수들은 장치에서 액세스한다고 보면 된다.

```
static    float *fdata = NULL ; // 모든 은닉 레이어에 걸쳐 존재하는
                                 // 가중치의 총 개수
static    int n_hid_weights ;    // 출력 가중치의 총 개수
static    int n_out_weights ;

static    float *reduc_fdata = NULL ;
```

```
__constant__ int d_ncases ;           // 완전한 훈련 데이터의 개수
__constant__ int d_n_trn_inputs ;   // 첫 번째 레이어의 입력(훈련
                                       // 데이터)의 개수
__constant__ int d_ntarg ;             // 타겟의 개수(출력 뉴런의 개수)

static   int *h_nhid = NULL ;      // 각 은닉 레이어마다 존재하는 뉴런의 개수
__constant__ int *d_nhid ;

static   float *h_trn_data = NULL ;   // 가공 안 된 훈련 데이터
                                       // (ncases x n_trn_inputs개 )
  constant__ float *d_trn_data ;

static   float *h_targets = NULL;      // 타겟 데이터(ncases x ntarg개)
__constant__ float *d_targets ;

static   int *h_class = NULL ;         // 분류가 목적이면(SoftMax),
                                       // class id가 온다.
__constant__ int *d_class ;

static   float *hidden_weights = NULL ; // 은닉 레이어에 대한 가중치 행렬
static   float **h_whid = NULL;
__constant__ float **d_whid ;

static   float *h_wout = NULL ;
__constant__ float *d_wout ;

static   double *activations = NULL ; // 현재 레이어의 활성화
static   double **h_act = NULL ;       // 각 레이어를 가리키는 포인터 배열
__constant__ double **d_act ;

static   double *h_output = NULL ;     // 출력 활성화
__constant__ double *d_output ;

static   float *h_mse_out = NULL ;
__constant__ float *d_mse_out ;

static   double *h_this_delta = NULL ; // 현재 레이어에 대한 델타 값
__constant__ double *d_this_delta ;
```

```
static    double *h_prior_delta = NULL ; // 다음 레이어에 대한 델타 값
__constant__ double *d_prior_delta ;

static    int h_gradlen ;                    // 데이터에 대한 기울기의 길이
__constant__ int d_gradlen ;

static    float *h_gradient = NULL; // 출력 레이어 포함, 모든 레이어의
                                    // 기울기 포인터
__constant__ float *d_gradient ;

static    float **h_grad_ptr = NULL ;  // 각 레이어의 기울기를
                                       // 가리키는 포인터
__constant__ float **d_grad_ptr ;
```

메모리 할당과 관련해 한 가지 중요한 사실은 은닉 레이어 가중치에 대한 것이
다(출력 레이어 가중치들은 서로 독립적으로 유지된다). 각 레이어의 가중치 값들은 별개
의 배열에 저장된다(하지만 장치상에 이러한 배열이 연속적으로 근접하게 나열된다). 각 레
이어의 가중치를 가리키는 포인터 배열은 빠른 액세스를 가능케 해준다.

다음 코드는 은닉 레이어 가중치의 할당을 처리하는 내용을 담고 있다.

```
n_hid_weights = 0 ;
n_prior = n_inputs ;

for (i=0 ; i<n_layers-1 ; i++) {
   n_hid_weights += nhid[i] * (n_prior + 1) ; // 바이어스 항 하나를 포함한 개수
   n_prior = nhid[i] ;
}

memsize = n_hid_weights * sizeof(float) ;
cudaMalloc ( (void **) &hidden_weights , (size_t) memsize ) ;

memsize = (n_layers-1) * sizeof(float *) ;
cudaMalloc ( (void **) &h_whid , (size_t) memsize ) ;

cudaMemcpyToSymbol ( d_whid , &h_whid , sizeof(void *) , 0 ,
                 cudaMemcpyHostToDevice ) ;
```

```
n_hid_weights = 0 ;
n_prior = n_inputs ;

for (i=0 ; i<n_layers-1 ; i++) {
    fptr[i] = hidden_weights + n_hid_weights ;
    n_hid_weights += nhid[i] * (n_prior + 1) ;
    n_prior = nhid[i] ;
}

cudaMemcpy ( h_whid , &fptr[0] , (n_layers-1) * sizeof(float *) ,
            cudaMemcpyHostToDevice ) ;
```

첫 번째 단계는 은닉 레이어 가중치를 계산하고 이 가중치를 저장하는 데 필요한 공간을 할당한다. 가중치는 메모리를 보존하기 위해 더블 타입보다는 플로트 타입으로 저상된다. 이때 한 레이어에서 다른 레이어로 선파뇌는 양quantities만 더블 타입으로 저장되는데, 그 안에 함께 포함된 오차가 누적되는 걸 방지하기 위해서다. 신경망에 존재하는 모든 가중치의 완전한 집합체를 저장해놓기 위해 hidden_weights 변수에 할당한다.

다음으로 개개의 레이어에 해당하는 가중치들을 가리키는 포인터를 저장하는 배열을 위한 적은 크기의 메모리를 할당한다. n_layers_total이란 변수는 출력 레이어까지 포함하고 있으므로 하나를 뺀 값으로 저장한다. cudaMemcpyToSymbol를 호출하게 되면 h_whid에 있는 이 포인터 벡터의 주소를 장치 루틴이 액세스하게 될 장치상의 주소로 복사한다.

그런 다음 이 포인터 배열을 각 레이어별로 존재하는 가중치들의 hidden_weights 값으로 채운다. 마지막 단계는 포인터 벡터를 장치로 복사하는 것이다.

훈련 알고리즘을 통해 가중치를 장치로 복사하는 것은 초기화 과정에 속한다고 볼 순 없지만, 훈련 처리 과정에서 자주 보게 될 것이다. 하지만 앞서 가중치를 위한 공간을 할당해줬으니 이제 시도용trial 가중치를 호스트에서 디바이스로 복사하기 위한 코드를 보게 될 것이다.

하나의 레이어 안에서 가중치 행렬은 호스트상의 가중치 행렬을 전치^{transpose} 시킨 꼴을 갖는다. 호스트 측에서는 각 뉴런마다 바이어스가 뒤따라오는 입력 가중치 배열과 함께 각 뉴런마다 가장 빠르게 달라지는 입력을 갖는 것이 제일 효율적이다. 이렇게 하면 빠른 내적 루틴을 사용할 수 있다. 하지만 CUDA 장치에서는 레이어상의 뉴런들에게 전달되는 자신의 고유한 가중치 벡터와 마지막에 바이어스에 해당하는 벡터 등을 갖는 개개의 입력과 함께 가중치 행렬에서 가장 빠르게 달라지는 뉴런을 갖는 것이 훨씬 더 효율적이다.

이렇게 저장하는 스킴을 쓰는 이유는 전역 메모리로부터 최적의 데이터 수집과 관련이 있다. 이에 대한 자세한 내용은 활성화 함수를 다루면서 얘기하겠지만, 전반적인 이유를 말하자면 CUDA 지원 장치들이 얼마만큼의 메모리를 요청하든 상관없이 (보편적으로) 128바이트 블록상의 전역 메모리를 가져온다는 것이다. 이러한 블록 단위 메모리 할당은 할당된 데이터가 즉시 사용돼 합치기^{coalescing}라고 하는 프로세스가 이뤄질 때 거의, 혹은 가장 높은 효율을 달성할 수 있다. 앞으로 뉴런에 대한 가중치 데이터들을 이런 식으로 합침으로써 메모리 사용 효율성을 높이는 방법에 대해 알아볼 것이다.

다음 코드는 호스트 측 hid_weights 변수의 가중치를 장치 쪽에 복사하는 동작을 한다.

```
float *fptr ;

fptr = fdata ;
n_prior = n_inputs ;

for (ilayer=0 ; ilayer<n_layers-1 ; ilayer++) {
  wptr = hid_weights[ilayer] ;
  for (ivar=0 ; ivar<=n_prior ; ivar++) {
    for (ineuron=0 ; ineuron<nhid[ilay er] ; ineuron++)
      *fptr++ = (float) wptr[ineuron*(n_prior+1)+iv ar] ;
  }
  n_prior = nhid[ilayer] ;
}
```

```
cudaMemcpy ( hidden_weights , fdata , n_hid_weights * sizeof(float) ,
            cudaMemcpyHostToDevice ) ;
```

이 코드에서 fdata는 float 타입으로 선언돼 있는 포인터 배열로, 이미 데이터가 할당돼 있다. 레이어는 한 번에 하나씩 처리되는데, hid_weights는 가중치를 가리키는 포인터이며, 호스트상에 상주한다. 각 레이어마다 가중치들은 앞에서 말한 것처럼 초기에 가장 빠른 속도로 변하는 뉴런을 저장하고 있는 배열들을 인자로 전달하며, 이는 호스트상에서 이 데이터들이 가장 빠르게 변하는 입력 인덱스를 갖는 것으로 저장된 것과 상반된다. 모든 레이어를 대상으로 연산 수행이 끝나면 가중치 배열이 장치로 복사된다. 이때 루프 안에 바이어스 가중치도 복사할 수 있도록 <가 아닌 <=를 사용한다.

은닉 뉴런 활성화

다중 레이어의 피드포워드 신경망에서 이뤄지는 대부분의 기본적인 동작은 뉴런의 활성화를 계산하는 것이다. 이 작업은 식 (1.1)을 기반으로 한다. 여기서는 간단하게 뉴런에 전달되는 입력 데이터를 이 뉴런의 가중치와 내적하는 연산으로 수행된다. 이때 바이어스를 1이라는 값을 갖는 하나의 상수 입력으로 된 추가적인 가중치로 구현한다는 점을 상기하자. 그런 다음, 활성화 함수(여기서는 로지스틱 함수를 사용)를 적용해 내적을 계산한다. CUDA 버전에서는 격자 내부 각 블록들의 x 좌표를 이용해서 계산중인 뉴런을 정의하고, y 좌표를 이용해서 데이터의 인덱스를 나타낼 것이다. 완전한 훈련 데이터 집합이 서브집합 안에서 처리될 수 있게 허용함으로써 이러한 처리 작업이 영상 출력을 중단시켜서 강제로 윈도우가 타임아웃 처리하는 일이 없도록 CUDA 연산이 충분히 작은 그룹으로 분리될 수 있게 한다.

뉴런 활성화 코드를 실행시키는 구현 결과는 다음과 같다.

```
threads_per_block = (nhid + warpsize - 1) / warpsize * warpsize ;
if (threads_per_block > 4 * warpsize)
```

```
    threads_per_block = 4 * warpsize ;

block_launch.x = (nhid + threads_per_block - 1) / threads_per_block ;
block_launch.y = istop - istart ;
block_launch.z = 1 ;
device_weight_activation <<< block_launch , threads_per_block >>>
                         ( istart , istop, ilayer) ;
cudaDeviceSynchronize() ;
```

이 코드에서 nhid는 현재 가리키고 있는 은닉 레이어상에 존재하는 뉴런의
개수다. 여기서는 각 뉴런마다 하나의 스레드를 사용해 이전 절에 나왔던 간
단한 예제와 동일한 방법으로 모든 뉴런을 처리하고, 필요한 블록의 최소 개수
를 x 방향 길이로 계산하는 데 충분하면서도 최소한의 워프 개수로 스레드의
개수를 계산한다. 다시 말하자면 y 방향 길이는 처리되는 데이터의 개수다.
우리가 처리하고 있는 것은 그룹 안의 훈련 데이터 집합이다. 이 그룹 안의
시작 데이터 인덱스는 istart이고, 마지막 데이터 다음의 인덱스는 istop다.

장치에서 수행되는 장치 측 코드는 다음과 같다.

```
__global__ void device_weight_activation (
   int istart ,      // 현재 그룹에 존재하는 첫 번째 데이터
   int istop ,       // 마지막 데이터 바로 다음의 인덱스
   int ilayer        // 처리 대상 레이어의 인덱스
)
{
   int icase, ihid, i_input, n_inputs, nhid ;
   float *f_inptr, *wptr ;
   double sum, *actptr, *d_inptr ;

   ihid = block_Idx.x * block_Dim.x + threadIdx.x ;
   nhid = d_nhid[ilayer] ;

   if (ihid >= nhid)
     return ;
```

```
icase = block_Idx.y ;

wptr = d_whid[ilayer] ;
actptr = d_act[ilayer] ;
sum = 0.0 ;

if (ilayer == 0) {
  n_inputs = d_n_trn_inputs ;
  f_inptr = d_trn_data + (icase+istart)*n_inputs ;
  for (i_input=0 ; i_input<n_inputs ; i_input++)
    sum += wptr[i_input*nhid+ihid] * f_inptr[i_input] ;
    sum += wptr[n_inputs*nhid+ihid] ; // 바이어스
}
else {
  n_inputs = d_nhid[ilayer-1] ;
  d_inptr = d_act[ilayer-1] + icase*n_inputs ;
  for (i_input=0 ; i_input<n_inputs ; i_input++)
    sum += wptr[i_input*nhid+ihid] * d_inptr[i_input] ;
  sum += wptr[n_inputs*nhid+ihid] ; // 바이어스
}

actptr[icase*nhid+ihid] = 1.0 / (1.0 + __expf(-sum)) ;
}
```

CUDA를 이용한 코드 구현물에서 거의 항상 나오는 데이터처럼 첫 번째로 수행되는 것은 스레드에서 처리하는 어떤 대상의 인덱스를 얻어오는 것이다 (여기서는 뉴런이 그 어떤 것에 해당한다). 이 인덱스의 최대치 nhid는 현재 레이어에 존재하는 뉴런의 개수다. 이 값에 도달하면 즉시 리턴한다.

그 다음 현재 그룹에 존재하는 데이터의 인덱스와 현재 레이어에 대한 가중치를 가리키는 포인터, 그리고 현재 레이어에 대한 활성화 벡터를 가리키는 포인터 등을 얻어온다. ihid번째 뉴런에 대응하는 이 벡터의 요소를 계산하고, 내적 연산에 필요한 합산 결과를 저장하는 sum 변수를 0으로 초기화하며, 정확도를 위해 더블 타입을 이용한다.

`ilayer` 변수가 0이면 현재 가리키는 레이어가 첫 번째 은닉 레이어임을 의미하고, 이 경우 이 레이어의 입력 벡터는 곧 훈련 데이터 그대로가 된다. 0이 아니라면 현재 뉴런에 전달되는 입력은 곧 이전 레이어를 거친 활성화 벡터다. 개개의 확률 계산 결과는 별개로 처리하는데, 그 이유는 주로 활성화 값의 타입이 더블 타입인 반면 훈련 데이터의 타입은 `float` 타입이므로, 서로 다른 포인터 타입을 필요로 하기 때문이다. 이러한 연산은 두 경우 모두 동일하다. 단지 내적 결과를 합산해 바이어스 항을 추가한 후 그 최종 결과를 활성화 함수에 대입하는 것이다.

CUDA에 익숙한 사람은 아마도 왜 내가 내적을 합산할 때 간략한 형태를 쓰지 않는지 궁금할 것이다. 그 이유는 nVidia 프로파일러를 수행한 결과에 의하면 이 서브루틴은 이미 배정밀도를 지원하는 수학적 연산의 양이 방대해지면 산술 연산 파이프라인이 포화 상태에 이르기 때문에 연산이 중단되는 등의 제약을 이미 받고 있기 때문이다. 이 알고리즘은 구현된 것처럼 이미 계산 성능 향상과 관련해 장치에서 제공해야만 하는 모든 것을 취하고 있다. 게다가 현실적으로 보면 데이터와 은닉 뉴런의 개수가 매우 커서 처리 작업을 여러 연산 코어에 걸쳐 이미 잘 분산될 것이다.

위 코드에는 한 가지 매우 중요한 개념이 있다. 워프 안에 있는 스레드의 모든 내용에 대해, 그리고 종종 워프 스케줄링이 어떤지에 따라 블록 내에 있는 모든 내용에 대해 스레드마다 유일하게 달라지는 것은 ihid라는 연산 중인 뉴런의 인덱스 값일 뿐이다. 이 인덱스 값은 주로 입력의 수가 많을 경우 매우 큰 연산을 수행하게 될 루프 안에서 가중치 배열에 액세스하기 위해 사용된다. 그러므로 가능한 한 높은 효율성을 갖기 위해 이러한 메모리 액세스를 수행해야 한다.

CUDA 장치들은 캐시돼 저장된 전역 메모리를 128바이트 묶음으로 액세스한다. 모든 액세스는 무조건 128바이트 단위로 수행된다. 단 한 바이트만 필요해도 말이다!

이러한 데이터 묶음은 언제나 128바이트의 배수 값을 갖는 주소상에 정렬된다. CUDA 메모리 할당 함수는 리턴된 전역 메모리 주소가 이러한 주소상에 정렬되도록 보장해준다.

가중치 행렬에 존재하는 첫 번째 가중치 벡터를 고려해보자. 이는 뉴런에 전달되는 첫 번째 입력이며, 이 입력의 요소들은 현재 처리 대상인 레이어상에 존재하는 모든 뉴런을 포괄한다. 첫 번째 블록 안에 있는 첫 번째 스레드(ihid=0)는 이 가중치 벡터상 첫 번째 요소의 4바이트(float 타입)를 읽어온다. 이와 동시에 두 번째 스레드(ihid=1)는 그 다음 가중치 벡터에서 그 다음 4바이트를 읽어 들이려고 할 것이다. 그 이후도 마찬가지다. 모두 함께 현재 워프 안에 존재하는 32개의 스레드들은 첫 32×4=128바이트만큼의 가중치 벡터를 동시 다발적으로 액세스하려고 한다. 잠깐, 이는 바로 한 캐시 묶음의 크기와 동일한 크기가 아닌가! 딱 좋다! 캐시를 통해 전역 메모리에서 데이터를 한 번만 읽어 들이면 이 장치는 32개의 스레드 모두가 필요로 하는 가중치를 획득할 수 있다. 그 다음 워프는 한 번에 그 다음 존재하는 32 가중치를 얻어올 것이고, 이후 워프도 마찬 가지 방식으로 진행될 것이다. 이런 방식을 합치기^coalescing라고 하며, 이는 효과적인 CUDA 프로그래밍에 핵심적으로 중요한 개념이다.

이제 가장 빠르게 변하는 뉴런을 갖는 가중치를 저장하는 대신 호스트 측에서 했던 것처럼 가장 빠르게 변하는 입력을 갖는 가중치를 저장한다면 어떤 일이 생길지 생각해보자. 이렇게 하면 첫 번째 스레드는 첫 4바이트를 얻어오려 할 것이고, 이는 완전한 128바이트 캐시 라인이 액세스될 수 있음을 의미한다. 안타깝게도 두 번째 스레드는 첫 번째 스레드와 동시에 수행될 것이기 때문에(모든 스레드는 사실 같은 워프 안에 존재) 입력 개수의 4배(float 크기)에 해당하는 거리만큼 더 먼 곳에 위치한 가중치를 가져오려 할 것이며, 이 거리는 작은 규모의 애플리케이션에서 128바이트보다 훨씬 더 클 수도 있다. 그래서 이러한 128바이트 중 첫 번째 스레드가 124바이트를 읽어 들이는 것은 낭비다. 이는 워프에 존재하는 모든 스레드도 마찬가지다. 그 어떤 공유도 불가능하다. CUDA 장치는 전역 메모리 데이터를 가져오기에는 리소스가 제한적이기 때문에 여러 가지 스레드들이 데이터 사용을 기다리는 동안 동작이 중단될 수도 있다. 이는 프로그램 설계 시 반드시 고려해야 할 매우 중요한 문제다.

이 애플리케이션에서는 사소한 부분이라 다뤄지진 않았지만, 이러한 문제와 매우 밀접한 사항이 하나 있다. 32의 배수만큼 뉴런이 존재하면 가중치 행렬의 두 번째 행은 두 번째 입력에 해당하는 것으로, 이들 역시 캐시 영역 주소상에 정확하게 나열될 것이다. 하지만 32의 배수만큼 존재하지 않는다면 첫 번째 가중치는 항상 128바이트의 배수 값에 해당하는 주소부터 시작되는 캐시 주소 영역 가운데 어딘가 어중간한 위치에 놓일 수도 있다. 그러므로 이러한 가중치에 액세스하려면 스레드 0번은 32개의 가중치 묶음을 읽어 들일 것이며, 이들 중 일부는 메모리상에서 그 '하위' 영역에 존재하게 돼 무용지물이 될 것이다.

물론 128바이트 묶음상에서 '상위' 영역에 있는 가중치들은 그 다음 스레드들에 의해 이용될 수 있으므로, 손실이 그리 크진 않다. 하지만 끝에 가면 일부 가중치들은 필요 이상인 대상들은 버려질 수도 있으며, 이는 약간 낭비가 된다.

이러한 문제를 해결하는 보편적인 방법은 충분한 여유 메모리를 각 행의 마지막 부분에 할당함으로써 그 영역의 크기가 128바이트의 배수가 되게 해주는 것이다. 이 방법은 각 행(즉, 가중치 행렬에 전달되는 입력)이 캐시 영역의 경계선에 해당하는 주소에서 시작하게 보장해주면서 하나의 전역 메모리 읽기 동작이 하나의 전체 워프에 대한 모든 가중치 데이터를 가져올 수 있게 보장한다. 장치상에서 더 많은 메모리가 사용된다는 점, 코드의 복잡도가 증가한다는 점 등이 비용으로 지불된다.

나도 이를 시도해봤고, 그 결과 수행 속도에 아무런 차이를 만들어내지 못해 매우 놀랐던 적이 있다. 내가 nVidia 프로파일러와 함께 실행하자 이에 대한 해답을 얻을 수 있었다. 그러한 성능 제약을 만드는 원인은 바로 산술^{arithmetic} 연산이었다. 가중치 벡터의 주소를 계산하기 위해 곱셈과 덧셈 연산이 필요하다는 사실과 내적 결과를 누적하며 합산하는 연산이 배정밀도로 진행된다는 사실 사이에 산술 연산을 수행하는 파이프라인이 거의 100%에 가까운 용량으로 동작하며, 이것이 스레드가 정착 상태에 빠지는 결과를 유발하는 주요 원인이다. 일부 부가적인 전역 메모리 액세스는 고비용이지만 완전하게 산술 연산 파이프라인에 의해 감춰진다. 이런 액세스는 스레드가 수학적 연산을 위해 자신의 차례를 기다리는 휴지기 때 일어난다.

가중치 행렬이 행에 여유 공간을 두는 것에 대해 언급한 때 내가 무슨 말을 하는지 보여주는 예제를 독자들이 볼 수 있도록 이 부분은 나중에 '제한된 볼츠만 머신'이라는 주제를 다루면서 다시 살펴보겠다. 하지만 다중 레이어 피드포워드 신경망 코드에 대해서는 코드를 명확하게 유지하고 메모리 요구량을 가능한 한 적게 만들 수 있도록 여유 공간을 두는 것은 삼가 하는 방향으로 잡으면서 가능한 한 간단한 접근 방법을 취할 것이다. 이는 명백하게 무시할 만한 속도 저하를 일으키며, 장치상의 소중한 메모리 공간을 제대로 절약해준다. 물론 독자가 여유 공간 마련을 위해 직접 코드를 수정해보는 것도 좋은 연습이 될 것이다. 3장에서 제한된 볼츠만 머신 코드에 대해 공부한 다음에는 이러한 여유 공간 마련 방법과 이를 구현한 코드가 더욱 명확하게 이해될 것이다.

출력 뉴런 활성화

출력 뉴런 활성화를 계산하는 코드는 은닉 뉴런의 활성화를 구현한 것과 아주 흡사하므로 굳이 여기에 수록할 필요는 없지만, 몇 가지 핵심 포인트들을 명시하기 위해 다음과 같이 코드를 수록했다.

```
__global__ void device_output_activation (
    int istart ,    // 현재 일괄 처리에서 사용하는 첫 번째 데이터
    int n_inputs , // 출력 레이어로 전달되는 입력 개수(바이어스 제외)
```

```
    int ilayer // 출력 레이어로 전달되는 은닉 레이어 변수
)
{
    int icase, iout, i_input ;
    double sum, *inptr ;

    iout = block_Idx.x * block_Dim.x + threadIdx.x ;

    if (iout >= d_ntarg)
        return ;

    icase = block_Idx.y ;

    inptr = d_act[ilayer] + icase * n_inputs ;
    sum = 0.0 ;

    for (i_input=0 ; i_input<n_inputs ; i_input++)
        sum += d_wout[i_input*d_ntarg+iout] * inptr[i_input] ;
    sum += d_wout[n_inputs*d_ntarg+iout] ; // 바이어스

    d_output[(icase+istart)*d_ntarg+iout] = sum ;
}
```

가장 큰 차이점은 마지막 코드 라인에 있다. 여기서는 모든 훈련 데이터에 대한 출력을 저장할 수 있도록 단지 훈련 데이터 집합에서 현재 사용하는 일부분에 대한 결과를 저장하는 대신 istart를 포함시킨다. 이렇게 하면 속도가 빠른 최종 처리가 가능해지며, 나중에 살펴볼 것이다.

또한 출력 레이어에 대한 입력은 언제나 은닉 레이어의 활성화가 될 것이다 (그러므로 이들을 d_act로부터 얻어올 것이다).

SoftMax 출력

출력을 SoftMax로 변환하는 것은 식 (2.12)에 기반을 둔다.

```
__global__ void device_softmax (
   int istart ,  // 첫 번째 데이터
   int istop     // 마지막 데이터 바로 다음의 인덱스
)
{
   int icase, iout ;
   double *outptr, sum ;

   icase = block_Idx.x * block_Dim.x + threadIdx.x ;
   if (icase >= istop - istart)
     return ;

   outptr = d_output + (icase + istart) * d_ntarg ; // 출력 벡터
   sum = 0.0 ;
   for (iout=0 ; iout<d_ntarg ; iout++) {
     if (outptr[iout] < 300.0)
       outptr[iout] = __expf ( outptr[iout] ) ;
     else
       outptr[iout] = __expf ( 300.0 ) ;
     sum += outptr[iout] ;
   }

   for (iout=0 ; iout<d_ntarg ; iout++)
     outptr[iout] /= sum ;
}

--------------------------------------------------------------

n = istop - istart ; // 훈련 데이터의 개수
threads_per_block = (n + warpsize - 1) / warpsize * warpsize ;
if (threads_per_block > 4 * warpsize)
   threads_per_block = 4 * warpsize ;
```

```
blocks_per_grid = (n + threads_per_block - 1) / threads_per_block ;
device_softmax <<< blocks_per_grid , threads_per_block >>>
    ( istart , istop ) ;
cudaDeviceSynchronize() ;
```

이 코드는 전체 훈련 데이터 중에서 istart부터 istop까지에 해당하는 일부분을 대상으로 작업을 진행한다. 각 스레드마다 하나의 데이터를 관리하며, 스레드의 인덱스는 이러한 일부의 훈련 데이터 범위 안에 들어오는 오프셋과 같다.

현재 데이터의 출력 벡터를 가리키는 포인터인 outptr을 통합시키는 부분을 눈여겨보자. istart는 이러한 전체 훈련 데이터의 일부분을 구성하는 요소들 중 첫 번째 요소를 가리키는 인덱스다. 이렇게 하는 이유는 이러한 훈련 데이터의 일부분이 하위 집합 단위로 처리되면서 모든 훈련 데이터에 대한 출력이, 계산이 완료되고 나서야 저장되기 때문이다.

각 출력 값이 기하급수적으로 증가하기 전에 검증해보는 것이 매우 중요하다. 상황이 좋지 않으면 계산된 출력 값들은 종종 매우 커져서 이 값에 자연지수를 취한 값이 부동소수점으로 표현이 불가능할 수 있다. 이런 일이 발생하면 그 결과는 숫자로 표현될 수 없으며, 그 이상 진행되면 숫자가 아닌 상태를 다른 곳에 전파하게 될 것이다. 이는 결국 매우 엉망인 상태로 악화된다.

이렇게 장치 측의 코드를 불러내는 것은, 이전 루틴보다 현재 루틴에서 약간 다른 점을 갖는다. 이전에 이러한 블록의 실행 파라미터들은 다차원 형태를 띠면서 dim3 타입으로 선언됐었고, 우리는 이 파라미터의 x, y, z 값들을 정의해줬다. 하지만 이 애플리케이션에서 스레드 할당은 데이터와 뉴런 모두 필요한 것이 아니라 데이터로만 가능하다. 그러므로 블록 식별자는 하나의 차원만 있어야 한다. 따라서 우리는 지금껏 스레드 파라미터에서 해온 것과 같은 방식으로 정수 기반의 식별자를 선언하겠다.

출력 델타

다음은 델타를 계산하는 루틴이다(식 (2.2)).

```
__global__ void device_output_delta(
    int istart ,     // 첫 번째 데이터
    int istop ,      // 마지막 데이터 바로 다음의 인덱스
    int ntarg        // 출력 뉴런의 개수
)
{
    int icase, iout ;

    iout = block_Idx.x * block_Dim.x + threadIdx.x ;
    if (iout >= d_ntarg)
      return ;
    icase = block_Idx.y ;
    d_this_delta[icase*ntarg+iout] = 2.0 *
              (d_targets[(icase+istart)*ntarg+iout] -
               d_output[(icase+istart)*ntarg+iout]) ;
}

-----------------------------------

threads_per_block = (ntarg + warpsize - 1) / warpsize * warpsize ;
if (threads_per_block > 4 * warpsize)
    threads_per_block = 4 * warpsize ;
block_launch.x = (ntarg + threads_per_block - 1) / threads_per_block ;
block_launch.y = istop - istart ;
block_launch.z = 1 ;
device_output_delta <<< block_launch, threads_per_block >>>
        ( istart , istop , ntarg );
cudaDeviceSynchronize() ;
```

먼저 타겟과 출력의 인덱스들이 합쳐져서 istart가 되는 점에 주목하자.
이는 델타 값들이 훈련 데이터의 부분집합^{subset}만을 대상으로 저장되는 반면

타겟과 출력은 모두 저장되기 때문이다.

여기서 한 가지 짚고 넘어갈 사항이 있다. 일반적으로는 출력의 수가 거의 하나밖에 안 될 정도로 매우 적은데, 그 결과 수많은 idle 상태의 스레드들이 개개의 워프 안에 존재하게 된다. 그래서 어떤 이는 거꾸로 데이터에 대한 스레드 인덱스를 사용하고, 출력에 대해 block_Idx.y를 사용하고 싶어 할 수도 있다. 하지만 델타 값과 타겟, 출력 값들은 모두 가장 빠르게 변하는 출력과 함께 저장된다. 그래서 출력의 수가 많다면 앞서 논의했던 것처럼 방대한 메모리 충돌을 일으킬 수 있다.

출력 기울기

출력 기울기 루틴은 블록 레이아웃이 완전한 3차원 형태를 갖기 때문에 앞서 살펴봤던 기울기 루틴보다 좀 더 복잡하다. 여기서는 앞에서 살펴봤던 식 (2.3)을 구현한다. 앞으로 돌아가서 어떻게 grad_ptr를 얻어오는지 재확인 해보는 것이 좋을 것이다. 이 포인터 배열의 각 원소는 하나의 레이어에 대해 합쳐진 기울기 벡터를 가리킨다. CUDA 장치에서 동작하는 코드는 다음과 같다.

```
__global__ void device_output_gradient (
    int nc ,        // 데이터(case)의 개수
    int ilayer    // 출력 레이어로 전달되는 은닉 레이어의 인덱스
)
{
    int icase, iout, ihid, nhid ;
    float *gptr ;
    double input ;

    ihid = block_Idx.x * block_Dim.x + threadIdx.x ;
    nhid = d_nhid[ilayer] ; // 마지막 은닉 레이어의 뉴런들
    icase = block_Idx.y ;
```

```
   if (ihid > nhid)
     return ;
   else if (ihid < nhid)
     input = d_act[ilayer][icase*nhid+ihid] ;
   else
     input = 1.0 ;      // 바이어스

   iout = block_Idx.z ;

   gptr = d_grad_ptr[ilayer+1] + icase *
       d_gradlen ;     // 출력 레이어의 기울기
   gptr[iout*(nhid+1)+ihid] = d_this_delta[icase*d_ntarg+iout] *
       input ;
}
```

이 코드는 꽤 직관적으로 작성돼 있어서 어떻게 효율적으로 스레드 ID를 할당할지 파악하기 쉽다. 필요하다면 앞서 메모리 합치기coalescing 방법에 대해 논의했던 부분을 재검토해보길 바란다. 스레드의 인덱스에는 데이터나 출력 뉴런, 혹은 출력 레이어에 전달되는 마지막 은닉 레이어의 뉴런 등이 올 수 있다. 이 루틴의 마지막 라인을 살펴보자. 스레드의 인덱스가 데이터인 경우 d_this_delta 변수에 액세스하는 것은 잠재적으로 워프의 증가와 병행해 수행되는 스레드들에 대한 icase의 증가가 곧 출력의 개수를 담고 있는d_ntarg 변수의 값만큼 메모리 주소를 증가시키기 때문에, 개개의 워프들을 거치면서 매우 큰 단위로 건너뛰게 된다. 좋지 않다. 그리고 스레드의 인덱스가 출력인 경우 마지막 라인에서 gptr 변수를 통해 값을 쓰는 것은 nhid+1 크기만큼 건너뛰게 된다. 이 또한 좋지 않다. 하지만 ihid는 메모리 액세스를 위해 사용되며, 단 두 곳에서만 이전 레이어의 활성화인 d_act를 얻고 마지막 라인에서는 기울기를 얻기 위해 사용된다. 바로 이거다. 데이터와 메모리 주소 모두 인접하게 되므로 당연이 이 방식이 좋다고 판단할 수 있다. 이러한 두 가지 메모리 액세스 모두 합쳐지거나coalesced 가까워지며, 하나의 워프 안에서 이뤄지는 다른 모든 메모리 액세스는 중첩된다.

그러고 나면 다른 두 가지를 y와 z 블록 인덱스에 할당하는 것은 반반의 확률이다.

이 코드에서 주목할 만한 유일한 항목은 세 가지 결정을 내리는 부분이다. 은닉 레이어의 뉴런 인덱스가 실제 뉴런의 개수를 넘어가면 정확한 범위를 벗어나므로 즉시 리턴한다. 대부분의 데이터상에서 우리는 뉴런의 활성화 값을 얻어내지만 현재 스레드가 바이어스 항을 관리하는 경우 '입력'을 상수 값인 1.0으로 설정한다.

아래에 나와 있는 실행 코드는 꽤 직관적이다. 단지 주목할 만한 점은 스레드의 개수가 nhid+1이라는 점이다. nhid개의 스레드들이 바이어스에 대한 가중치를 관리하기 때문이다.

```
threads_per_block = (nhid + 1 + warpsize - 1) / warpsize * warpsize ;
if (threads_per_block > 4 * warpsize)
   threads_per_block = 4 * warpsize ;

block_launch.x = (nhid + 1 + threads_per_block - 1) / threads_per_block ;
block_launch.y = nc ;
block_launch.z = ntarg ;

device_output_gradient <<< block_launch , threads_per_block >>>
    ( nc , ilayer ) ;
cudaDeviceSynchronize() ;
```

첫 번째 은닉 레이어의 기울기

이제 지금까지 살펴봤던 내용들 중 가장 복잡한 알고리즘을 다룰 차례다. 이제 실제 구현된 코드를 살펴보면서 상세히 내용들을 짚어보자. 진행하기 전에 출력 기울기 코드를 완벽하게 이해했다고 확신이 들 때까지 공부하자.

이 코드는 결국 기울기 알고리즘의 확장이기 때문이다.

```
__global__ void device_first_weight_gradient(
   int istart ,        // 첫 번째 데이터
   int istop ,         // 마지막 데이터 바로 다음의 인덱스
   int only_hidden    // 유일한 은닉 레이어인지 파악하기 위한 변수
)
{
   int j, icase, iin, ihid, nhid, ninp1, n_next ;
   float *gptr, *next_weights, input ;
   double *delta_ptr, this_act, delta ;

   iin = block_Idx.x * block_Dim.x + threadIdx.x ;
   icase = block_Idx.y ;

   if (iin > d_n_trn_inputs)
     return ;
   else if (iin < d_n_trn_inputs)
     input = d_trn_data[(icase+istart)*d_n_trn_inputs+iin] ; // 현재
                                            // 레이어로 전달되는 입력
   else
     input = 1.0f ;              // 바이어스

   ihid = block_Idx.z ;
   nhid = d_nhid[0] ;            // 현재 은닉 레이어의 뉴런
   ninp1 = d_n_trn_inputs + 1 ;  // 바이어스 항까지 고려한 개수

   if (only_hidden) {    // 다음 레이어가 출력레이어이거나 은닉 레이어인 경우
     n_next = d_ntarg ;
     next_weights = d_wout + ihid * n_next ;
   }
   else {
     n_next = d_nhid[1] ;
     next_weights = d_whid[1] + ihid * n_next;
   }
   delta_ptr = d_this_delta + icase * n_next ; // 현재 데이터의 델타 값을
                                       // 가리키는 포인터
   delta = 0.0 ;                 // 식 (2.8)에서 합산을 위해 사용될 변수
```

```
    for (j=0 ; j<n_next ; j++)
      delta += delta_ptr[j] * next_weights[j] ;

    this_act = d_act[0][icase*nhid+ihid] ; // 식 (2.8)의 연산을 완료해 저장
    delta *= this_act * (1.0 - this_act) ;  // 식 (2.4)의 연산 수행

    gptr = d_grad_ptr[0] + icase * d_gradlen ;  // 첫 번째 은닉 레이어의
                                                // 기울기
    gptr[ihid*ninp1+iin] = delta * input ;      // 식 (2.9)
}
```

이 코드의 1/3은 출력 기울기 코드와 밀접한 관계를 갖는다. 출력 기울기 코드에서 스레드의 인덱스는 출력에 전달되는 은닉 뉴런이었다. 여기서는 이와 비슷하게 스레드의 인덱스가 현재 첫 번째 레이어에 전달되는 입력이다. 이 서브셋에 속하는 데이터는 블록의 y축 크기가 된다. 여전히 비슷하게 세 가지 결정을 내린다. 스레드의 인덱스가 입력의 개수보다 크면 범위를 벗어난 것이므로 반드시 즉시 리턴한다. 입력 개수보다 작다면 그건 입력으로 인지해도 된다. 입력 개수와 같다면 현재 스레드는 바이어스를 관리하고 있는 것이므로, 앞에서 했던 것과 동일하게 '입력'을 1.0으로 설정한다. 여기서도 비슷하게 블록의 z축 방향 크기는 현재 레이어에 존재하는 은닉 뉴런이다. 앞에서는 출력 뉴런의 z축 방향 크기였었다.

이제 첫 번째 차이점을 살펴볼 차례다. 첫 번째 은닉 레이어가 곧바로 출력으로 전달되는 유일한 은닉 레이어일 수도 있다. 혹은 하나 이상의 중간 은닉 레이어들이 존재해서 현재 레이어가 그 다음 중간 은닉 레이어에 전달되는 역할을 할 수도 있다. 그 다음 현재 레이어에서 전달되는 출력 레이어나 그 다음 은닉 레이어상에 존재하는 뉴런의 개수를 구한다. 또한 그 다음 레이어로 전달되는 가중치를 가리키는 포인터도 얻어낸다.

이 '다음 레이어'라는 정보는 식 (2.8)에서 합산을 수행하기 위해 사용된다. 이 방정식은 사실 식 (2.4)에서 주어지는 활성화 함수의 미분을 곱하는 것으로 완료된다.

마지막 단계는 첫 번째 은닉 레이어에 대한 기울기를 가리키는 포인터를 얻어 와서(즉, grad_ptr 포인터 배열의 인덱스가 0인 원소) 처리 중인 서브셋상의 현재 데이터에 대해 이를 오프셋시키고, 식 (2.9)의 결과를 저장하는 것이다.

메모리 합치기의 개념은 출력 기울기 때와 마찬가지로 이번에 다룰 상황에 맞게 다시 한 번 분석해볼 만큼 매우 중요하다. 스레드 인덱스인 iin은 입력의 인덱스다. 메모리 액세스에 대해 인덱스가 두 번 사용된다는 점에 주목하자. 한 번은 훈련 데이터로부터 현재 입력을 얻어오고, 한 번은 스레드에서 계산한 기울기의 원소를 저장한다. 두 데이터에서 iin의 증가는 연속적인 메모리 위치를 가리킨다. 그러므로 이러한 배열이 128바이트 단위 캐시 라인의 배수가 되는 위치에서 시작하지 않는 경우 합치기 방식으로 메모리 액세스가 수행될 것이다. 하지만 앞에서 강조했듯이 이렇게 약간의 미스매치로 인한 영향은 산술 연산 파이프라인이 제한 요소로 작용할 경우 무시할 만하다.

이번 절은 이 루틴을 실행하는 코드를 소개함으로써 마무리하겠다. 앞에서 봤던 코드와 거의 동일하기 때문에 부가적인 설명은 안 할 것이다.

```
threads_per_block = (nin + 1 + warpsize - 1) / warpsize * warpsize ;
if (threads_per_block > 4 * warpsize)
    threads_per_block = 4 * warpsize ;

block_launch.x = (nin + 1 + threads_per_block - 1) /
        threads_per_block ;        // 바이어스 포함
block_launch.y = istop - istart ;
block_launch.z = nhid ;

device_first_weight_gradient <<< block_launch , threads_per_block >>>
                            ( is tart , istop , only_hidden ) ;
cudaDeviceSynchronize() ;
```

중간 은닉 레이어들의 기울기

이 알고리즘은 첫 번째를 제외한 모든 은닉 레이어의 기울기를 계산한다.
이 알고리즘은 첫 번째 은닉 레이어의 그것과 매우 흡사하지만, 이 코드를
이렇게 별도로 살펴볼 만큼 충분히 중요한 부분들도 있다.

```
__global__ void device_subsequent_weight_gradient (
   int nc ,              // 서브셋에 있는 데이터의 개수
   int ilayer ,          // 현재 처리 대상인 은닉 레이어의 인덱스
   int last_hidden       // 마지막 은닉 레이어
)
{
   int j, icase, iin, ihid, nhid, nin, ninp1, n_nex t ;
   float *gptr, *next_weights ;
   double *delta_ptr, *prior_delta_ptr, this _act, delta, input ;

   iin = block_Idx.x * block_Dim.x + threadIdx.x ;
   icase = block_Idx.y ;
   nin = d_nhid[ilayer-1] ;  // 현재 레이어상에 존재하는 각 뉴런에
                             // 전달되는 입력의 개수

   if (iin > nin)
     return ;
   else if (iin < nin)
     input = d_act[ilayer-1][icase*nin+iin] ;
   else
     input = 1.0 ;         // 바이어스

   ihid = block_Idx.z ;
   nhid = d_nhid[ilayer] ; // 현재 은닉 레이어상에 존재하는 뉴런의 개수
   ninp1 = nin + 1 ;        // 바이어스 항을 포함하므로 nin+1

   if (last_hidden) {
     n_next = d_ntarg ;
     next_weights = d_wout + ihid * n_next ;
```

```
  }
  else {
    n_next = d_nhid[ilayer+1] ;
    next_weights = d_whid[ilayer+1] + ihid * n_next ;
  }
  // 그 다음 레이어로부터 전달돼 오는 델타 값을 가리키는 포인터
  // delta_ptr = d_this_delta + icase * n_next ;

  // 그 다음 레이어에 대한 델타 값을 저장했으면 바로 이전 레이어로 돌아간다.
  prior_delta_ptr = d_prior_delta + ic ase * nhid ;

  delta = 0.0 ;                    // 식 (2.8)의 합산 값을 저장할 변수
  for (j=0 ; j<n_next ; j++)
    delta += delta_ptr[j] * next_weights[j] ;
  this_act = d_act[ilayer][icase*nhid+ihid] ;   // 식(2.8)의 완료
  delta *= this_act * (1.0 - this_act) ;        // 식 (2.4)
  prior_delta_ptr[ihid] = delta ;                    // 다음 레이어를 위해 저장

  gptr = d_grad_ptr[ilayer] + icase * d_gradlen ;   // 현재 은닉 레이어의
                                                     // 기울기
  gptr[ihid*ninp1+iin] = delta * input ;
}
```

첫 번째 은닉 레이어의 기울기를 계산했던 루틴과 많은 부분이 비슷하기 때문에 이 코드에 대한 내용은 빠르게 훑어볼 것이다. 이전과 마찬가지로 스레드의 인덱스는 iin이며, 현재 레이어로 전달되는 입력의 인덱스는 첫 번째 은닉 레이어에 대한 훈련 데이터였지만, 중간 은닉 레이어의 경우에는 뉴런이 이에 해당된다. 블록의 y 인덱스는 현재 처리 대상인 데이터이며, z 인덱스는 현재 고려 대상인 뉴런이다. iin과 입력의 개수를 비교해 리턴하거나, 이전 레이어 활성화 값을 얻어오거나, 바이어스 항에 대해 상수 값을 적용한다.

첫 번째 은닉 레이어를 대상으로 수행했던 것과 마찬가지로, 다음 레이어에 대한 정보를 얻어온다. 즉, 다음 레이어가 출력 레이어이거나 다른 중간 은닉 레이어인지 확인한다. 그 다음, 이 레이어에 존재하는 뉴런의 개수를 확

인하고 이와 연결된 가중치를 가리키는 포인터를 얻어온다. 이제 식 (2.8)의 합산을 수행하고 활성화 함수를 미분한 결과로 곱한다. 하지만 첫 번째 은닉 레이어와 달리 중간 은닉 레이어의 경우 다음 레이어를 다시 처리할 때 필요하기 때문에 반드시 현재 레이어에 대한 델타 벡터를 저장한다.

입력 인덱스를 스레드의 인덱스 iin으로 사용함으로써 메모리 합치기의 효과를 높일 수 있다는 점을 다시 한 번 상기할 가치가 있다. iin과 밀접한 두 메모리 레퍼런스가 근접해 있는지 확인해보는 일은 독자에게 맡기겠다.

중간 은닉 레이어의 기울기를 계산하는 것과 관련해서 CUDA 장치상에서 동작하는 루틴에 대해 알아볼 내용이 좀 더 남아 있다. 앞 코드에서 델타 값을 계산한 다음 d_prior_data 변수에 결과를 저장한다. 매번 이전 레이어로 하나씩 이동할 때마다 이러한 델타 값들을 d_this_delta 변수에 전달해서 식 (2.8)에서의 합산 연산을 수행한다. 여기에 소개된 코드가 바로 그러한 작업을 수행하며, 그런 다음 이러한 두 가지 루틴을 실행하기 위한 코드가 나온다.

```
__global__ void device_move_delta (
   int nhid   // 직전에 처리된 레이어상의 뉴런 개수
)
{
   int icase, ihid ;

   ihid = block_Idx.x * block_Dim.x + threadIdx.x ;
   if (ihid >= nhid)
     return ;

   icase = block_Idx.y ;
   d_this_delta[icase*nhid+ihid] = d_prior_delta[icase*nhid+ihid] ;
}

threads_per_block = (nhid_prior + 1 + warpsize - 1) /
     warpsize * warpsize ;
if (threads_per_block > 4 * warpsize)
```

```
   threads_per_block = 4 * warpsize ;

block_launch.x = (nhid_prior + 1 + threads_per_block - 1) /
        threads_per_block ;
block_launch.y = nc ;
block_launch.z = nhid_this ;

device_subsequent_weight_gradient <<< block_launch ,
    threads_per_block >>> ( nc , ilayer , last_hidden ) ;
cudaDeviceSynchronize() ;

threads_per_block = (nhid_this + warpsize - 1) / warpsize * warpsize ;
if (threads_per_block > 4 * warpsize)
    threads_per_block = 4 * warpsize ;
block_launch.x = (nhid_this + threads_per_block - 1) /
    threads_per_block ;
block_launch.y = nc ;
block_launch.z = 1 ;

device_move_delta <<< block_launch , threads_per_block >>> ( nhid_this ) ;
cudaDeviceSynchronize() ;
```

기울기 가져오기

지금까지 출력 레이어, 첫 번째 은닉 레이어, 그리고 다른 중간 은닉 레이어
들에 대한 기울기를 어떻게 계산하는지 살펴봤다. 이제는 호스트 컴퓨터에
서 동작하는 훈련 루틴이 사용할 수 있도록 CUDA 장치로부터 어떻게 계산
된 기울기 값들을 가져오는지 살펴볼 차례다.

각 데이터마다 기울기가 하나씩 대응되면서 수많은 기울기들이 하나의 길다
란 벡터를 이룬다. 기울기 값을 가져오는 작업은 두 단계로 나눠진다. 첫
번째는 CUDA 장치를 이용해서 각 데이터의 기여도를 합산해 첫 번째 데이
터에 대한 벡터에 저장한 다음, 이 합산 결과를 호스트 측에 복사한다.

합산 연산 수행과 기울기 값을 가져오는 작업이 전체 기울기 계산 시간에서 차지하는 비중은 매우 작기 때문에 굳이 합산 연산을 줄이는 등의 정교한 알고리즘을 이용해야 할 이유가 없다. 속도가 크게 개선된다고 해도 그 결과가 전체 속도에 영향을 미치는 비중은 매우 적다. 게다가 실질적으로 관심 대상인 모든 데이터에 대해 이러한 데이터의 기울기 벡터는 매우 거대하다. 예를 들어 784개의 입력을 갖는 MNIST 데이터를 생각해보자. 첫 번째 은닉 레이어가 500개의 뉴런을 갖는다면 이 레이어의 기울기만 해도 500×(784+1)= 392500개가 된다. 이는 병렬 작업 수행을 위한 충분한 기회를 갖게 해준다. 기울기를 가져오는 코드는 다음과 같다.

```
__global__ void device_fetch_gradient (
  int nc      // 현재 배치상에서 처리하는 데이터(case)의 개수
)
{
  int index, icase ;
  float *gptr ;
  double sum ;

  index = block_Idx.x * block_Dim.x + threadIdx.x ;
  if (index >= d_gradlen)
    return ;

  sum = 0.0 ;
  gptr = d_gradient + index ;
  for (icase=0 ; icase<nc ; icase++) // 모든 데이터에 대해 루프 수행
    sum += gptr[icase*d_gradlen] ;
  *gptr = sum ;
}
```

여기서 주목할 점은 다른 모든 루틴도 마찬가지지만, 잘 결합돼 있는 메모리 액세스를 수행하고 있으며, d_gradlen이 128바이트의 배수가 될 때 가장 완벽한 액세스가 이뤄진다는 사실이다. 이는 모든 메모리 액세스가 gptr을

통해 이뤄지기 때문이며, 이 포인터가 가리키는 주소는 스레드의 인덱스만큼씩 증가된 위치로 이동함으로써 워프 안에 존재하는 서로 닿아 있는 스레드들이 읽기/쓰기를 수행할 때 메모리 공간 역시 서로 닿아있는 메모리 영역에 읽고 쓰게 된다.

한 가지 더 눈여겨볼 사항은 기울기가 단일 정밀도^{single precision}를 가짐으로써 메모리 공간과 연산 시간 모두를 절약할 수 있으며, 합산 연산은 배정밀도 ^{double precision}로 수행되기 때문에 피합산 연산항의 크기가 큰 폭으로 달라질 때 상당한 수치 정보를 계속 보존할 수 있다는 점이다. 이러한 최종 합산 결과는 다시 단일 정밀도로 포맷을 맞춰준다.

다음 코드는 이러한 과정들을 수행하는 루틴을 실행시키고, 기울기를 가져오는 구현 결과다.

```
int cuda_fetch_gradient (
   int nc ,        // 현재 배치상에서 처리하는 데이터(case)의 개수
   double *grad    // 기울기 합산 출력을 위한 변수
)
{
   int i, warpsize, blocks_per_grid, threads_per_block ;
   char msg[256] ;

   warpsize = deviceProp.warpsize ;// 워프당 스레드 개수로, 향후 32개가
                                    // 적절한 값이 될 것이다.
   threads_per_block = (h_gradlen + warpsize - 1) / warpsize * warpsize ;
   if (threads_per_block > 4 * warpsize)
     threads_per_block = 4 * warpsize ;

   blocks_per_grid = (h_gradlen + threads_per_block - 1) /
         threads_per_block ;

   device_fetch_gradient <<< blocks_per_grid , threads_per_block >>> ( nc ) ;
   cudaDeviceSynchronize() ;
```

```
cudaMemcpy ( fdata , h_gradient , h_gradlen * sizeof(float) ,
             cudaMemcpyDeviceToHost ) ;
for (i=0 ; i<h_gradlen ; i++)
  grad[i] += fdata[i] ;

return 0 ;
}
```

실행 파라미터들은 일반적인 방법으로 계산돼 최소 개수의 블록들만으로 모든 기울기 원소들을 처리할 수 있게 보장한다. 그런 다음 디바이스 측 루틴을 실행시키면서 연산이 완료되길 기다리다가 합산된 기울기 값을 다시 호스트 측에 복사한다. fdata 변수는 float 타입의 static 배열로, 이미 다양한 용도로 쓰기 위해 할당해놓은 녀석이다.

마지막 단계는 전체 훈련 세트 중에서 현재 처리 대상인 부분집합에 대해 구한 기울기들을 모두 합산해 호스트 측의 기울기 벡터의 해당 원소로 저장하는 일이다.

위 코드에서 독자들이 흥미로워할 만한 한 가지 모호한 점이 있다. 위 코드에서는 디바이스 측에서 실행 중인 태스크를 완료할 때까지 호스트 측을 중지시킬 수 있도록 cudaDeviceSynchronize()를 호출하고 있는데, 사실 cudaMemcpy() 함수도 동일한 일을 처리해주기 때문에 이렇게 호출할 필요는 없다. 하지만 나는 습관적으로 cudaDeviceSynchronize()를 호출해 더욱 풍부한 프로파일링 결과를 얻을 수 있게 한다. 이 호출이 없었다면 이 런타임 API 호출 결과^{summary}는 디바이스가 실행되는 동안 우리가 복사 작업을 수행 중인 루틴상에 있기 때문에 메모리 복사 시간과 디바이스 실행 시간을 한데 묶어놓을 것이다. 복사하기 전에 동기화함으로써 개별 시간(실행 및 복사 시간)을 올바르게 출력한다.

평균 제곱 오차 연산의 효율을 향상 시켜주는 절감 알고리즘

이번 절에서는 많은 요소로 이뤄진 배열의 연산을 빠르게 병렬 처리하기 위해 고안된 강력하면서도 기발한 알고리즘을 소개한다. 신경망 모델의 예측 결과 값들로 유도되는 평균 제곱 오차를 계산하기 위해 이러한 알고리즘이 필요하다. 훈련 데이터 집합을 그룹으로 나눠서 각 데이터 그룹을 대상으로 MSE를 계산하고 합산하도록 처리할 수 있었지만, 이렇게 하기보다는 데이터 그룹들을 모두 저장한 다음, 매우 효율적인 알고리즘으로 한 번에 MSE를 계산하는 것이 더 빠르다는 사실이 알려져 있다. 게다가 훈련 이후 분석 작업을 위해 모든 예측 데이터 집합을 완전하게 보존하는 데도 좋다.

평균 제곱 오차는 타겟이 어떤 값으로 나올지 수학적으로 계산해 도출한 예측 값과 실제 수행을 통한 타겟의 출력을 뺀 값을 제곱한 값들과 모든 훈련 데이터를 통틀어 평균을 낸 값이다. 이러한 계산 과정을 쉽게 이해할 수 있도록 간단히 59개의 샘플 데이터를 갖고 실제로 계산해보자. 다음 숫자들은 데이터의 순서를 나타내는 인덱스이며, 이번에 배울 알고리즘을 명확하게 이해할 수 있게 배열한 형태로 그렸다.

0	1	2	3	4	5	6	7
8	9	10	11	12	13	14	15
16	17	18	19	20	21	22	23
---	---	---	---	---	---	---	---
24	25	26	27	28	29	30	31
32	33	34	35	36	37	38	39
40	41	42	43	44	45	46	47
---	---	---	---	---	---	---	---
48	49	50	51	52	53	54	55
56	57	58					

그림 2.3 절감 알고리즘을 통해 처리될 59개의 예제 데이터 구조

이번 예제에서는 계산 알고리즘에서 사용할 블록의 3개이고(블록은 하나의 행과 같음), 각 블록당 8개의 스레드가 존재한다고(스레드는 열에 대응됨) 가정한다. 그러면 당연히 실제 데이터에 적용할 땐 더 많은 블록과 블록당 32의 배수만큼의 스레드가 존재할 것이다. 또한 블록당 스레드의 개수가 반드시 2의 제곱수가 돼야 한다는 사실을 살펴볼 것이다.

이 알고리즘은 크게 세 가지 단계를 거쳐 진행된다. 첫 번째 단계에서는 블록당 스레드의 개수와 블록의 개수를 곱한 값(여기서는 3×8=24)을 하나의 단위로 두고, 인덱스를 건너뛰면서 그 인덱스가 가리키는 값들을 더해나간다. 이때 실질적으로는 값을 그냥 더하는 게 아니라 연산을 거쳐 나온 출력 값과 목표 값 사이의 차이를 제곱한 값들이 더해지게 된다. 그러므로 0, 24, 그리고 48번째 위치에서 이러한 제곱 값들을 합산한 결과가 0번째 위치에 저장된다. 합산 시 각 항들은 항상 동일한 개수의 피연산 항들을 가질 필요는 없으며, 인덱스를 건너 뛰다보면 합산 대상이 되는 피연산 데이터가 없을 수도 있지만 상관없다. 예를 들어 11번째 위치의 시작 값은 11번째와 35번째 값의 합이다(인덱스가 0부터 시작하므로 59번째 값이 없기 때문이다). 이러한 첫 번째 계산 단계는 필요한 모든 데이터를 합하면서 이 결과를 저장해나가면서 마지막으로 24번째에 도달하는 순간 끝난다.

두 번째 단계는 각 행의 열, 즉 각 행을 이루는 일정한 간격을 이루는 두 원소들을 피연산자로 해 합산한 '부분 합partial sum'을 첫 번째 피연산자에 저장한다. 또한 모든 원소를 대상으로 한 부분 합 과정을 거칠 때마다 두 연산자 사이의 간격을 절반으로 나눈다. 예를 들어 첫 번째 루프를 돌면서 0번째 값과 4번째 값을 더한 결과를 0번째에 저장한다. 이와 비슷하게 다음과 같은 합산 과정이 진행된다(처음 블록의 크기가 8이었기 때문에 이를 절반으로 나눈 4부터 두 피연산자 간의 간격으로 잡아야 첫 번째 연산을 마쳤을 때 저절로 모든 데이터들을 대상으로 한 부분 합 결과를 얻을 수 있다. - 옮긴이).

1 += 5
2 += 6

       3 += 7
       8 += 12

이하 마찬가지 방식으로 진행된다.

       19 += 23

이와 같은 연산을 다음 중간 단계에서 반복한다(이번엔 2칸씩 건너가며 합산한다.
- 옮긴이).

       0 += 2
       1 += 3
       8 += 10
       9 += 11
       16 += 18
       17 += 19

마지막 합산 과정을 한 번 더 수행한다(이번엔 1칸씩 건너가며 합산한다. – 옮긴이).

       0 += 1
       8 += 9
       16 += 17

이제 드디어 세 가지의 부분 합 값들을 계산했으며, 이때 각 부분 합들은
곧 각 블록의 요소들을 모두 더한 결과가 된다(이 부분 합은 각 블록의 첫 번째 요소에
저장된다. – 옮긴이).

몇 가지 남은 합산 작업을 CUDA 장치에서 마무리 지을 수도 있겠지만, 나
는 이 부분을 호스트 측에서 수행하는 것이 더 빠르고 쉽다고 생각해서 호스
트 측 코드에 구현했다.

합산 알고리즘을 CUDA 장치 측에서 동작하게 구현한 코드는 다음과 같다.

```
#define REDUC_THREADS 256
#define REDUC_BLOCKS 64

__global__ void device_mse ()
{
    __shared__ double partial_mse[REDUC_THREADS] ;
    int i, index ;
    unsigned int n ;
    double diff, sum_mse ;

    index = threadIdx.x ;
    n = d_ncases * d_ntarg ;   // 합산 피연산자의 개수
                               // 즉, 데이터 개수 곱하기 출력 개수

    sum_mse = 0.0 ;
    for (i=block_Idx.x*block_Dim.x+index ; i<n ;
        i+=block_Dim.x*gridDim.x){
      diff = d_output[i] - d_targets[i] ;
       sum_mse += diff * diff ;
    }

    partial_mse[index] = sum_mse ;
    __syncthreads() ;

    for (i=block_Dim.x>>1 ; i ; i>>=1) {
      if (index < i)
        partial_mse[index] += partial_mse[index+i] ;
      __syncthreads() ;
    }

    if (index == 0)
      d_mse_out[block_Idx.x] = partial_mse[0] ;
}
```

이 코드에서 shared라는 키워드는 하나의 블록상에 존재하는 모든 스레드
들끼리 공유하는 극도로 빠른 액세스가 가능한 메모리를 할당해준다는 의미

를 갖는다(CUDA 문서에 따르면 shared로 선언된 변수는 블록 안에 존재하는 스레드끼리 공유하는 변수다. - 옮긴이). 그리고 각 블록마다 메모리를 할당해주며, 이렇게 할당된 개개의 블록당 메모리끼리는 서로 공유되지 않는다.

스레드 인덱스 변수 threadIdx.x는 0부터 REDUC_THREADS 사이의 값을 갖는다. REDUC_THREADS는 블록당 스레드 개수에서 1을 뺀 값이다.

전체 데이터(목표치와 계산된 출력치의 차이를 제곱한 값들)의 개수는 n개다. 이 데이터의 합산은 배정밀도double precision 기반으로 수행해 차이 값의 크기가 너무 클 경우 표현의 한계로 인해 소수 값이 손실되는 걸 방지한다.

첫 번째 루프를 돌면서 앞 예제에서 소개한 첫 번째 단계를 수행한다. 각 스레드들은 블록 개수 × 블록당 스레드 개수만큼의 데이터들을 거치면서 합산을 수행한다. 블록 개수는 gridDim.x이며, 블록당 스레드 개수는 block_Dim.x다. 첫 번째 루프가 끝나면 합산 결과는 현재 스레드에서 소유하는 공유 메모리 영역에 저장된다. 여기서 각 블록마다 자신만의 메모리에 공유 메모리 내용을 복사해놓은 영역이 있어서 서로 다른 블록들의 메모리 영역 간의 교류는 없다는 점을 다시 상기하자.

그런 다음 __syncthreads() 함수를 호출해 블록 안의 모든 스레드가 이 지점까지 도달할 때까지 스레드를 중단시킨다. GPU상에서 동작하는 실행 스케줄러는 상주중인 블록 안에서 워프를 비정의된 순서로 실행시키고, 그 다음 단계에서는 첫 번째 단계에서 계산된 결과를 저장해놨던 공유 메모리에 액세스한다. 요구되는 정보에 접근해서 조정할 수 있도록 우리는 반드시 모든 스레드가 첫 번째 연산을 마칠 때까지 대기해야 한다.

두 번째 단계는 앞서 소개한 두 번째 알고리즘, 즉 부분 합 연산을 수행하면서 루프를 한 번 다 돌 때마다 두 피연산자 사이의 간격을 절반으로 줄인다. 두 번째 루프를 첫 회 돌면 블록의 오른쪽 절반에 해당하는 데이터들이 왼쪽 절반에 해당하는 데이터들에 더해진다. 다시 syncthreads()를 호출해서 그 다음 회를 돌면서 필요한 데이터들에 안전하게 액세스할 수 있도록 한다.

이렇게 부분 합들의 짝들을 점진적으로 합쳐나가는 과정은 하나의 열로 거리가 줄어들 때까지 계속된다(부분 합의 합산 과정에서 피연산자에 해당하는 두 개의 부분 합 간격이 처음엔 워프 크기의 절반만큼 떨어져 있다가 루프를 한 회 돌 때마다 계속 다시 절반만큼 줄여 나가서 합산을 재수행하고, 마지막으로 그 간격이 0이 돼 서로 접하게 될 때까지를 말한다. - 옮긴이).

이 단계까지 끝나면 각 블록마다의 총합인 partial_mse[0] 값이 첫 번째 열에 저장된다(예를 들어 첫 번째 블록은 자신에 해당하는 8개의 부분 합들을 점진적으로 거리를 절반으로 줄여나가며 재 합산하게 되고, 최종적으로 0번째 위치에 그 결과를 저장한다. 두 번째 블록도 동일한 과정을 거쳐서 8번째 위치에 그 결과를 저장한다). 이 값은 블록 합산에 이용되는 하나의 배열에 저장한다. 이 배열은 초기화 과정에서 메모리를 할당받았다. 위 코드에서는 0번째 스레드에서 이러한 저장 작업을 수행하지만, 사실 공유 메모리에 존재하는 partial_mse는 블록 내의 모든 스레드마다 동일하게 갖고 있기 때문에 어떤 스레드에서 해도 상관없다. 물론 하나의 스레드만 골라서 수행해야 블록 안에 존재하는 다수의 스레드들이 동일한 위치에 값을 저장해버리는 일을 방지할 수 있다!

MSE 연산을 수행하는 호스트 측 코드는 다음과 같다.

```
int cuda_mse (
   int n ,          // 데이터 개수. 즉 ncases * ntarg
   double *mse      // 계산된 mse 값을 담고 있는 변수
)
{
   int i, blocks_per_grid ;
   double sum ;
   char msg[256] ;

   blocks_per_grid = (n + REDUC_THREADS - 1) / REDUC_THREADS ;
   if (blocks_per_grid > REDUC_BLOCKS)
     blocks_per_grid = REDUC_BLOCKS ;

   device_mse <<< blocks_per_grid , REDUC_THREADS >>> () ;
```

```
    cudaDeviceSynchronize() ;

    cudaMemcpy ( reduc_fdata , h_mse_out , blocks_per_grid *
          sizeof(float) , cudaMemcpyDeviceToHost ) ;

      sum = 0.0 ;
      for (i=0 ; i<blocks_per_grid ; i++)
        sum += reduc_fdata[i] ;
      *mse = sum / n ;

    return 0 ;
}
```

일반적으로 n개의 모든 제곱 오차를 합산하는 데 필요한 최소한의 블록 개수를 이용한다. 이 알고리즘의 많은 구현 코드가 블록과 부분 합을 입력으로 받아들이고 하나의 블록을 사용해 두 번째 단계에 절감을 호출할 것이다. 이렇게 처리된 결과는 하나의 값을 가지며, 완전한 합산 결과다. 하지만 블록당 부분 합산 값들을 호스트 측에 복사한 후 호스트상에서 합산 결과를 계산하는 것이 더 쉽고 직관적이다. 어떤 방식을 선택할지는 개발자 마음이다.

마지막으로 몇 가지 매우 복잡한 형태의 절감 알고리즘이 존재한다. 이 알고리즘들은 여기서 소개한 알고리즘보다 아주 약간 더 빠른 속도를 갖는다. 무엇보다 간단명료한 걸 더욱 선호하기 때문에 여기서는 이해하기 쉬운 알고리즘을 사용해봤다. 관심이 있다면 CUDA SDK에 소개된 예제를 통해 다른 구현 방법으로 코딩을 해볼 수도 있다.

로그 발생 확률 연산의 효율을 향상시켜주는 절감 알고리즘

SoftMax 출력 레이어를 사용하는 분류 작업의 경우 평균 제곱 오차를 최소화하는 방법 대신, 식 (2.15)를 기반으로 한 음의 로그 발생 확률 값을 이용한다. 이러한 연산을 수행하는 CUDA 장치 측 코드는 다음과 같다. 대부분

MSE 연산 코드와 유사하므로 자세한 설명은 하지 않겠다. 즉, 앞에서 소개한 MSE 연산 코드와 마찬가지로 배열 변수 d_mse_out에 미리 메모리를 할당한다. 또한 발생할 확률은 낮지만, 로그에 0을 대입해버리는 위험한 상황에 대처하기 위해 출력 활성화 변수에 1.e-30을 더한다.

```
__global__ void device_ll ()
{
    __shared__ double partial_ll[REDUC_THREADS] ;
    int i, n, ntarg, index ;
    double sum_ll ;

    index = threadIdx.x ;
    n = d_ncases ;
    ntarg = d_ntarg ;

    sum_ll = 0.0 ;
    for (i=block_Idx.x*block_Dim.x+index ; i<n ;
        i+=block_Dim.x*gridDim.x)
      sum_ll -= log ( d_output[i*ntarg+d_class[i]] + 1.e-30 ) ;

    partial_ll[index] = sum_ll ;
    __syncthreads() ;

    for (i=block_Dim.x>>1 ; i ; i>>=1) {
      if (index < i)
        partial_ll[index] += partial_ll[index+i] ;
      __syncthreads() ;
    }

    if (index == 0)
      d_mse_out[block_Idx.x] = partial_ll[0] ;
}
```

총정리

이렇게 해서 우리는 모든 CUDA 기울기 연산 과정을 살펴봤다. 이번 절에서는 이 연산 과정을 성공적으로 수행하기 위해 각 함수들이 어떤 순서로 호출돼야 하는지 살펴본다. 오차 처리 기능 같은 일부 부분들은 중요도가 낮아 여기서 다루지 않지만, 소스코드를 다운로드해 확인하는 것도 좋다.

앞의 절들을 걸쳐 소개된 모든 CUDA 코드 루틴들은 다음에 나와 있는 코드에서 훈련 데이터들을 배치^{batch}라고 부르는 부분집합으로 나눠 처리할 수 있게 설계됐다. 이는 반드시 일반적으로 말하는 일괄 처리^{batch}와 여기서 말하는 배치를 혼동해서는 안 된다. 일반적으로는 훈련 알고리즘에서 기울기와 최적화 평가 기준을 배지 형태로 묶어서(훈련 데이터의 부분집합) 저리하며, 각 배치마다 자신의 가중치 행렬을 얻어내서 이를 갱신한다. 이 부분은 내 경험상 수준 높은 결정적 훈련 알고리즘이 사용될 경우 개개의 기울기와 평가 기준 연산, 그리고 가중치 갱신을 위해 전체 훈련 데이터들을 대상으로 계산을 수행해야 가장 빠르게 연산 결과가 수렴했기 때문에, 여기서 이뤄지지 않는다. 물론 프로그래머가 직접 다음 코드를 수정해서 전형적인 일괄 처리 기법을 적용해도 좋다.

그러면 왜 우리는 굳이 전체 훈련 데이터를 별개로 처리되는 부분집합으로 쪼개서 처리할까? 그 이유는 많은 운영체제들이 디스플레이 어댑터가 아주 짧은 시간 구간(대개 2초 이내)을 두고 동작하게 허용하기 때문이다. 그래서 이 시간 구간 이내에 연산을 완료하지 못하면 운영체제는 인정사정없이 프로그램 덤프를 일으키거나 이와 비슷한 벌을 내린다. WDDM 타임아웃^{Timeout}이라는 이 악명 높은 시간 제약은 CUDA 프로그래머들에게 큰 골칫거리다. 이에 대한 일반적인 해결 방안은 연산 루틴을 여러 부분으로 나눠서 한 번에 하나씩 처리하게 하는 건데, 이걸 이번에 사용한 것이다.

CUDA 기울기 루틴을 호출하는 근본적인 코드를 살펴보면 다음과 같다.

```
double Model::gradient_cuda (
    int nc ,            // 데이터(case)의 개수
    double *input ,     // 훈련 데이터 행렬, nc와 Model::n_model_inputs의
                        // 곱만큼의 개수
    double *target ,    // 타겟 행렬, nc 곱하기 Model::ntarg만큼의 개수를 가짐
    double *grad        // 완성된 기울기
)
{
    int i, k, n, ilayer, ineuron, ivar, ret_val, ibatch,
        n_in_batch, n_batches ;
    int istart, istop, n_done, max_batch ;
    int n_prior, gradlen, nin_this _layer ;
    double mse, wpen, *wptr, *gptr ;

    // 각 레이어마다 기울기 포인터 설정
    gptr = grad ; // 기울기 포인터를 정의

    for (ilayer=0 ; ilayer<n_all ; ilayer++) {
        grad_ptr[ilayer] = gptr ;

        if (ilayer == 0 && n_all == 1) {    // 직접적인 입출력?
            n = ntarg * (n_model_inputs+1) ; // 현재 레이어상에 존재하는
                                        // 각 뉴런에 전달되는 입력 데이터의 개수
            gptr += n ; // 꼭 필요한 건 아니지만, 처리 과정을 설명하는 데 도움이 된다.
        }
        else if (ilayer == 0) {  // 첫 번째 은닉 레이어?
            n = nhid_all[ilayer] * (n_model_inputs+1) ; // 각 뉴런에 전달되는
                                            // 입력 데이터의 개수
            gptr += n ;
        }
        else if (ilayer < n_all-1) { // 중간 은닉 레이어?
            n = nhid_all[ilayer] * (nhid_all[ilayer-1]+1) ; // 각 뉴런에
                                    // 전달되는 입력 데이터의 개수
            gptr += n ;
        }
```

```
    else
      n = ntarg * (nhid_all[ilayer-1]+1) ; // 꼭 필요한 건 아니지만,
                                          // 처리 과정을 설명하는 데 도움이 된다.
    } // 출력 레이어를 포함한 모든 레이어를 대상으로 수행
/*

  기울기 데이터를 위해 메모리를 할당하는 데 있어, 정수 오버플로우가 나는 것을
  방지하기 위해 배치 연산을 나누는 데 필요한 최소 배치 개수를 구한다.
*/

    gradlen = 0 ;
    n_prior = n_model_inputs ;
    for (i=0 ; i<n_all-1 ; i++) { // 은닉 레이어 개수만큼 수행
      gradlen += nhid_all[i] * (n_prior + 1) ;
      n_prior = nhid_all[i] ;
    }
    gradlen += ntarg * (n_prior + 1) ; // 출력 레이어

    max_batch = MAXPOSNUM / (gradlen * sizeof(float)) ; // 메모리 할당 크기
    if (max_batch > 65535)          // 격자의 크기
      max_batch = 65535 ;
    n_batches = nc / max_batch + 1 ;

/*
  이 세션을 위해 이전에 CUDA 장치 초기화를 수행하지 않은 경우 여기서 한다.
*/

    if (! mlfn_cuda_initialized) {
      n_done = 0 ; // CUDA 초기화를 위한 최대 배치 크기를 구한다.
      for (ibatch=0 ; ibatch<n_batches ; ibatch++) {
        n_in_batch = (nc - n_done) / (n_batches - ibatch) ; // 남은 데이터 개수/
                                                    // 남은 배치 개수

        if (i일괄 == 0 || n_in_batch > max_batch)
          max_batch = n_in_batch ;
        n_done += n_in_batch ;
      }
```

```
      mlfn_cuda_init ( ... max_batch ... ) ;
      mlfn_cuda_initialized = 1 ;
   }

   if (cuda_weights_changed) {
     cuda_weights_to_device ( ... ) ;
     cuda_weights_changed = 0 ;
   }

/*
   기울기 연산 시작
*/

   for (i=0 ; i<n_all_weights ; i++)
     grad[i] = 0.0 ;

   istart = 0 ;    // 배치의 시작 인덱스(= 훈련 데이터 시작 인덱스)
   n_done = 0 ;    // 현재 에포크까지 처리된 훈련 데이터의 개수

   for (ibatch=0 ; ibatch<n_batches ; ibatch++) {
     n_in_batch = (nc - n_done) / (n_batches - ibatch) ; // 남은
                                       // 데이터 개수/남은 배치 개수
     istop = istart + n_in_batch ; // 현재 배치에서 처리할 마지막 인덱스

/*
   전방향 연산(Forward pass)
*/

      for (ilayer=0 ; ilayer<n_all-1 ; ilayer++)
        cuda_weight_activation ( istart , istop , ... , ilayer ) ;
      cuda_output_activation ( istart , istop , ... ) ;

      if (classifier)
        cuda_softmax ( istart , istop ) ;

/*
   역방향 연산(Backward pass)
*/
```

감독 피드포워드 신경망 **111**
감독 피드포워드 신경망 **111**

```
    cuda_output_delta ( istart , istop , ... ) ;
    cuda_output_gradient ( n_in_batch , ... ) ;
    for (ilayer=n_all-2 ; ilayer>0 ; ilayer--)
      cuda_subsequent_weight_gradient ( n_in_batc h , ilayer , ... ) ;
    cuda_first_weight_gradient ( istart , istop , ... ) ;
    cuda_fetch_gradient ( n_in_batch , grad ) ;

    n_done += n_in_batch ;
    istart = istop ;
  } // 모든 배치를 대상으로 루프 순환

  for (i=0 ; i<n_all_weights ; i++)
    grad[i] /= nc * ntarg ;

  if (classifier) {
    cuda_ll ( nc , &mse ) ;
    mse /= ntarg ;  // ntarg이 아닌 n으로 cuda_ll() 처리 결과를 나눔
  }
  else
    cuda_mse ( nc * ntarg , &mse ) ;

/*
  가중치 패널티 적용
  첫 번째 코드 블록은 은닉 레이어를 대상으로 하며, 두 번째는 출력 레이어를
  대상으로 수행
*/

  wpen = TrainParams.wpen / n_all_weights ;
  penalty = 0.0 ;
  nin_this_layer = n_model_inputs ;

  for (ilayer=0 ; ilayer<n_all-1 ; ilayer++) {  // 모든 은닉 레이어를
                                                // 대상으로 수행
    for (ineuron=0 ; ineuron<nhid_all[ilay er] ; ineuron++) {
      wptr = 가중치_opt[ilayer] + ineuron*(nin_this_layer+1) ; // 현재
                                                // 뉴런의 가중치
```

```
      gptr = grad_ptr[ilayer] + ineuron*(nin_this_layer+1) ; // grad
                                                    // 포인터 할당
    for (ivar=0 ; ivar<nin_this_layer ; ivar++) { // 바이어스 제외
      penalty += wptr[ivar] * wptr[ivar] ;    // 식 (2.18)
      gptr[ivar] -= 2.0 * wpen * wptr[ivar] ; // 식 (2.19)
      }
    }
  nin_this_layer = nhid_all[ilayer] ;
  }

for (ineuron=0 ; ineuron<ntarg ; ineuron++) {
  wptr = final_layer_weights + ineuron * n_final_layer_weights ;
  gptr = grad_ptr[n_all-1] + ineuron * n_final_lay er_weights ;
  for (ivar=0 ; ivar<nin_this_layer ; ivar++) { // 바이어스 제외
    penalty += wptr[ivar] * wptr[ivar] ;      // 식 (2.18)
    gptr[ivar] -= 2.0 * wpen * wptr[ivar] ;   // 식 (2.19)
    }
  }
penalty *= wpen ;
return mse + penalty ;
}
```

이 코드에서 첫 번째 페이지 전체에 걸쳐 grad_ptr 포인터 변수가 각 레이어마다의 기울기를 가리키게 설정한다. 좀 더 쉬운 방법도 있긴 하지만, 위 방법이 더 이해하기 쉽다.

그 다음 코드 블록은 조금 애매하지만, 잠재적으로 심각한 문제를 발생시킬 수 있는 부분을 처리한다. 완벽하게 합리적인 문제들은 수백만 가지의 최적화 가능한 가중치들을 가질 수 있다. 하나의 배치에서 많은 수의 기울기를 데이터의 개수만큼 곱하면 그 결과는 어마어마할 것이며, 내가 CUDA 코드에서 사용한 4바이트 정수형 타입의 표현 범위를 쉽게 넘어버릴 것이다. 이는 곧 메모리 할당 크기에도 영향을 미친다. 그러므로 최대 양의 수를 기울기를 저장하는 데 필요한 최대 바이트 수로 나눠서 하나의 배치에서 데이터

의 최대 유효 개수를 구한다. 또한 현재 CUDA 연산 장치에서 수용 가능한 최대 격자 크기를 65,535라고 가정한다. 이 값은 곧 내 CUDA 코드에서 하나의 배치가 액세스하는 데이터의 최대 인덱스 값이 된다. 이는 결국 최소한으로 필요한 배치의 개수를 결정한다. 프로그램의 크기가 너무 크고 느려서 WDDM 타임아웃에 걸리는 매우 희귀한 상황에서 사용자가 이 값을 증가시킬 수 있게 허용해야 한다.

전역 변수인 `mlfn_cuda_initialized` 플래그 변수는 CUDA 장치가 초기화됐는지 아닌지 여부를 나타내는 데 사용하며, 이는 초기 메모리 할당과 같은 작업을 수반한다. 초기화 루틴에서 한 가지 핵심 역할을 하는 파라미터는 배치의 최대 크기다. 배치들의 개수를 계산해 주어지면(그리고 여기서는 수록하지 않은 사용자에 의해 증가될 수 있는) 곧 연산을 수행하게 되는 모든 배치가 간단한 루프를 돌면서 가장 큰 값을 갖는 최대 배치 개수를 구한다. 그런 다음 이 개수만큼 초기화 루틴들을 호출한다. 전체 호출 파라미터 리스트를 수록하진 않았지만, 대부분 애플리케이션에 특화된 것들이다.

전역 변수인 `cuda_weights_changed` 플래그는 갱신된 가중치 값을 CUDA 장치에 복사하면 가중치가 마지막 횟수로 CUDA 루틴을 호출했는지 나타낸다. 초기화 루틴에서처럼 여기에 해당하는 호출 파라미터들은 수록하지 않았다.

기울기 연산은 전체 기울기 벡터를 0으로 설정하는 것으로 시작한다. 기울기 값들은 합산돼 각 배치마다 이 벡터에 저장한다.

배치 루프는 간단한 작업들을 처리한다. 개개의 일괄 처리마다 처리할 남은 개수만큼의 데이터 개수를 남은 배치의 개수로 나눈다. 이렇게 구한 배치의 크기 값을 시작 인덱스 istart에 더해 마지막 인덱스 istop 값을 구한다.

전방향 연산은 현재 배치에 대한 모든 활성화를 계산하고 저장하다가 첫 번째로 n_all-1개의 은닉 레이어들과 출력 레이어를 대상으로 계산을 하고 나서 끝난다. 분류기를 구현하는 경우 출력 활성화에 SoftMax를 적용한다.

역방향 연산은 위 처리 순서를 뒤집어서 거꾸로 수행한다. 출력 델타 값을 계산하고, 출력 기울기를 구한다. 뒤에서부터 시작해 역순으로 첫 입력 레이어를 제외한 은닉 레이어들을 처리한다. 마지막으로 신경망 모델에 전달되는 입력을 받아들이는 첫 번째 은닉 레이어에 대한 연산까지 마무리된다.

배치 루프의 마지막 단계는 해당 배치에 할당된 데이터들을 대상으로 합산해 grad에 저장했던 기울기 값들을 다시 가져오는 것이다. 현재까지 처리된 훈련 데이터들은 현재 배치를 통해 갱신되고, 다음 배치를 위해 시작 인덱스를 현재 마무리된 배치의 마지막 다음의 인덱스 값으로 설정한다.

모든 배치가 완료되면 합산된 기울기를 데이터의 개수와 타겟의 개수만큼으로 나눠서 최적화 평가 기준 값 역시 이 개수만큼으로 나눠지게 한다.

분류기를 구현하는 경우 음의 로그 발생 확률 값을 최적화 평가 기준으로 사용한다. 그 외의 경우 평균 제곱 오차를 계산해 기준 값으로 사용한다.

마지막으로 가중치 패널티를 구현한다. 첫 번째 코드 블록에서는 은닉 레이어를 처리하고, 두 번째 블록에서는 출력 레이어를 처리한다. 이 코드 블록들이 복잡해보이긴 하지만 매우 간단한 원리로 동작한다. 즉, 차례로 가중치와 기울기 벡터를 구하는 것이 전부다(식 (2.18)과 (2.19)).

기본적인 훈련 알고리즘

이제 신경망 모델의 질적인 평가를 내리기 위한 좋은 계산 방법을 알게 됐다(즉, 평균 제곱 오차 혹은 로그 확률 등). 또한 어떻게 이 평가 기준의 모든 가중치에 대한 편미분을 계산하는지 알게 됐으므로, 최적의 평가 기준을 만드는 파라미터를 찾는 방법을 논의할 수 있다. 세상에는 다중 레이어 피드포워드 신경망의 훈련 알고리즘을 처리하는 훌륭한 이론들이 많으므로, 이 책에서는 이 부분에 대해 너무 깊게 다루지 않겠다. 하지만 여러 가지 중요한 알고리즘들은 적당한 수준까진 다뤄볼 것이다.

첫 가중치를 구하기 위한 담금질 모사 알고리즘

신경망 모델에 대해 작은 수의 랜덤한 가중치를 선택해서 훈련을 여기서부터 시작하는 게 현명하다고 말할 수 있다. 이러한 접근 방식에 대해 몇 가지 언급할 사항들이 있다. 최적화 평가 기준을 계산하는 것은 대부분의 실질적인 문제에서는 고비용 연산이 되며, 적절한 시작 지점에 대해 임의로 사용되는 방대한 연산 리소스를 낭비하고 싶진 않다. 그리고 일반적으로 받아들여지는 사실은, 랜덤하게 적절한 시작 가중치를 찾으려고 하면 감소하는 반환 시점에 빠르게 도달된다는 점이다. 하지만 내 경험에 의하면 소량의 시성적으로 가이드된 랜덤한 시점 탐색은 거의 언제나 가치 있는 일이었다.

내가 즐겨 쓰는 시작 기중치 알고리즘은 원시적이시반 효과적인 담금질 모사 알고리즘을 기반으로 한다. 이 알고리즘은 우리가 파라미터 공간에서 좋은 성능을 나타내는(즉, 최소의 평가 기준 값을 도출하는) 영역을 랜덤하게 값을 찾아다니는 것이다. 하지만 시간이 지나면서 점진적으로 탐색 위치를 좋다고 판명된 영역 쪽으로 기울여나가고, 동시에 랜덤 탐색의 정도를 줄여나가는 것이다. 이렇게 함으로써 점점 더 일정한 방향성을 가지고 탐색을 진행해 나가게 된다(담금질 모사 알고리즘은 원래 담금질을 반복하면서 뜨거운 금속체를 물에 식힐 때 금속 결정이 처음엔 랜덤한 구성을 갖고 있다가 열이 식으면서 결정 구조가 점점 더 형태를 띠어나가는 모습을 본 따서 만들었다고 한다. - 옮긴이).

사용자는 반드시 두 개의 탐색 기준을 지정해야 한다. 랜덤하게 생성된 처음 시도[trial]하는 가중치의 초기 범위, 그리고 몇 번이나 반복[iterations]해 담금질할 것인가가 그것이다. 나는 보통 50~1000 범위 사이의 값을 쓰며, 몇 백 정도의 값이 좋은 결과를 가져다줬다.

이제 기본적인 담금질 모사 알고리즘 코드를 살펴보자.

```
anneal_rng = TrainParams.anneal_rng ;        // 시도 가중치의 초기 범위
anneal_frac = 0.3 / TrainParams.anneal_iters ;  // Anneal_iters는
                                                 // 시도 횟수다.
```

```
for (i=0 ; i<n_weights_to_optimize ; i++)
    center_wts[i] = 0.0 ;

for (i_anneal=0 ; i_anneal<TrainParams.anneal_iters ; i_anneal++) {

    if (i_anneal % 10 == 1)
        factor = anneal_rng * 10.0 ;
    else if (i_anneal % 10 == 2)
        factor = anneal_rng * 4.0 ;
    else if (i_anneal % 10 == 3)
        factor = anneal_rng / 10.0 ;
    else if (i_anneal % 10 == 4)
        factor = anneal_rng / 4.0 ;
    else
        factor = anneal_rng ;

    for (i=0 ; i<n_weights_to_optimize ; i++)
        wts[i] = center_wts[i] + factor * (2.0 * unifrand () - 1.0) ;
        wvec_to_weights ( n_weights_to_optimize , wts ) ;

    if (ok_to_use_svd)
        find_final_weights ( ... ) ; // 특이값 분해를 적용해 최적의 출력
                                     // 가중치를 찾는다.

    crit = trial_error ( ... ) ;
    if (i_anneal==0 || crit < best_crit){
        best_crit = crit ;
        for (i=0 ; i<n_weights_to_optimize ; i++)
            best_wts[i] = wts[i] ;
    }

    if (i_anneal < 100)
        continue ;

    // 중심 값과 범위를 천천히 갱신한다.
    for (i=0 ; i<n_weights_to_optimize ; i++)
```

```
    center_wts[i] = (1.0 - anneal_frac) * center_wts[i] +
        anneal_frac * best_wts[i] ;
  anneal_rng *= (1.0 - anneal_frac) ;
} // 담금질을 반복한다.
```

가중치가 0 값 근처에서 진동하면서 사용자가 지정한 횟수만큼 반복될 루프를 처음으로 시작할 수 있도록 중심점을 초기화한다.

신경망 알고리즘 용도에 맞게 효과적으로 전형적인 담금질 알고리즘을 수정하다 보면 종종 예외적으로 크거나 작은 진동 정도를 이용할 수 있다. 그 이유는 사용자가 진동 범위를 (무시해버렸거나 부주의해서) 적절하게 지정하지 못할 수도 있기 때문이다. 알고리즘이 자체적으로 이런 사용자들을 구해줄 수 있다면 도움이 될 것이다. 루프의 시작 부분에 있는 if문 블록이 이런 용도로 구현된 것이다.

처음 시도할 가중치 데이터들은 중심점 근처를 랜덤하게 진동하도록 유도된 것이며, 이러한 시도용 가중치들은 신경망 모델이 소유하는 가중치 데이터로 복사된다. find_final_weights() 호출은 랜덤하게 생성된 은닉 레이어 가중치들이 주어졌을 때 명시적으로 최적의 출력 가중치를 계산하는 데 있어 아주 효율적인 알고리즘을 사용한다. 이 주제는 다음 절에서 다룬다. 그 다음 calling trial_error()를 호출해서 성능 평가 기준 값을 구한다.

단순히 평가 수준에 대한 새로운 기록 값을 설정한다면 이러한 가중치 값들은 best_weights에 저장된다.

반복 횟수가 얼마 되지 않는다면(100번 반복하는 것은 즉석에서 생각해낸 선택이다) 그냥 랜덤하게 탐색을 지속해나간다. 그러다가 파라미터 공간 안에서 합리적으로 판단해서 좋아 보이는 영역을 찾아내는 기회가 왔다면 우리의 탐색 방향을 이 영역 쪽으로 약간 이동시키면서 동시에 탐색 범위를 줄일 수 있다.

탐색 영역을 이동시키기 시작하는 마지막 반복 횟수를 100으로 선택하고, 이동이 발생하는 비율을 0.3/anneal_iters 정도로 선택하는 것은 전부 내가 임의로 고른 것이다. 독자가 직접 판단해서 더 좋을 것 같다고 생각하는 값을 적용해도 좋다.

최적의 출력 가중치 계산을 위한 특이값 분해

출력 레이어가 마지막 은닉 레이어와 선형적으로 연결돼 있다면 우리가 SoftMax 기반의 분류 작업을 하는 것이 아니라면 수렴 지점은 출력 데이터가 될 것이며, 수렴 속도를 크게 높여주는 기법을 이용할 수도 있다. 평균 제곱 오차 값을 최소화시키는 것을 목표로 마지막 은닉 레이어의 활성화를 하나 이상의 출력 타겟에 매핑시키는 프로세스는 간단하게 일반적인 선형 회귀 방법으로 처리 가능하다. 그러면 왜 최적의 값을 명시적으로 정확하게 찾을 수 있는데, 굳이 우리가 담금질 모사 알고리즘 같은 랜덤한 탐색 방식을 이용해서 적절한 출력 가중치를 찾으려 하는 것일까? 그것도 맞는 말이지만, 회귀 알고리즘으로 이러한 가중치를 찾는 것은 알고리즘 자체가 다소 고비용이다. 하지만 임의의 은닉 레이어 가중치 데이터 그룹이 주어졌을 때 무엇이 이토록 완벽하게 최적의 출력 가중치를 구할 수 있는지 고려한다면 그렇게 큰 비용도 아니다.

담금질 모사 알고리즘(혹은 다른 종류의 랜덤 프로세스를) 이용해서 더욱 정교한 훈련을 위한 시작 지점을 찾으려 하는 경우 출력 가중치를 구해내기 위해 선형 회귀법을 이용한다는 점에 대해선 약간의 논쟁이 있다. 반드시 검색되는 파라미터의 개수는 줄어들고, 사용자는 어떤 은닉 레이어 가중치를 이용하든 상관없이 최적의 출력 가중치를 얻는다고 보장받는다. 하지만 다음 절에서 논의할 기울기를 활용한 방법 등, 더욱 정교한 훈련 알고리즘을 수행하는 과정에서 회귀 방법을 적용하는 것은 어떨까? 가중치에 대해 회귀 방법으로 계산된 출력 가중치 기울기 벡터는 이상적인 경우 0이 되므로, 무시해버릴 수 있다. 이는 최적화 문제를 처리 가능한 수준으로 만들어준다는 점에선 좋지만, 회귀 방법도 공짜는 아니다. 훈련 알고리즘을 수행하면서 절약되는 시간과 회귀 방법을 적용함으로 인해 증가되는 비용은 서로 트레이드오프 관계다. 뭐가 더 낫다고 말하기 힘들며, 내 선택은 훈련 알고리즘 쪽에 더 비중을 두고 회귀 방법은 조금 거리를 두자는 것이다. 다른 사람은 다른 생각을 가질 수도 있을 것이다.

전형적인 선형 회귀 방법은 역행렬 연산을 수반한다. 안타깝게도 신경망 분야에서 신경망은 종종 입력 변수들 혹은 도출되는 활성화 값들 간의 높은 상호관계성 때문에 계산을 거치면서 점차 유일한 데이터로 수렴하는 성격을 갖는다. 그러므로 반드시 공선형성^{collinearity}을 갖지 않는 다른 대안을 찾아야 한다. 이를 특이값 분해$^{\text{Singular Value Decomposition}}$라 부르며, 소스코드(SVDCMP.CPP)를 다운로드할 수 있다. 이 코드에는 올바른 알고리즘 활용을 위해 상세하게 적은 주석들이 들어있다. 전반적인 내용을 여기서 소개하고자 한다.

특이값 분해를 이용하려면 사용자는 다음과 같은 파라미터를 이용해서 반드시 첫 번째로 새로운 SingularValueDecomp 오브젝트를 생성해야 한다.

```
SingularValueDecomp (
    int nr , // 행의 개수(즉 데이터의 개수)
    int nc , // 열의 개수(마지막 은닉 레이어상의 뉴런 개수에 바이어스 항을 추가한 개수)
    int save_a ) // 이후에 참조하기 위한 입력 데이터 행렬을 저장할 변수
```

전반적인 형태만 소개하는 차원으로 수록한 다음 코드에서 데이터를 채워준 다음 특이값 분해 연산을 수행한다. 수행이 끝나면 각 출력에 대해 backsub()를 호출해 이 출력에 대한 최적의 가중치를 계산한다.

```
aptr = sptr->a ;// 데이터 행렬 포인터(ncases x nvars +1 바이어스 항 개수)

for (icase=0 ; icase<nc ; icase++) {  // 훈련 데이터상의 개개의 데이터
    for (ilayer=0 ; ilayer<nlayers-1 ; ilayer++) { // 각 은닉 레이어마다 수행
        for (i=0 ; i<nhid[ilayer] ; i++)
            // 이전 레이어로부터 현재 뉴런으로 전달되는 활성화 값을 계산
    } // ilayer로 루프 수행(각 은닉 레이어의 인덱스)

    // 이제 마지막 은닉 레이어상에서 활성화 값들을 얻은 상태
    for (i=0 ; i<nhid_final_layer ; i++)
```

```
     *aptr++ = this_layer[i] ; // 마지막 은닉 레이어의 활성화 값을 SVD 입력으로 이동
   *aptr++ = 1.0 ; // 바이어스에 해당하는 상수항
} // 모든 데이터들을 대상으로 루프 수행

sptr->svdcmp () ;

for (itarg=0 ; itarg<ntarg ; itarg++) {
   bptr = sptr->b ; // 참 값을 가리키는 포인터
   for (icase=0 ; icase<nc ; icase++)
     *bptr++ = targets[icase*ntarg+itarg] ;
   sptr->backsub ( 1.e-2 ,
       final_layer_weights+itarg*n_final_layer_weights ) ;
}
```

한 가지 기억할 점은 SVD의 수행 시간이 빠른 속도로 커진다는 점이다. 그러므로 규모가 큰 문제들의 경우(즉, 데이터와 마지막 은닉 레이어상에 뉴런이 매우 많이 존재하는 경우) 수행 시간의 정도는 쓸모가 없을 수준에 이르게 된다. 또한 어쩌다가 병리학적인 데이터들을 대상으로 하는 경우 SVD 알고리즘은 수치적으로 불안정해질 수 있다. 그러므로 프로그래머는 사용자가 SVD 옵션을 비활성화할 수 있도록 옵션을 제공해야 한다.

통계적 기울기 하강

이번 절에서 대략적인 윤곽을 소개할 기법은 조금 오래돼서 더 이상 많이 쓰이지 않으므로 일반적인 개념만 그려볼 것이다. 하지만 간단하면서 설명하기 쉽기 때문에 다른 정교한 알고리즘들을 다음 절에서 소개할 때 밑바탕이 될 수 있다.

어떤 함수의 기울기가 그 함수의 최대 기울기를 갖는 방향을 의미한다는 점을 상기하자. 그러므로 정의에 따라 반대 방향으로 조금만 움직이면 적어도 국소적으로는 그 함수의 최대 감소 방향으로 이동하게 될 것이다. 바로 이것이 기울기 하강 알고리즘의 원시적이지만 가치 있는 훈련 알고리즘이다. 이

알고리즘으로 임의의 시작 가중치 데이터들을 생성한 후 기울기를 따라 감소하는 쪽으로, 즉 반대 방향의 기울기로 이동시킨다. 가장 초기 버전은 한 번에 하나의 데이터를 이동시켰다. 즉, 단일 훈련 데이터를 대상으로 한 기울기 알고리즘을 계산하고, 다음 단계에서 감소하는 방향으로 이동시킨다. 그리고 나서 새로운 데이터가 선택되고 동일한 과정을 반복해나간다. 기울기의 기하급수적 완화 기법을 모멘텀^{momentum}이라 부르며, 이 기법을 이용하면 파라미터 이동성에 있어 마치 반경의 나선 운동하는 것과 같은 결과가 나오지 않도록 방지할 수 있다.

한편 어떤 개발자는 모든 데이터에 대한 기울기를 계산하고, 전체 훈련 데이터에 대한 평균값을 찾을 수 있는데, 이는 기울기의 가장 정확한 추정값을 구할 수 있다. 그러므로 이 방법은 보통 최솟값으로 수렴하는 결과를 얻을 때까지 계산이 반복되는 횟수가 가장 적다. 안타깝게도 전체 훈련 데이터를 대상으로 평균 기울기를 계산하는 것은 꽤나 시간 소모적인 일이 된다.

수년이 지난 지금, 일종의 타협안이 나왔다. 일반적으로 최고의 해결 방법은 이러한 (원시적인) 알고리즘을 이용했을 때 훈련 데이터를 작은 크기의 그룹들로 세세하게 나눠 랜덤하게 선택된 배치 그룹으로 처리하는 것이다(작은 크기로 나눠진 하나의 훈련 데이터 부분집합이 곧 하나의 배치가 된다. – 옮긴이). 하나의 배치를 대상으로 평균 기울기 값을 계산한 다음 그에 따라 가중치 조절한다. 그런 다음 다른 작은 배치들도 동일한 방식으로 처리한다. 어떤 값에 수렴하는 결과가 나올 때까지 이 과정을 반복한다.

이 방법은 배치 하나당 소요 시간과, 배치의 개수 사이 관계가 완벽하게 반비례하지 않기 때문에, 즉 완전한 트레이드오프 관계가 아니기 때문에 상대적으로 잘 동작한다. 특히 배치의 개수를 늘리면 일반적으로 배치당 소요 시간은 배치의 개수 증가율보다 더 빠르게 감소한다.

예를 들어 훈련 데이터를 100개의 배치로 나눈다고 해보자. 각 배치마다 얻어낸 기울기 값들은 높은 분산으로 분포되는 오차 값을 가질 것이므로, 전체 훈련 데이터에 대한 기울기 값을 계산하는 경우보다 더 많은 조절을 필요로 한다. 하지만 기울기 계산 횟수가 줄어드는 만큼 조절에 필요한 횟수가 빠르게 상승하진 않을 것이다. 100개의 배치로 나눈 예제에서 배치 하나당 소요 시간을 전체 훈련 데이터에 대한 평균 기울기를 계산하는 데 걸리는 시간보다 100배 더 적은 시간이 소요될 것이다. 하지만 우리는 아마도 50배만큼의 더 많은 배치만 필요할 것이다. 그러므로 전반적으로 2의 배수만큼 앞설 수 있다.

이러한 훈련 알고리즘은 다행히도 간단하고 초기 신경망 연구에 널리 사용됐음에도 두 가지 심각한 단점을 안고 있었다.

1) 매번 음의 기울기 방향으로 얼마나 먼 단계까지 나아가는지 알기 어렵다. 단계를 너무 적게 나아가면 그림 2.4에 나온 것처럼 수렴 결과를 얻을 때까지 엄청난 횟수의 단계를 필요로 한다. 하지만 단계가 너무 멀리 나아가면 결과 값이 오버슈팅돼 오히려 감소하는 것이 아니라 증가하는 결과를 얻을 가능성이 크다. 그리고 전혀 오버슈팅되지 않는다고 해도 그림 2.5에 나와 있는 것처럼 너무 멀리 값이 점차 튀거나 심각하게 나선형으로 요동칠 것이다.

2) 파라미터 함수로서 평가 기준 값들의 윤곽 형태는 드물게나마 무거운 공을 탄성이 있는 종이 한 가운데에 올려놓은 것 같은 모습으로 보인다. 사실 그림 2.4와 2.5는 이러한 최적화 문제의 어려움을 잘 보여주는 일반적인 상황을 보여준다. 오히려 함수의 형태는 대개 전형적으로 드넓은 평야를 가르며 형성된 바람 길이 형성되고, 비탈길은 가파르면서 협소한 그랜드캐니언 협곡 같은 모습을 띤다. 정의에 따라 기울기는 이러한 협곡의 '벽면'에 수직한 성분이므로, 간단한 형태의 기울기 하강은 마치 협곡의 벽면에 맞부딪치며 넓은 폭으로 지그재그 길을 형성하며 이리저리 튕겨나가는 운동을 하는 것처럼 보인다. 모멘텀 수정을 통한 이동 경로 완

화 기법이 도움이 되지만, 아주 올바른 정도로 완화되는 경우는 드물다. 다음 절에서 살펴볼 내용은 훨씬 더 월등한 훈련 기법이다.

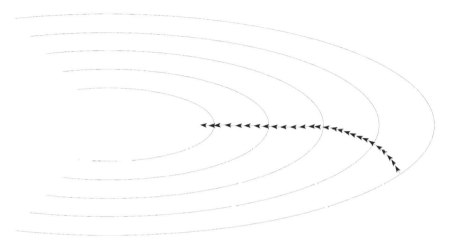

그림 2.4 기울기 하강률이 너무 작은 경우

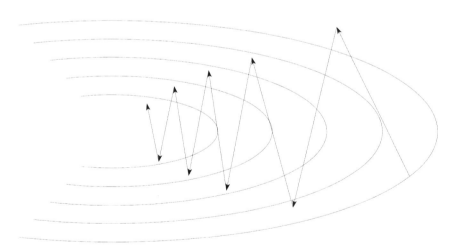

그림 2.5 기울기 하강률이 너무 큰 경우

기울기 최적화의 켤레 개념

이번 절에서는 다변량 최적화 알고리즘들 중에서도 효과적이면서 인기를 끌고 있는 한 가지 기법을 소개한다. 이 기법을 구현한 코드나 라이브러리는 쉽게 구할 수 있으므로, 여기서 코드적인 내용을 깊게 파진 않을 것이다. 하지만 이 알고리즘이 매우 중요한 신경망 훈련 알고리즘이기 때문에 내가 느끼기엔 적어도 대략적으로라도 알고리즘의 동작 원리를 설명해서 사용자가 구동 방식에 대해 어느 정도 이해할 수 있어야 한다고 본다. 이번 절은 몇 가지 수식을 동반하며, 이 수식들은 이 책의 범위를 벗어나므로 자세한 내용은 생략한다.

기울기 기법을 활용하는 데는 마치 마술과 같은 아름다움이 있다. 즉, 거의 혹은 완전한 성능을 보여주며, 완전 2차$^{second-order}$ 수렴 속도를 갖는다. 그러면서 연산이나 심지어 어떠한 2차 성분의 정보를 저장할 필요도 없다. 이는 엄청난 중요도를 갖는다. 한줌의 양보다 더 많은 변수를 최적화해야 한다면 n^2 헤시안^{Hessian} 행렬을 저장하거나 내부 요소들을 계산하는 것은 무거운 짐이 될 수 있다. 그리고 모든 2차 미분 요소들을 계산하는 것은 엄두를 못낼 정도로 값비싼 연산이 될 것이다. 2차 성분 정보를 기반으로 하지만, 마치 명시적으로 2차 미분과 관련 있는 어떤 것도 계산이나 저장을 못하는 것처럼 동작하는 알고리즘은 이런 기적에 한 걸음 다가선 것이다.

기울기를 활용하는 완전한 수학적인 내용은 전반적으로 복잡한 내용은 없지만, 다소 길고 지루해지기 쉽다. 그러므로 여기서는 피상적인 소개만 할 것이며, 직관적인 접근으로 다뤄볼 것이다. 이 알고리즘의 모든 걸 알고 싶은 독자는 일반적인 다변량 최소화법에 관해 다루고 있는 훌륭한 전공 서적들을 여러 권 읽고 고민하면서 공부해야 한다.

지능적인 최적화 알고리즘의 주요 목표는, 우리의 순진한 알고리즘을 괴롭히는 벽면을 튕기는 것처럼 요동치는 현상을 제거하는 것이다. 모멘텀이란 개념을 도입하는 것이 도움이 될 것이라고 언급했었지만, 그렇다고 문제를 완전히 해결하는 건 아니다. 명시적인 2차 방식은 2차 미분 값(혹은 근삿값)을 이용해서 기울기가 최솟값을 향하게 회전시키기 때문에 모멘텀을 이용하는 것보다 훨씬 더 좋은 결과를 낼 수 있다. 또한 얼마나 멀리 나아가는지, 나아가는 단계의 횟수를 최소화하기 위한 핵심적인 부분들에 대해 양질의 추정 결과를 제공해준다. 안타깝게도 대부분의 실제 문제 상황에서는 이러한 기법들이 그다지 경제적이지 못하기 때문에(저장 공간과 미분 연산 시간) 아무리 이론적인 성능이 좋게 나올 수 있다고 해도 그냥 단순하게 사용될 순 없다.

본래의 기울기 하강 기법과 관련해 이 방식으로 처리하기 어려운 근본적인 이유는, 우리가 매번 어떤 방향으로 하강할 때마다 이전 단계에서 어렵게 얻은 꽤 많은 양의 진척 결과를 잃어버리기 때문이다. 우리가 계산하는 것은 시작 지점에서의 기울기와 그 방향으로의 진행 단계 등이다. 새로운 지점에서의 기울기는 도약 jumping 거리를 잘 선택한 경우 첫 번째 검색 방향에 수직하게 된다. 그런 다음 이 새로운 방향으로 단계를 나아간다. 안타깝게도 거기에 도달하게 될 때 우리는 시작 지점에서의 기울기와 이번에 얻은 기울기가 크게 다를 바 없다는 결과를 발견하면서 실망하게 될 것이다. 이미 우리는 엄청난 노력을 들여서 기울기를 계산하고 있으며, 그리 오래 지나지 않아 동일한 방향으로 진행하고 있으므로, 이제는 반드시 우리가 이를 다시 수행해야 한다. 오 이런! 대신 이미 진행된 것을 되돌리지 않는 속성을 갖는 방향을 따라 이동시킬 수 있다면 더 좋지 않을까? 그럴 수 있다! 우리가 할 모든 것은 단지 이전 방향을 '활용하는' 방향(들)으로 최소화하는 것이다.

대부분의 독자들은 서로 다른 두 개의 벡터(방향)가 직교 혹은 수직으로 만난다는 것이 무슨 말인지 알 것이다. 다시 말하면 이것은 둘 중 하나의 벡터를 따라 이동시키면 다른 벡터를 따라서는 전혀 이동하지 않는다는 것이다. 수학적으로는 두 벡터의 적이 0이 됨을 의미한다.

그러면 한 쌍의 벡터를 조합해서 활용하는 건 무슨 뜻일까? 이 개념은 완전히 다른 의미를 갖는다. 가장 큰 차이는 정교성^{orthogonality}이란 개념이 한 쌍의 벡터와만 연관된다는 점이다. 켤레^{conjugacy}라는 개념은 부가적으로 2차^{quadratic} 함수와 연관된다(즉, 다변량의 다항식에서 2차보다 높은 고차 항이 존재하지 않는다). 다른 말로 하면 두 개의 벡터를 생각 없이 그냥 켤레화^{conjugate}할 수 없다는 것이다. 두 개의 벡터가 어떤 2차 함수에 관해 서로 켤레가 된다고 말하는 것이 더 정확한 표현이 되겠다. 실제 문제 상황에서는 2차 함수가 어떤 형태인지 알고 있다는 전제를 갖으며, 그래서 보통은 이에 대해 어떤 설명도 생략한다. 하지만 독자는 반드시 이 함수의 존재가 매우 중요하다는 점을 이해하고 있어야 한다. 이제는 두 개의 벡터(말하자면 r과 s)가 서로 켤레를 이룬다는 말이 내포하는 것이 무엇인지 말할 수 있다. 즉, 두 벡터 중 하나(말하자면 r)를 따라 이동할 때 그 함수의 기울기 방향으로의 이동은 다른 벡터(이 경우 s)에 수직을 이룬다는 걸 의미한다. 이 조건에 동등한 수학 공식이 증명 과정 없이 식 (2.20)에 나와 있다.

증명 과정에 대해서는 시중의 여러 참고 도서를 통해 확인해보자. 이 식에서 H는 원래 함수를 2차 미분한 함수의 헤시안 행렬을 나타낸다.

$$r'Hs = 0 \qquad\qquad (2.20)$$

함수 최소화에 내포된 의미는 무엇일까? 가장 먼저 강조할 사항은 켤레성의 정의가 곧 상수 헤시안 행렬을 갖게 된다는 의미를 내포하는 함수의 최대 차수가 2차라는 점에 의존한다는 점이다. 현실에서 이런 축복과도 같은 일이 발생할 확률은 없으므로, 우리가 말하려고 하는 모든 것은 원래 함수가 2차 함수가 아니라는 정도까지 타협이 될 것이다. 반면 여러 가지 실질적인 함수들은 거의 일정한 행렬을 가지며, 특히 최소한 지금 부근에서 더 일정한 경향을 갖는다. 그러므로 일반적으로 봤을 때 지금처럼 전제하고 있는 가정 하에서는 우리가 꽤나 안전하다고 볼 수 있다.

이와 같은 주의 사항을 염두에 두고 최소화에 대해 생각해보자. 어떤 지점에서 시작을 해 그곳에서 기울기를 계산하고, 그 기울기의 음의 방향으로 나아간다. 포부가 크다면 효율적인 알고리즘을 이용해 심지어 기울기를 따라 최솟값을 향해 내려가려고 할 수도 있다. 이러한 동작은 기울기가 필요 없이 단지 평가 기준만 계산하면 된다. 순수하게 접근하는 방법은 기울기를 다시 계산하고(그 기울기 방향을 따라 최소 위치에 와있는 경우), 이전 탐색 방향에 수직한 기울기를 갖는지 확인한 다음 한 번 더 내려가는 것이다.

하지만 이렇게 하는 대신 첫 번째 탐색 방향에 켤레가 되는 방향을 계산하고 그 기울기 선을 따라 최소화 값으로 이동했다면 어떻게 될까? 켤레성의 정의에 따라 기울기에 변화가 생기면 그 결과는 이전 탐색 방향에 정교한 방향으로 최소화 이동을 하게 된다. 다른 말로 하면 이미 이전 탐색 방향에 따라 최소 위치에 놓여있다면 이 방향을 따라 계속 최소 위치에 남아있게 될 것이다. 이러한 새로운 최소화 결과는 이전 단계에서의 최소화 과정에서 우리가 얻는 것들 중 그 어떤 것에 대해서도 아무런 비용을 요구하지 않는다. 이는 순수하게 가장 가파른 기울기로 하강하는 경우 음의 기울기 방향에서 각 단계는 이전 방향을 따라 진행하면서 이미 많은 비용을 요구하게 된다는 점과 명확하게 대조된다.

이제 예제를 살펴보자. 그림 2.6과 식 (2.21)을 살펴보자. 명시적인 위치들과 연관돼 있는 하나의 특수한 데이터와 탐색 방향이 그려져 있다.

$$f(x, y) = x^2 + y^2 - 1.5\,x\,y$$
$$\frac{\partial f}{\partial x} = 2\,x - 1.5\,y$$
$$\frac{\partial f}{\partial y} = 2\,y - 1.5\,x \qquad (2.21)$$
$$\frac{\partial^2 f}{\partial x^2} = \frac{\partial^2 f}{\partial y^2} = 2$$
$$\frac{\partial^2 f}{\partial x\,\partial y} = -1.5$$

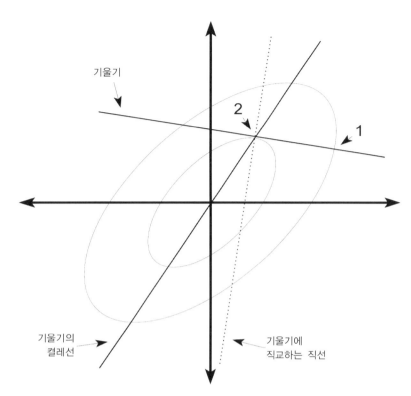

그림 2.6 2차원 공간에서 기울기 최적화를 적용하는 모습

이 예제는 단 두개의 독립 변수만 다루는 원시적인 상황이며, 더불어 위와 같이 최소화가 적용되고 있는 식 (2.21)의 함수는 완벽하게 2차 함수다. 하지만 이 함수의 기하학적인 측면을 중점으로 연구해보면 몇 단계를 거쳐 실제로 동작하는 걸 직관적으로 이해하기 쉽다. 독자들은 희망하건데 켤레 기울기 기법의 성능을 더 높이 평가할 것이다. 식 (2.21)을 자세히 보면 단지 함수의 형태뿐만 아니라 어떻게 임의의 점에서의 기울기를 계산하는지 알 수 있다. 또한 헤시안이 두 대각선 모두에 대해 2.0으로 일정하다면 남은 대각 위치에서는 −1.5라는 것도 확인된다. 다음과 같은 논의가 간결하긴 하지만, 대부분의 독자들은 개개의 단계들을 확인할 수 있어야 한다. 사실 이는 권고 사항이다.

최솟값을 찾아나갈 대상인 2차 함수가 존재한다고 해보자. 탐색은 임의로 선택한 위치인 포인트 1(6, 4)에서 시작한다. 이 위치에서의 기울기 값은 (6, −1)이 된다. 이 기울기를 따라 포인트 1을 지나는 직선은 그림에 나와 있는 두 가지 레이어로 감싸고 있는 타원형의 내부를 관통한다. 예상했듯이 기울기가 이 지점에서의 타원형의 기울기에 수직한다는 점에 주목하자. 이 직선을 포인트 1 더하기 t에 기울기를 곱한 함수로 파라미터화 하면 t에 대해 이 함수를 미분한 결과는 $92t + 37$이 된다. 이 함수를 0과 같다고 둬서 함수가 기울기 직선을 따라 최솟값이 되는 t 값을 구해보면 $t = -0.4022$가 되며, 이는 대략적인 최소 위치(3.587, 4.402)를 말해준다. 이 직선의 최소 위치를 포인트 2로 정한다.

여기까진 모든 것이 직관적으로 이해됐을 것이다. 이제 중요한 부분이 나온다. 우리가 단순하게 새롭게 구한 포인트 2에서 기울기를 계산한 후 순수하게^{naively} 이 방향에 따라 최소화하게 되면 그 결과는 다음과 같은 점선이 나온다. 이런 결과는 매우 적절치 않지만, 그렇다고 아주 안 좋은 것도 아니다. 대신 컬레 방향$^{conjugate\ direction}$을 계산해보자(단 두 개의 독립 변수가 존재하기 때문에 여기서는 컬레가 되는 방향이 딱 하나 뿐이다. 더 많은 변수가 존재하면 컬레 방향도 더 많아진다). 식 (2.20)을 이용해서 컬레 방향을 계산한다. r을 기울기 방향이라고 가정하고, H를 헤시안 값이라고 하자. $s = (x, y)$라고 하면 $13.5x + 11y = 0$이 된다. 그림 2.6을 보면 포인트 2를 지나면서 이 방향을 따르는 직선은 위 함수의 최소 지점을 정확하게 지나간다! 사랑스럽게도 말이다!

사실, 이런 결과를 보게 될 것이라 예상한 건 아니다. 실제로 n개의 변수들이 완벽하게 2차 함수로 표현된 함수를 최소화한다면 n개의 직선들이 서로 컬레가 되는 방향으로 최소화되는 결과들은 전부 최소 위치를 찾는 데 필요한 요소가 된다는 사실을 증명할 수 있다. 컬레가 되는 방향들이 갖는 의미가 무엇인지 상기해보면 직관적으로 이를 이해할 수 있어야 한다. 매번 이 방향들 중 하나를 따라 최소화 위치를 구할 때마다 이전 최소화 결과들은 그대로 보존된다. 같은 방식으로 n번 반복하면 모든 방향에서 최소 위치에 놓이게 된다. 모든 방향들이 전체 공간에 걸쳐 퍼져있는 한 이는 더할 나위 없는 결과이며, 쉽게 증명할 수 있다.

매우 좋은 결과지만, 지금까지 우리가 특별히 대단한 일을 한 건 아니다. 이전 탐색 방향과 켤레가 되는 방향을 계산할 때 무심코 헤시안의 중요성을 지나쳤다. 이번에 다루는 예제가 단순하게 고안된 것이기 때문에 헤시안이 어떤 값을 갖는지 알고 있었다. 안타깝게도 현실의 문제들을 대상으로 할 때는 헤시안 값을 계산하기 어렵거나 불가능하다. 이렇게 경제적으로 계산해낼 수 있는 보기 드문 예제 데이터들의 경우 뉴턴이 고안한 알고리즘이나 비슷한 부류를 이용할 수도 있다. 여기서 마법과 같은 일이 일어난다.

g_i를 우리의 최소 위치 탐색을 위해 i번째 위치에서 계산한 음의 기울기 값이라고 하자. 그리고 이 위치에서 다시 탐색을 진행할 방향을 h_i라고 하자. 알고리즘을 초기화하기 위해 g_0과 h_0 값을 모두 시작 위치에서의 음의 기울기 값으로 설정한다. 개개의 단계마다 우리는 반드시 기울기 값들과 이전 단계에서 구한 탐색 방향(하지만 한 단계만 앞서서 구한 방향을 말한다)을 지속적으로 따라가야 한다. 식 (2.22)를 이용해 현재 단계에 해당하는 탐색 방향을 계산한다.

$$\gamma = \frac{(\mathbf{g}_i - \mathbf{g}_{i-1}) \cdot \mathbf{g}_i}{\mathbf{g}_{i-1} \cdot \mathbf{g}_{i-1}}$$

$$\mathbf{h}_i = \mathbf{g}_i + \gamma \mathbf{h}_{i-1}$$

(2.22)

개개의 연속적인 탐색 방향마다 존재하는 최솟값을 신중하게 찾는 한 h_i 탐색 방향의 순서가 서로 켤레를 이루며 일정한 헤시안 값을 유지한다는 사실을 볼 수 있다. 이렇게 놀라운 결과는 아무리 강조해도 지나치지 않는다. 이렇게 해서 다변량 최적화 문제의 신성한 성배를 얻게 됐다. 바로 헤시안 값이 무엇인지 몰라도 일단 서로 켤레를 이루게 되는 일련의 탐색 방향 결과를 말이다. 사실 헤시안 값을 계산하지 않게 하는 다른 일부 알고리즘과는 다르게(예: Levenberg-Marquardt) 이 알고리즘은 심지어 헤시안의 근삿값을 저장해야 할 필요도 없다. 유일하게 필요한 여유 저장 공간은 겨우 기울기 및 이전 단계로부터 계산한 탐색 방향 등을 저장해둘 몇 개의 벡터가 전부다. 내가 생각하기에 이 알고리즘은 현대 수학이 발견한 일곱 가지 놀라운 사실들 중 하나에 속할 정도로 대단한 것이다.

눈치 빠른 독자라면 즉시 이 알고리즘이 모멘텀을 갖는 전형적인 역전파 알고리즘과 유사하다는 걸 알아챘을 것이다. 식 (2.22)의 두 번째 줄은 새로운 탐색 방향이 현재 위치에서의 기울기에 어떤 스칼라 값을 더한 뒤 이전 탐색 방향 값을 곱한 결과라는 걸 보여준다. 단, 차이점이 있다면 다음과 같이 두 가지가 있다. 과거 모멘텀을 갖는 역전파 알고리즘에서는 한 스텝의 크기가 미리 예정된 스케줄에 따라 정해지는 반면, 켤레 기울기 알고리즘에서 이 스텝의 크기는 탐색 방향을 따라 최소 위치가 되는 것으로 신중하게 선택된다는 것이다.

또한 전형적인 모멘텀을 갖는 역전파 알고리즘에서는 함수를 구성하는 항들이 고정되거나 어떤 스케줄에 따라 느리게 변했다. 켤레 기울기 알고리즘에서 모멘텀은 매번 새로운 단계마다 최적으로 조절된다. 사실 이러한 점들이 성능상의 큰 차이를 가져온다.

3

제한된 볼츠만 머신

3장에서는 Deep Belief Nets의 블록을 구성하는 가장 일반적일 수도 있는 방법을 살펴본다. 바로 제한된 볼츠만 머신[RBM, Restricted Boltzmann Machine]이라는 이론이다. 찾아보면 RBM에 대해 다룬 훌륭한 서적들이 많다. 처음 접하는 사람에게 추천할 만한 책은 요슈아 벤지오[Yoshua Bengio]가 2009년 저술한 상대적으로 간략한 『Learning Deep Architecture for AI』란 책이다. 이 책에는 기가 막히게 훌륭한 배경 설명과 보충 자료들이 가득하다. 실질적인 훈련 RBM의 적용 방법이 궁금한 독자라면 제프리 힌튼[Geoffrey Hinton]이 2010년 저술한 『A Practical Guide to train Restricted Boltzman Machine』이란 책만 한 것이 없다. 또한 제프리 힌튼 교수가 저술한 수많은 기술 논문들은 RBM을 눈부실 정도로 상세하게 다루고 있다. 마지막으로 deeplearning.net이라는 사이트 역시 믿기 힘들 정도로 좋은 리소스다. 이렇게 엄청난 자료들 덕분에 여기서 불필요한 설명은 생략한다. 이 책은 여기서 제시하는 프로그램을 이해하기 위한 목적으로 RBM 이론 중 정말 필요한 부분만 설명한다.

제한된 볼츠만 머신이란?

RBM은 본질적으로 두 개의 레이어로 구성된 신경망인데, 특이한 점은 양방향으로 뉴런들이 연결돼 있으며 일부는 랜덤하게 제어된다는 것이다. 또한 여기서 다루는 RBM은 엄격하게 0 아니면 1인 바이너리 값으로 은닉 레이어의 뉴런들이 내보내는 활성화 값을 계산하며, 입력 또한 바이너리 데이터를 선호한다는 것이다. 연속적인[continuous] 입력과 은닉 레이어의 경우 활성화 값을 계산하기가 훨씬 더 복잡하고 고약하다. 이들에 대한 연구는 지금도 초기 단계에 머물러 있다.

어떤 RBM은 출력 레이어가 없는 것도 있다. 이 머신은 한 개의 입력 레이어 (보통 RBM 분야에서는 이를 가시층이라고 부름)와 나중에 더 자세히 다루겠지만 종종 출력으로 사용되는 하나의 은닉 레이어를 갖는다.

전형적인 피드포워드 신경망 이론에서 어떤 레이어가 주어졌을 때 뉴런의 활성화 값을 계산하는 방법을 상기해보자. 먼저 이전 레이어상에서 유도되는 활성화 값과 가중치 벡터와의 내적을 구한 다음, 바이어스 항을 더해서 로지스틱 활성화 함수에 이 값들을 대입하면 현재 레이어의 활성화가 계산된다. RBM도 이와 동일한 방식이 적용되지만, 한 가지 차이점이 있다. 입력이 주어졌을 때 은닉 뉴런의 활성화를 결정하는 과정 대신, 뉴런이 1이라는 값(0과 상반되는 개념으로)을 가질 확률을 결정한다. 그런 다음 은닉 뉴런을 이 확률로 랜덤하게 0이나 1 값으로 설정한다. 이 알고리즘이 바로 식 (3.1)에 나와 있다.

D개의 열로 구성된 가중치 행렬 W가 있다. 각 열은 개개의 입력(가시 뉴런)에 대응되며, 각 열마다 존재하는 행의 개수는 각 은닉 레이어의 뉴런 개수와 같다. 바이어스 c와 입력(가시 뉴런) v는 열column 벡터다. $W_{i.}$는 가중치 행렬의 i번째 행을 나타내며, c_i를 전체 은닉 레이어의 바이어스 벡터에서 i번째에 해당하는 바이어스라고 하자. 그러면 은닉 레이어의 i번째 뉴런이 0이 아닌 1을 가질 확률은 식 (3.1)로 주어진다. 여기서 $f(,)$는 식 (1.4)에 나와 있는 로지스틱 함수다.

$$\mathrm{P}\left(h_i = 1 \mid v\right) = f\left(c_i + W_{i.} v\right) \qquad (3.1)$$

이렇듯 이진 데이터를 가진다는 성질과, 통계적 확률이 연관된다는 점과 별개로 RBM이 기존 신경망과 차별화되는 점은 양방향성을 갖는다는 사실이다. 우리가 앞서 살펴봤던 사실은, 하나의 입력(가시 뉴런) 벡터가 주어졌을 때 개개의 은닉 뉴런이 1이 될 확률을 계산할 수 있다는 것이었다. $W_{.j}$가 가중치 행렬의 j번째 열을 의미한다고 가정해보자. 그리고 b_j를 가시 뉴런 바이어스 벡터에서 j번째에 해당하는 바이어스라고 해보자. 그러면 일부 은닉 뉴런들의 상태들을 나타내는 h에 대해 j번째 가시 뉴런이 1이 될 확률(0일 확률과 비교해서)을 다음 식과 같이 나타낼 수 있다.

$$P\left(v_j = 1 \mid \boldsymbol{h}\right) = f\left(b_j + \boldsymbol{W}'_{\cdot j}\,\boldsymbol{h}\right) \qquad (3.2)$$

여기서 매우 흥미로운 사실을 발견할 수 있다. 가시 뉴런 v가 어떠한 임의의 상태를 갖는다고 했을 때 식 (3.1)을 이용해서 은닉 뉴런의 값을 앞 단계에서 계산해놓은 확률 값에 따라 임의로 상태가 정해진다고 가정해보자. 그러면 식 (3.2)를 이용해서 랜덤하게 가시 뉴런의 상태를 정할 수 있다. 이러한 '거꾸로 되돌아온bounced back' 입력을 식 (3.1)에 적용하면 새로운 은닉 레이어 활성화 값을 얻을 수 있다. 이 과정을 여러 번 반복해보자(첫 번째 단계로 은닉 뉴런을 임의의 초기 상태로 정하고 식 (3.2)을 이용해볼 수 있다). 상당히 여러 번에 걸쳐 계속 앞뒤 반대 방향으로 반복해보면 상태의 순서sequence of states가 안정화stable된 마르코프 체인Markov chain으로 수렴한다. 이때 수렴 결과를 얻는 비율을 혼합 속도mixing rate라 부르며, 이 비율은 가중치 W에 의존하지만(즉, 더 작은 가중치는 더 빠른 혼합을 유도한다), 일반적으로 충분히 실용적으로 사용할 수 있을 만큼 빠르다. 일단 마르코프 체인 값이 안정화된 수렴 범위 안에 들어 오면(검증할 순 없지만 실질적으로 합당한 횟수만큼 반복한 다음 일어나는 결과에 의존할 수는 있다) 동일한 과정을 여러 번 반복해서 얻어낸 가시 레이어와 은닉 레이어의 활성화 값들로 가중치 행렬과 바이어스 벡터에 의존하는 확률 분포로부터 임의의 샘플을 표현하게 된다(RBM에 대한 이해가 선행돼야 하므로, 인터넷 검색이나 위에서 소개된 저서를 통해 충분히 이해한 다음 위 설명을 읽어보길 권장한다. 첨언하자면 기본적으로 RBM은 기존의 볼츠만 머신의 구조를 제한함으로써 실용적인 결과를 얻을 수 있게 고안된 신경망이다. 가시 레이어와 은닉 레이어, 두 개의 레이어로만 구성된 특수한 구조를 가진 덕분에 가시 레이어 → 은닉 레이어로의 전파와 거꾸로 은닉 레이어 → 가시 레이어로의 전파를 서술하는 식이 (3.1), (3.2)와 같이 동일한 형태를 띤다. 또한 RBM에는 열역학적 관점에서의 에너지 개념이 들어가는데(홉필드라는 물리학자가 제안한 홉필드 신경망에 근거해), 이는 마치 수많은 분자들이 서로의 에너지를 주고받으면서 전체 온도 에너지가 낮아지고 안정화된 상태에 도달하며, 에너지의 변화 비율 역시 줄어든다는 자연 법칙을 모티브로 한다. 이와 같은 원리로 여러 번 가시 레이어와 은닉 레이어가 서로에게 영향을 주고받으며, 안정화된 상태에 수렴할수록 확률 값은 자연스레 커지게 된다. RBM의 수식을 보면 에너지가 작을수록 확률은 커진다. - 옮긴이).

물론 이들이 서로 독립적으로 되는 건 아니지만, 가중치와 바이어스의 영향을 받아 형성되는 확률 분포로 정직하게 분포된다는 점에서 어느 한쪽으로 치우쳐지진 않을 것이다.

그럼 뭐가 문제인가? 이 머신을 이용하기 위해서는 가중치 행렬, 은닉 뉴런 바이어스 벡터, 그리고 가시 뉴런의 바이어스 벡터 등의 파라미터들을 정의하게 된다. 그 결과로 고정된 확률 분포를 갖는 가시 레이어와 은닉 레이어의 뉴런들에 대한 상태 값들을 랜덤하게 샘플링해 얻는다. 여기에 뭔가 이상한 점이 있는가?

수집된 훈련 데이터 집합은 (짐작컨대) 일정한 확률 분포를 따르는 어떠한 우주의 순리로부터 취득된 가시 상태의 랜덤한 샘플들이다. 식 (3.1)과 (3.2)를 번갈아서 연쇄적으로 적용되는 마르코프 체인으로 생성된 가시 뉴런의 랜덤한 상태 값들이 이루는 분포가 훈련 데이터의 분포를 모사하는 파라미터를 찾을 수 있다면 어떨까? 이게 가능하다면 훈련 데이터의 구조를 표현할 수 있게 된다. RBM은 데이터가 형성하는 패턴을 은닉encapsulate할 수도 있다. 특히 식 (3.1)과 (3.2)는 입력 벡터와 은닉 뉴런 활성화(데이터가 형성하는 패턴을 기반으로 한) 사이에 존재하는 명시적인 매핑 원리를 정의하고 있다. 그러므로 은닉 뉴런들은 입력들이 종종(거의 대부분의 상황에서!) 더욱 명확한 정보 표현을 제시한다. 게다가 입력보다 은닉 뉴런의 수가 더 적은 경우 그 표현은 더욱 함축compact적이게 된다.

재구조화 오차

입력 벡터와 은닉 뉴런 활성화 벡터를 서로 매핑해주는 좋은(어떤 의미로 해석했을 때) 양방향 연결을 제공하는 파라미터들을 찾을 수 있다고 해보자. 그러면 식 (3.1)을 이용해서 입력 벡터를 은닉 뉴런 활성화 벡터에 매핑한 다음에 식 (3.2)를 이용해서 계산된 활성화 값을 다시 가시 레이어에 거꾸로 전파시킬 때 얻어낸 가시 레이어의 활성화가 원래의 입력을 따라 유사해진다고 생각하는 것이 합리적이다. 이게 바로 대안이 되는 정보 표현 방법의 전부다.

이러한 식들을 이용해서 확률을 정의하고 0이나 1 값으로 활성화 값들을 정의하게 샘플링하는 것은 받아들일 수 있지만, 이런 식의 샘플링은 다소 짜증나는 랜덤한 샘플링으로 하여금 우리가 다소 결정적인^{deterministic} 측정값으로 되도록 유도한다. 이런 이유로 인해 우리는 전체 은닉 레이어와 가시 레이어의 확률 벡터를 정의하는 식 (3.3)과 (3.4)가 보여주는 것처럼 양방향으로 확률 값에 의존하는 경향을 갖는다(식 (3.3)과 (3.4)를 보면 가시와 은닉 레이어 벡터가 서로 함수의 인자로서 존재하는데, 이러한 특징이 양방향성을 갖도록 유도한다. - 옮긴이).

여기서는 로지스틱 함수 $f(.)$이 벡터의 요소마나 작용된다. 나중에는 활성화에 대해 엄격하게 h와 v를 사용하겠지만, 3장에서는 간단한 표현을 위해 확률 함수로 표현하겠다.

$$h = f(c + Wv) \qquad (3.3)$$

$$v = f(b + W'h) \qquad (3.4)$$

v_i가 재구조화된 벡터 v의 i번째 요소이고, x_i도 비슷하게 입력 벡터 x의 i번째 요소라고 하자. 그러면 오차를 다시 생성하는 가장 일반적인 방법은 식 (3.5)와 같은 평균 제곱 오차다. 이진^{binary} 데이터가 입력되거나, 이항^{binomial} 확률로 입력이 전달된다고 가정하면 식 (3.6)과 같은 교차 엔트로피^{cross entropy}가 극도로 오류가 많은 재구조화 결과에 더 민감하게 반응하기 때문에 이러한 엔트로피를 선호할 수도 있다(v_i가 0이나 1에 매우 근사한 값을 갖는 동시에 x_i는 반대의 값, 즉 1이나 0에 매우 근사한 경우 어떻게 될지 생각해보자). 이러한 두 벡터 데이터에 대한 엔트로피의 크기^{quantity}는 전체 훈련 데이터들에 걸쳐서 평균화될 것이다.

$$ReconErr = \sum_i (v_i - x_i)^2 \qquad (3.5)$$

$$ReconErr = -\sum_i \left[x_i \log(v_i) + (1-x_i)\log(1-v_i) \right] \quad (3.5)$$

직관적으로 생각해보면 둘 중 어떤 것이든 적절한 파라미터들을 찾는 데 훌륭한 기준이 될 수 있다고 볼 수 있다. 이렇게 직관적인 생각은 잘못된 생각일 것이다. 훈련 데이터에서 입력 데이터를 재생산하는 것이 목적이라면 이 두 가지 모두 탁월한 기준으로 사용될 수 있지만, 그런 목적을 삼는 것 자체가 매우 드물다! 어떠한 대체 가능한 표현도 존재하지 않는 간단한 항등 변환identity transform이 완벽한 재구조화를 이룰 수 있을 것이다. 샘플에서 추출돼서도 나타날 수 있는 적합한 패턴을 은닉화하는 것이 진정 목적으로 삼을 수 있는 것이다. 이러한 임무를 위해서는 재구조화 오차라는 학습 진도를 관찰하기 위해 유용하게 쓸 수 있는 양적 기준이 있다고 해도 아주 어려운 최적화 기준이 필요하다. 장점이 없는 것이 아니라 그저 우월성supremacy이 없는 것이다.

최대 발생 가능 훈련

이번 절에서는 대부분, 특히 도입 부분에서 이론적인 내용에 충실할 것이며, 수학적인 내용이 어렵게 느껴지는 독자는 그냥 넘어가도 좋다. 여기서 다루는 내용은 RBM 프로그래밍에서 전혀 쓰이지 않으며, RBM 알고리즘을 이해하는 데 꼭 필요한 것도 아니다. 여기에 이런 내용을 다루는 목적은 단지 흥미가 있을 법한 독자들이 왜 실질적인 상황에서 우리가 하고 싶을 만한 것들을 할 수 없는 것인지 알게 해주려는 것이다. 쉽게 마음먹은 대로 풀리지 않는 것이 인생이며, 이것이 그러한 이유들 중 하나다(아무튼 우리들 중 몇몇을 위해서다).

다시 앞에서 다뤘던 식 (1.3)을 살펴보자. 이 식에서는 어떻게 바이어스가 간단하게 가중치 행렬 안에 삽입되는지 살펴봤다. RBM의 경우 이렇게 간단하게 삽입할 수 있는 경우는 거의 없다. 대부분의 경우 우리는 은닉 레이어와 가시 레이어의 바이어스를 가중치 행렬과는 별개의 벡터로 간주할 것이며, 특히 프로그램 구현 과정에서 드러날 것이다. 하지만 간단한 설명을 위해 대부분의 경우 하나의 가시 뉴런과 하나의 은닉 뉴런에 암묵적으로 상수 값 1을 포함시켜서 이들의 가중치가 그에 해당하는 바이어스가 되도록 하는 것이 바이어스 벡터를 가중치 행렬에 삽입시키는 데 용이하다.

이를 염두에 두고 가중치 행렬 W를 갖는 RBM 신경망 모델에 대해 생각해보자. 이제 식 (3.7)에 나와 있는 것처럼 이 모델을 구성하는 가시 뉴런과 은닉 뉴런의 스칼라 에너지를 정의해보자. RBM 모델을 완벽히 정의해주는 임의의 W가 주어지면 가시 레이어와 은닉 뉴런들이 갖는 확률이 식 (3.8)로 주어지며, 이 식에서 $Z(W)$는 식 (3.9)와 같이 쓸 수 있고, 이 변수는 모든 확률 값들의 합이 1이 되도록 해주는 정규화 용도로 쓰인다.

$$E(v, h, W) \;=\; -h'Wv \tag{3.7}$$

$$P(v, h \mid W) \;=\; \frac{1}{Z(W)} \exp\!\left(-E(v, h, W)\right) \tag{3.8}$$

$$Z(W) \;=\; \sum_v \sum_h P(v, h \mid W) \tag{3.9}$$

첫 번째로 얻는 힌트는 우리가 식 (3.9)에 대해 연구할 때 의문이 꼬리에 꼬리를 물며 끝나지 않는다는 점이다. 이 식에 존재하는 두 개의 합산 기호의 적용 범위는 신경망에 존재하는 모든 가시 및 은닉 레이어에 걸쳐 있으므로 합산되는 항들의 총 개수는 전체 뉴런 개수의 제곱이 된다. 헉! 이럴 수가!

앞에서 논의했던 부분을 기억해보면 오차의 재구조화는 흥미로우면서도 관찰에 유용하지만, 최적의 RBM 모델을 찾기에는 이상적이지 못하다. 우리의 궁극적인 목표는 그저 입력을 다시 뱉어내는 것보다 훈련 데이터가 형성하는 진정한 패턴들을 은닉하는 모델을 찾아내는 것이다. 그러한 모델은 당연히 훈련 데이터의 분포를 다시 만들어낼 수 있으며, 그렇기 때문에 훈련 데이터의 발생 가능 확률을 최대화해주는 모델을 그토록 찾으려고 노력하는 것이다. 다시 말해 관찰했던 훈련 데이터를 생성할 최대 확률로 이뤄진 모든 존재 가능한 가중치 행렬들 중에서 최대의 발생 가능 확률을 누리는 가중치 행렬을 추구한다는 것이다.

식 (3.9)에 놀라 몸서리쳤었지만, 최대 발생 가능 확률을 갖는 가중치 행렬을 찾는다는 목표를 향해 나아갈 것이다. 하나의 훈련 데이터 x가 가질 수 있는 확률에 로그를 취한 결과는 식 (3.10)과 같이 식 (3.8)에 나와 있었던 모든 은닉 뉴런들의 상태 값들을 합산한 결과에 로그를 취한 것으로 구할 수 있다. 즉, 초기에 SoftMax 최대 발생 가능 확률을 구했을 때처럼 곱의 형태를 갖는 확률 값을 곧바로 이용하지 말고 로그를 취해 이용하자. 이렇게 개개의 데이터마다 갖는 로그 발생 가능 확률을 합산함으로써 전체 훈련 집합의 로그 발생 가능 확률을 구할 수 있다.

$$\log P(x \mid W) = \log \sum_{h} \exp(-E(x, h, W)) - \log Z(W) \qquad (3.10)$$

은닉 레이어와 가시 레이어 둘 다가 아니라 단지 은닉 레이어의 상태 값들만 합산하기 때문에 식 (3.10)의 첫 번째 항은 식 (3.9)에서의 이중 합산과 같은 상황을 만들진 않는다. 그래도 여전히 모든 작은 모델에 대해서는 파악하기 힘들 것이다. 작은 규모의 '연구research' 문제에서는 중간 항들에 대해 식 (3.7)과 (3.9)를 이용하면 쉽게 이를 계산할 수 있기 때문에 아직까지는 우리의 도구 상자 안의 연장처럼 다루기 쉬운 수식에 속한다.

식 (3.10)을 W의 개별 원소들에 대해 편미분하면 식 (3.11)과 같은 결과를 얻는다. 식 (3.12)가 좀 더 일반적인 편미분 방정식의 형태를 취하고 있으며, 명시적인 계산이 아니라 근사적인 기대치를 얻기 위한 랜덤 샘플링을 수반하므로 우리가 사용하기에도 더 적합하다. 식 (3.12)에서 괄호는 유명한 분포하에 통계적 기대치를 나타낸다.

$$\frac{\partial \log P(\boldsymbol{x} \mid \boldsymbol{W})}{\partial w_{ij}} = \sum_{h} x_j h_i P(\boldsymbol{h} \mid \boldsymbol{x}, \boldsymbol{W}) - \sum_{v} \sum_{h} v_j h_i P(\boldsymbol{v}, \boldsymbol{h} \mid \boldsymbol{W}) \quad (3.11)$$

$$\frac{\partial \log P(\boldsymbol{v} \mid \boldsymbol{W})}{\partial w_{ij}} = <h_i v_j>_{\boldsymbol{W}, TrainingSet} - <h_i v_j>_{\boldsymbol{W}} \quad (3.12)$$

별로 놀랄 것도 없지만 첫 번째 항을 양의 항[positive term]이라고 부르며, 다루기가 쉽다. 단순히 훈련 데이터 속에서 데이티를 하니 골라낸다. 그런 다음 주어신 가중치 행렬 W에 대해 선택된 훈련 데이터로서 바이어스 없는 은닉 레이어 h의 샘플을 얻어낸 다음, 식 (3.1)을 적용한다. 위와 같이 주어지는 방정식으로 구한 확률 값을 이용해서 h_i의 샘플을 0이나 1로 취득할 수 있다. 아니면 그 확률 값 자체를 사용할 수도 있다. 나중에 기울기 알고리즘에 대해 다루면서 언제 반드시 0/1 샘플을 써야 하고 언제 확률 값을 쓰는 것이 더 좋을지 살펴볼 것이다.

식 (3.11)의 두 번째 항을 음의 항[negative term]이라고 하는데, 안타깝게도 실제 문제 상황에서는 가시 레이어와 은닉 레이어에 존재하는 모든 뉴런의 개수를 제곱한 만큼의 항을 갖는 이중 합산이므로 다루기가 쉽지 않다. 이 연산을 수행하는 가장 좋은 방법은 식 (3.12)와 같은 렌즈를 통해 문제 상황을 관찰해서 음의 항의 분포로부터 합리적으로 편중되지 않으면서 분산[variance]이 낮은 샘플들을 얻으려고 시도해보는 것이다. 그런 다음 이러한 샘플들을 매우 큰 규모로 취득해 평균을 내면 참[true] 기댓값에 근사한 결과를 얻을 것이라 희망할 수 있다.

이렇게 동작하는 알고리즘은 다루기는 쉬울지 몰라도 꽤나 고비용이 든다. 다행히 조금 성능은 떨어지더라도 속도는 훨씬 더 빠르며, 거의 언제나 수용할만한 근사치를 구해주는 알고리즘들이 있다. 이러한 알고리즘들에 대해선 다음 절에서 살펴본다.

대조적 발산

RBM을 훈련시키는 알고리즘을 공부하면서 반드시 강조할 내용은, 사실 다중 레이어 피드포워드 신경망을 훈련시킬 때 우리가 할 수 있는 것처럼 정확한 기울기를 명시적으로 계산해내는 근사한 결정적^{deterministic} 알고리즘이 아니라 통계적으로 접근하는 통계적 기울기 하강^{stochastic gradient descent} 알고리즘이다. 이 알고리즘은 임의의 개수로 양의 항(훈련 데이터에 의존하는)을 취득하고 암묵적으로 W가 함축돼 있는 RBM의 분포로부터 임의로 다른 샘플(훈련 데이터에 의존하지 않는)들을 취득한다(이상적인 경우이지 그렇게 실질적인 상황에서 벌어지는 경우는 아니다). 그런 다음 식 (3.12)에 나와 있는 것처럼 이 결과들을 뺌으로써 임의성^{randomness}으로 인해 유도된 오차가 크게 상쇄되리라고 희망한다. 실제로 거의 언제나 상쇄된다.

몇 문단 이전으로 돌아가 보면 양의 항이 다루기 쉽다고 했었다. 하지만 W에 의해 결정돼버리는 RBM의 이론적인 분포로부터 어떻게 샘플들을 취득할 것인가? 앞서 강조했던 사항을 상기해보자. 식 (3.1)과 식 (3.2)를 이용해서 가시 레이어와 은닉 레이어를 번갈아가며 여러 번 반복하면서 계산해보면 참 RBM 분포를 갖는 상관된^{correlated} 샘플에 근사한 결과로 수렴하게 될 것이다.

어떤 초기 상태에서 시작해도 이렇게 수렴하는 결과를 얻을 수 있지만, RBM의 이론적 분포에 근사한 분포로부터 초기 상태를 선택한 경우 더 빠르게 수렴하게 된다. 사실 정확하게 RBM 분포에서 임의의 초기 상태 값이 선택되게 하면 그 즉시 수렴한 결과를 얻게 되므로 전혀 반복 계산할 필요가 없다. 우리는 자연스럽게 학습을 진행하면서 RBM의 분포가 훈련 데이터의 분포에 근사하게 다가갈 것이라 가정한다. 이는 완전히 노력의 문제다! 그러므로 우리가 시작 지점으로 사용될 훈련 데이터 x를 직접 고려해서 선택하는 것이 마땅하다. 초기 가중치를 랜덤하게 선택해버리면 운이 따라야만 x를 도출했던 경험적인^{empirical} 분포가 초기 RBM 분포와 유사한 형태를 갖게 된다. 하지만 훈련이 진행되면서 두 분포의 차이가 점차 좁혀지고, 이러한 초기 선택이 점점 더 유익해진다. 그리고 나중에 우리는 일반적으로 존재할 수 있는 임의의 가중치 행렬 W를 초기 가중치로 이용하는 것보다 RBM 분포가 x의 분포에 더 근접하게 초기 가중치 행렬 W를 지능적으로 선택하는 알고리즘에 대해 살펴볼 것이다.

이제 훈련 데이터 x에 대한 로그 발생 확률 함수의 기울기를 통계적으로 추청하는 기본적인 알고리즘에 대해 알아보자. 은닉 뉴런의 활성화 값을 식 (3.1)이나 (3.3)을 이용해 계산하고, 가시 뉴런의 활성화 값은 식 (3.2)나 (3.4)로 계산했던 것을 상기해보면 계산된 확률 값에 따라 0이나 1 값을 샘플로 취득하거나, 이 확률 값을 곧바로 이용할 수도 있다. 이때 다음과 같이 세 가지 규칙이 뒤따른다.

- 은닉 레이어의 활성화 값을 계산할 때 마지막 은닉 레이어를 제외한 모든 레이어에 대해서 반드시 0/1 값으로 샘플링을 해야 한다. 이는 RBM 신경 망에 존속되는 규칙화regularization에 매우 중요하게 작용하는 사항이다.
- 식 (3.12)에서 사용할 수 있도록 마지막 반복을 수행하면서 은닉 레이어의 활성화 값을 계산할 때는 확률 값을 그대로 이용하는 것이 거의 확실하게 최고의 방법이다.
- 가시 레이어의 활성화 값을 계산할 때 보통 연구원들은 확률 값을 그대로 사용하는 것이 더 낫다고 생각하지만, 사실 어떤 것이든 상관없다. 이러한 방식을 평균장 점근법mean field approximation이라고 부른다.

여기서는 다음과 같은 표기법을 사용할 것이다.

W	가중치 행렬로, 개개의 가시 뉴런이 열column로 나열되고 개개의 은닉 뉴런이 행으로 나열된다.
b	가시 뉴런 바이어스들의 열 백터
c	은닉 뉴런 바이어스들의 행 백터
K	몬테카를로Monte-Carlo 알고리즘의 반복 횟수

x 　　　 현재 처리 대상인 훈련 데이터(열 벡터)

q_{Data} 　 데이터 분포를 따르면서 각 은닉 뉴런들이 1(0이 될 확률과 대조해)이 될 확률로 구성된 벡터

h_{Data} 　 데이터 분포를 따르면서 은닉 뉴런들의 활성화 값(1이나 0)들로 구성된 벡터

p_{Model} 　 모델 분포를 따르면서 개개의 가시 뉴런이 1이 될(0이 될 확률과 비교해) 재구조화 확률 값들로 구성된 벡터

v_{Model} 　 재구조화된 가시 뉴런들의 활성화 값(0이나 1)들로 구성된 벡터

q_{Model} 　 모델 분포를 따르면서 개개의 은닉 뉴런이 1이 될(0이 될 확률과 비교해) 재구조화 확률 값들로 구성된 벡터

h_{Model} 　 모델의 분포를 따르면서 은닉 뉴런들의 활성화 값(0이나 1)들로 구성된 벡터

p가 입력(가시 뉴런)의 개수와 동일한 길이를 갖는 벡터라는 점과 이 벡터가 식 (3.2)나 (3.4)로 계산된 확률 값들로 구성된다는 점을 이해할 수 있을 것이다. v 벡터의 각 원소는 이러한 확률에 기반을 두고 독립적으로 샘플링된 값들이다. 은닉 뉴런이 갖는 확률 값과 활성화 값은 비슷하게 정의된다.

$$v_{Data} = x$$
$$q_{Data} = f(c + Wv_{Data}) \qquad 식 (3.3)$$

느리지만 정확한 연산 방법을 이용해서 재구조화 오차를 계산하는 방법도 있다.

$q_{Model} = q_{Data}$ 　　　　　 마르코프 체인 루프의 초기화 작업

$k = 0$

while $k < K$ 　　 반드시 K는 1보다 커야 한다.

Sample h_{Model} from q_{Model} 이 샘플링 결과가 중요하다. q를 사용하면 절대 안 된다.

$p_{\text{Model}} = f(b + W'h_{\text{Model}})$ 식 (3.4)

k=0이면 선택적으로 빠른 재구조화 오차 계산 알고리즘을 사용할 수 있다.

if *mean field*

   $q_{\text{Model}} = f(c + Wp_{\text{Model}})$

else

   v_{Model}은 p_{Model}로부터 샘플링된 벡터

$k = k+1$

end while

if *mean field*

   가시 바이어스 기울기 $= p_{\text{Model}} - v_{\text{Data}}$

   은닉 바이어스 기울기 $= q_{\text{Model}} - q_{\text{Data}}$

   가중치 기울기 $= q_{\text{Model}} \, p'_{\text{Model}} - q_{\text{Data}} \, v'_{\text{Data}}$ 곱의 결과는 행렬

else

   가시 레이어 바이어스 기울기 $= v_{\text{Model}} - v_{\text{Data}}$

   q_{Data}로부터 h_{Data} 샘플 취득

   은닉 레이어 바이어스 기울기 $= q_{\text{Model}} - h_{\text{Data}}$

   가중치 기울기 $= q_{\text{Model}} \, v'_{\text{Model}} - h_{\text{Data}} \, v'_{\text{Data}}$

이 알고리즘을 공부하면서 몇 가지 알아둬야 할 사항들이 있다. 먼저 가중치 기울기는 W와 같은 행렬이며, 하나의 은닉 레이어에 존재하는 뉴런들을 하나의 행으로 나타내고, 하나의 가시 레이어에 존재하는 뉴런들을 하나의 열로 나타낸다. 식 (3.12)에 나와 있는 곱셈 연산은 은닉 뉴런들에 대응하는 열 벡터와 가시 뉴런에 대응하는 행 벡터를 곱하는 형태로 나타냄으로써 알고리즘 안에서 효과적으로 표현된다.

재구조화 오차를 계산하는 알고리즘에는 두 가지 다른 부분이 있다. 훈련

알고리즘 자체에서는 재구조화 오차를 사용할 일이 없지만, 사용자를 위해 이 오차를 보여주는 것이 좋다. 어떤 위치를 선택하든지 식 (3.3)과 (3.4)를 이용해서 가시 레이어에서 은닉 레이어로 이동하고 다시 가시 레이어로 되돌아온다. 재구조화 오차는 기존original 데이터를 새롭게 재구조화된 데이터를 비교한 결과다. 유일하게 남은 의문점은 이러한 수식으로부터 구한 확률 값 자체를 이용할 것이냐, 아니면 이러한 확률 값을 기반으로 샘플을 취득해 그 데이터를 이용할 것이냐다. 앞에서 강조했듯이 확률 값 자체를 이용하는 것이 더 정확하다.

실질적으로 확률을 이용할 때의 문제는 어디서도 쓰이지 않는 수많은 양의 연산을 수행해야만 한다는 점이다. 기울기 계산을 위해서는 은닉 뉴런을 샘플링해야 한다. 샘플링을 하면서 손실되는 정보는 신경망 모델의 강건한 거동에 중대한 영향을 미치지만, 확률 값을 기반으로 재구조화 오차를 구한 다음, 식 (3.4)를 계산하기 위해 각 가시 뉴런마다 모든 은닉 뉴런에 걸쳐서 계산한 내적 결과를 다시 합산해야 한다. 이는 매우 고비용이 드는 작업이며, 곱셈과 덧셈의 수행 횟수는 전달되는 입력의 수와 은닉 레이어에 존재하는 뉴런의 개수를 곱한 만큼과 같다. 그리고 샘플링되지 않은 값들은 차후에 전혀 쓰이지 않는다. 시간이 중요한time-critical 경우 이렇게 일반적인 상황이 매우 커다란 낭비가 된다. 정확도가 조금 떨어지긴 하겠지만, 몬테카를로Monte-Carlo 체인 루프의 첫 번째 순환을 돌면서 기울기를 구하기 위해 샘플링된 은닉 레이어의 활성화 값을 이용하는 것이 훨씬 더 효율적이다.

마침내 기울기 연산에 있어 한 가지 놀라운 사실을 발견할 수 있다. 신경망 모델의 분포에 관한 엄청난 양의 정보가 몬테카를로 체인 루프의 첫 번째 순환($K=1$)에서 얻어진다는 것이다. 단 한 번의 루프를 순환하면서 얻은 바이어스가 갖는 의미는, 더 많은 훈련 에포크를 필요로 하며 완벽한 수렴 값에 도달할 수 없다는 것이다. 하지만 이러한 연쇄적 연산을 수행하는 것이 매우 값비싼 작업이기 때문에 적어도 초기 순환 반복 과정만이라도 트레이드오프를 하는 것이 거의 언제나 충분한 가치를 지닌다.

가중치 패널티

앞서 다뤘던 감독 훈련을 위한 데이터처럼 대규모의 가중치 데이터 역시 문제가 될 소지가 있다. 감독 훈련이라는 문맥에서 예측기의 공선형성collinearity이 과도할 정도로 많은 수로 이뤄지면서 문제를 일으킬 수 있는 가중치의 잠재적 근원이었음을 살펴봤었다. 이는 비감독 훈련 과정에서는 문제되지 않는다. 하지만 여전히 두 가지 과적합 문제를 공통적으로 일으키는 상황이 존재한다. RBM 가중치가 커지지 않게 막는다면 아마도 신경망 모델이 훈련 데이터의 분포를 모사해 함축하는 능력은 약간 저하 되겠지만, 대신 이와 동시에 신경망 모델이 잡음으로 인해 생기는 '패딘'을 포함힐 가능성은 디 낮아진다. 그러므로 신경망 모델은 훈련 데이터들 이외의 데이터들에 맞게 일반화될 수 있는 능력을 갖는 것이 더 낫다.

RBM에서 가중치의 규모를 줄이려는 더욱 중요한 이유는 혼합 속도와 관련된다. 앞서 혼합 속도라는 것은 가시 레이어와 은닉 뉴런들 사이를 왕복하면서 가중치의 암묵적인 영향을 받는 RBM 분포로부터 랜덤하게 어느 한쪽으로 치우침 없이 샘플링된 값에 수렴하는 속도를 의미한다고 했었다. 이러한 혼합 속도는 가중치의 크기에 의존하며, 그 크기가 작을수록 더 빠른 속도로 혼합이 이뤄진다. 식 (3.12)에서 음의 항이 RBM의 분포에 따라 추출된 바이어스 없는 샘플의 정도가 통계적 기울기 추정치의 정확도에 영향을 미치기 때문에 가능한 한 빠르게 혼합하려고 한다. 그러므로 최대한 가중치의 규모를 줄이면서 데이터를 적절하게 모델링할 수 있도록 충분히 크게 유지시키는 것이 중요하다.

감독 훈련에 사용했던 제곱된 크기와 동일한 크기로 적절한 가중치 패널티를 제공한다. 즉, 식 (2.18)에서 구했던 패널티로 주어진다. 이 식에는 식 (2.19)에서 제시하는 편미분 항이 존재한다. PenFac이란 사용자가 정의하는 패널티 인자다. RBM 훈련 기법에는 평가 기준 함수를 계산할 수 있는 능력이 없고, 단지 기울기 값만 계산하기 때문에 패널티 값 자체는 아무런 쓸모가 업다. 하지만 계속해서 편미분 값을 앞서 구한 개개의 기울기 항에 더한다.

희소성 유도

항상 1로 활성화돼 있거나 0으로 비활성화돼 있는 어떠한 은닉 뉴런(일반적으로 뉴런의 바이어스가 지나치게 클 경우 발생 가능하다)은 쓸모가 없다는 것은 자명한 사실이다. 그러므로 최소한 신사답게 뉴런의 활성화 비율이 극단적인 상황으로 치닫는 일이 없게끔 다독여줘야 한다.

가끔 가다가 뉴런이 극단적인 값을 갖지 않게 하기 위할 뿐만 아니라, 활성화 비율(활성화된)이 예를 들면 0.1 정도로 작지만 양수인 증가 비율이 되게끔 할 필요도 있다. 나중에 뉴런으로 학습된 패턴을 조사해볼 수 있도록 도움이 될 만한 알고리즘들을 공부해볼 것이다. 그러면 뉴런들이 절반도 안 되는 시간 안에 활성화될 때 대부분 사람이 해석할 만한 수준의 패턴이 형성된다는 사실이 좀 더 명확하게 이해될 것이다. 절반 정도에 해당하는 훈련 데이터를 대상으로 일부 뉴런들이 활성화되는 경우 존재 이유가 명확하지 않을 수도 있다. 하지만 단 10분의 1 정도에 해당하는 훈련 데이터만으로 활성화되면 아마도 좀 더 확실히 패턴을 파악할 수 있을 것이다.

희소한 활성화가 이뤄지도록 독려해주는 좋은 패널티 함수는 원하는 활성화 비율(p)과 실제 활성화 비율(q) 사이의 교차 엔트로피 함수다. 이 함수는 식 (3.13)과 같이 표현되며, 그림 3.1과 같이 그려진다(이때의 혼합 속도는 0.1이다).

$$Spen = -PenFac * \left[p \log(q) + (1 - p) \log(1 - q) \right] \qquad (3.13)$$

위 식에 있는 PenFac은 작은 크기의 사용자 지정 패널티 강도 인자penalty strength factor다. 이 함수는 $p=q$일 때 최솟값을 갖도록 기본적인 요구 조건을 충족시켜준다. 하지만 세 가지 속성이 이 함수를 더 특별하게 매력적으로 만들어준다. 먼저 활성화가 이뤄지는 비율이 0과 1의 극값에 도달하면서 로그 항들의 값이 커지게 되고, 이는 항상 활성화되거나 비활성화되는 뉴런들이 근본적으로 존재할 수 없어짐을 의미한다. 두 번째로 이 함수는 최솟값 부근에서 상대적으로 평평한flat 형태를 띠는데, 이는 정확히 원하는 활성화 비율에 순응하게 격렬할 정도로 강요하지 않지만, 실제 얻어낸 비율이 원하는 비율에 꽤 근접하는 한 어느 정도의 유연성은 허용해준다는 걸 의미한다.

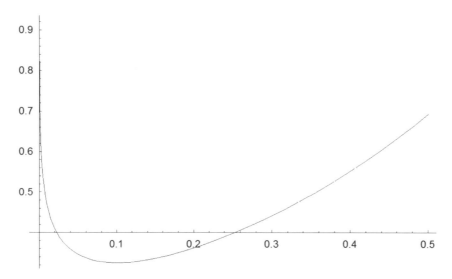

그림 3.1 p=0.1인 경우의 희소 교차 엔트로피 패널티 함수

세 번째 속성은 패널티를 프로그래밍하는 데 있어 매우 유용하다. 교차 엔트로피를 뉴런의 알짜 입력 성분에 대해 편미분한 결과는 다행히도 간단한 함수의 꼴을 갖는다. 즉, $q-p$다. 알짜 입력을 주어진 가중치로 미분한 결과는 단순히 이 가중치를 통해 전달되는 입력(가시 뉴런의 활성화 값)이 된다. 그러므로 가시 뉴런 j를 은닉 뉴런 i에 연결하는 가중치로 희소 함수를 편미분하면 미분의 연쇄 법칙에 의해 다음과 같이 간단한 공식을 얻게 된다.

$$\frac{\partial Spen}{\partial w_{ij}} = PenFac * v_j \left(q_i - p \right) \tag{3.14}$$

훈련 데이터마다 이 함수를 계산하는 것은 실용적이지 못하다(그렇게 하길 원하는 사람도 없을 것이다). 그보다는 v_j를 j번째 입력에 대한 모든 훈련 데이터의 평균 벡터라고 하자. q_i에 대해 하나의 배치 안에 존재하는 i번째 은닉 뉴런의 평균 활성화 값을 계산한 다음, 기울기를 빠르게 처리^{whipsaw}해버릴 수도 있는 급격한 변화가 일어나지 않도록 방지할 수 있게 기하급수적으로 이 결과 값을 완화시킬 수 있다.

희소 패널티의 주요 용도는 가중치 값의 의미를 더 쉽게 해석할 수 있게 하기 위해 평균 활성화를 너무 작지는 않으면서 0.1 정도로 낮은 값을 갖게 하는 것이다. 하지만 RBM 훈련 연산에 두 가지 희소 패널티를 추가하는 것이 유용하다는 걸 알게 됐다. 하나는 q 값이 아주 미세할(예를 들면 0.01보다 작은) 경우에만 쓰이고, 다른 하나는 반대로 q가 아주 클(예를 들면 0.99보다 큰) 때만 쓰인다. 패널티 인자를 크게 잡아서 뉴런이 0이나 1에서 강제로 포화되지 않도록 더욱 압박할 수 있다. '전형적인' 희소 패널티를 거의 혹은 완전히 쓰고 싶지 않는 겨우 이렇게 하는 것이 간편한 방법이다.

초기 가중치 찾기

RBM 신경망의 첫 번째 훈련 과정은 기울기 기반의 접근 방식들을 이용해서 최적화를 위한 효과적인 시작 지점으로서의 역할을 수행하는 가중치와 바이어스 값들을 제시하는 것이다. 전형적인 방식은 단순하게 가중치 값들을 랜덤하게 소량 생성하고 근래의 지적 수준으로 초기 바이어스 벡터를 선택하는 것이다. 사실 차후 진행되는 기울기 하강 훈련의 초기 단계들이 빠르게 파라미터 값들을 양질로 개선시키기 때문에 이렇게 하는 게 괜찮을 수 있다. RBM 연산이 고비용이기 때문에 가중치의 초기 값을 랜덤하게 하지만 선택하는 방식보다 조금이라도 더 정교하게 처리할 경우 리소스 낭비가 돼버릴 가능성을 두고 논쟁이 있을 수도 있다.

하지만 내 경험에 의하면 조금이나마 가중치 값을 적절히 주기 위해 탐색해 보는 것은 가치 있는 일이다. 재구조화 오차를 계산하는 단계는 기울기를 계산하는 단계보다 더 빠르게 이뤄지며, 특히 기울기 계산에 한 번 이상의 마르코프 체인 연산을 수행할 경우 더욱 빠르게 진행된다. 1분 동안 컴퓨터가 수많은 파라미터들을 계산하는 시간은 가중치 공간 중에서도 우연하게나마 버뮤다 삼각지대 같은 영역 안에서 시작할 가능성을 확연하게 줄여줄 수 있다. 평균적으로 보면 낭비된 시간이 있을 수 있지만, 때로는 크나큰 고통을 덜어주기도 한다.

다음과 같이 처음 시도하는 차원에서 가중치 값들을 선택하는 기본적인 원칙들이 몇 가지 있다.

➡ 가중치는 너무 크게 잡는 것보다 아주 작게 주는 것이 더 낫다. 가중치 값이 작으면 훈련 알고리즘이 이 가중치들을 곧 충분히 더 나은 값으로 변화시켜준다. 하지만 값이 너무 커버리면 일부 뉴런들을 항상 활성화되거나 반대로 비활성화된 포화 상태로 만들어버릴 가능성도 있다. 그러므로 가시 레이어-은닉 레이어 사이의 연결을 효과적으로 끊어버리고 기울기는 0이 돼버린다. 우리의 목표가 '나쁜' 파라미터 영역보다는 '좋은' 파라미터 안에 위치할 가능성이 더 높은 값들로 초기 가중치를 찾아내는 것이라는 점을 명심하자. 심지어 어디 있는지도 모르는 최적의 가중치를 찾으려고 애쓸 필요도 없다.

➡ 음의 가중치와 양의 가중치를 생성할 확률은 반드시 동일해야 한다. 한 가지 간단한 예를 들자면 두 개의 입력과 두 개의 패턴이 있다고 해보자: 즉, 첫 번째 입력은 양수이고, 두 번째 입력은 음수인 패턴과, 반대로 첫 번째가 음수고 두 번째가 양수인 패턴이다. 양의 가중치를 쓰면 더 이해하기 쉬운 패턴을 만들어낸다는 잘못된 개념으로 인해 초기 가중치 생성기가 양수 값만 생성한다고 해보자. 최적의 가중치들이라면 입력에 대해 서로 상반된 부호의 값을 가질 것이기 때문에, 여기서 생성되는 어떤 가중치 값들은 최적의 가중치 근처에 도달할 수도 없다.

➡ 다양한 가중치 값들은 반드시 가중치 행렬의 크기에 의존한다. 즉, 뉴런 활성화 벡터와 가중치 벡터를 내적한 결과를 합산하면 그 크기는 당연히 벡터의 크기, 길이에 따라 달라질 것이다. 특히 활성화 값이 서로 독립적이면서 동일한 분포를 따른다는 합리적인 가정하에 수학적으로도 이 합산 값들

의 표준 편차는 내적에 사용된 항들의 개수에 제곱근을 취한 크기와 비례하게 된다. 합산을 다룰 때는 반드시 두 가지 방향에 따라 처리해야 한다. 하나는 은닉 뉴런에 가시 뉴런을 매핑하기 위한 열의 방향이고, 다른 하나는 반대로 은닉 뉴런을 가시 뉴런에 매핑하기 위한 행의 방향이다. 가중치 행렬이 심하게 비정방 형태를 띤다면 항상 가중치의 크기가 작게 지나칠 정도로 신경 써야 한다는 진퇴양난에 빠지게 된다. 하지만 실질적으로 은닉 뉴런의 개수가 대개 가시 뉴런 개수의 '자릿수order of magnitude' 범위 안에 들어오기 때문에 여러 가지 값으로 재량껏 선택할 수 있다. 각 벡터의 크기들의 조화 평균 값을 구한 후 이 값들을 곱한 결과에 제곱근을 취하는 것이 합리적이다. 이는 다음과 같이 가중치의 변화를 구하기 위한 가이드라인과 같은 방정식으로 유도된다.

$$Variation \propto \frac{1}{\sqrt{\sqrt{nvis * nhid}}} \tag{3.15}$$

변화 범위를 생성하기 위해 나는 식 (3.16)을 이용해서 전체 가중치 값들을 포괄하는 '거대한grand' 변화를 정의하고, 식 (3.17)을 이용해서 각 가중치 값들을 샘플링한다. Uniform(0,1)은 범위 사이의 랜덤하게 선택되는 균일한uniform 숫자 값을 의미한다.

$$Variation = \frac{4 * Uniform(0,1)}{\sqrt{\sqrt{nvis * nhid}}} \tag{3.16}$$

$$Weight = Variation * (Uniform(0,1) - 0.5) \tag{3.17}$$

은닉 뉴런 바이어스

매우 중요한 점은 은닉 뉴런의 알짜 입력이 거의, 혹은 모든 훈련 데이터에 대해 0이나 1에 근접할 정도로 확률 값이 포화되는 극적인 일이 없게 해야 한다는 점이다. 바이어스가 극도로 큰 값을 갖게 되면 대개 모든 은닉 뉴런 바이어스를 0으로 초기화하려는 경향이 있어 이런 일이 생기게 될 것이 뻔하다. 그렇다고 해도 가중치가 많아서 총 합산 결과가 변화 정도에 비교했을 때 상대적으로 0에 가까울 정도라면 허용될 만하다. 하지만 입력이 그렇게 많지 않은 경우 거의 포화 상태에 근접하게 될 가능성이 있다. 가중치가 작다면 그럴 가능성이 낮아질 수도 있지만 말이다. 정의에 따라 모든 입력은 양수 값이다. 그러므로 예를 들어 임의로 선택한 초기 시도용 가중치 데이터는 음과 양의 가중치 값들이 심각할 정도로 불균형을 이루는 행을 갖게 되면 이 행을 입력과 내적한 결과는 0에서 멀리 떨어져있는 값이 될 수 있다.

이러한 잠재적인 불균형을 보상할 수 있는 해결 방법은 각 은닉 뉴런마다 여기로 전달되는 알짜 입력이 '평균' 훈련 데이터에 대해 0이 되는 초기 바이어스 값을 계산하는 것이다. $\bar{x}_j$를 훈련 데이터 집합에 존재하는 변수 j의 평균값이라고 해보자. 그러면 i번째 은닉 뉴런의 초기 바이어스는 식 (3.18)과 같이 계산된다.

$$c_i = -\sum_j \bar{x}_j \, W_{ij} \qquad (3.18)$$

사용자가 희소 패널티도 고려해 은닉 뉴런들 사이에 존재하는 특수화 영향 specialization을 적용하고 싶다면 위 식을 적절히 수정한다. $f(.)$ 함수가 뉴런의 로지스틱 활성화 함수라고 가정해보자. $f(\log(q/(1-q))=q$가 되는지 확인하는 과정은 간단한 연습문제로 독자에게 맡기겠다. 다시 말하자면 $\log(q/(1-q))$의 알짜 입력은 q라는 활성화 확률을 도출한다. q를 사용자가 원하는 활성화 확률이라고 한다면 초기 바이어스 값은 식 (3.19)로 계산될 수 있다. 하지만 내 경험에 따르면 식 (3.18)로 초기화하는 것이 약간 더 안정화된 결과를 얻을 수 있으며, 차후 진행되는 훈련 과정도 원하는 희소 결과를 도출하는 등 탁월한 일들을 해낸다.

$$c_i = \log\left(\frac{q}{1-q}\right) - \sum_j \bar{x}_j W_{ij} \qquad (3.19)$$

가시 뉴런 바이어스

이후 진행되는 개선 과정을 위해 적절한 파라미터 값을 찾는 데 있어 우리의 목적은 재구조화 오차를 최소화하는 것이다. 사실 이것이 궁극적인 훈련 목적은 아니지만, 재구조화 오차가 파라미터 값들의 통계적 발생 가능성과 매우 높은 상관성을 갖기 때문에 낮은 재구조화 오차를 갖는 시점에서 최대 발생 가능 훈련을 시작하는 것이 진정한 목적이다.

재구조화 오차가 작아지려면(자연적으로는 충분하지 않더라도) 한 가지 필요조건이 충족돼야 한다. 바로 재구조화된 가시 뉴런이 훈련 데이터에서 관찰된 것처럼 입력에 대한 확률에 근사해야 한다는 점이다. 앞 절에서 논의했듯이 $\bar{x}_j$를 사용자의 훈련 데이터상 j번째 변수의 평균이라고 하자. 또한 앞에서도 언급했듯이 가시 뉴런의 알짜 입력에 대해 $\log(p/(1-p))$를 계산하면 활성화 확률 p가 계산된다.

은닉 뉴런의 초기 바이어스를 설정하는 경우에는 훈련 데이터로부터 각 입력들이 활성화될 수 있는 확률 값을 알 수 있었다. 하지만 이제는 그러한 뉴런 대 뉴런에 관한 정보는 알 수 없다. 글쎄, 그건 사실 정확히 말하면 전혀 알 수 없는 건 아니다. 어떠한 초기 시도용 가중치 데이터와 그와 함께 존재하는 은닉 레이어 바이어스에 대해서 훈련 데이터들을 통틀어 진행할 수 있으므로 각 은닉 뉴런의 평균 활성화 값을 구할 수 있다. 하지만 이는 너무 많은 연산을 수반하게 될 것이다.

대신 그저 q를 우리가 기대하는 은닉 뉴런 활성화의 평균값이라고 두는 것이 훨씬 빠르다. 은닉 레이어 바이어스를 계산할 때 식 (3.18)을 사용했다면 이 값은 0.5가 될 것이다. 그러면 식 (3.20)으로 적절한 입력 뉴런 바이어스 값을 구할 수 있다.

$$ b_j = \log\left(\frac{\overline{x_j}}{1 - \overline{x_j}}\right) - q \sum_i W_{ij} \qquad (3.20) $$

재구조화 오차 구현 코드

앞에서 재구축 오차에 대한 개념을 다루면서 식 (3.3)과 (3.4)를 사용해 훈련 데이터에 대응하는 은닉 뉴런의 확률 값을 구하고 다시 거꾸로 가시 레이어로 돌아갔었다. 원래original 데이터를 재구조화 값과 비교하는 데 식 (3.5)나 (3.6)을 사용할 수 있으므로, 오차를 측정한 값을 정의할 수 있다. 이번 절에서는 지금까지의 알고리즘을 구현하는 코드를 크게 두 부분으로 나눠서 소개할 것이다.

호출 파라미터 리스트는 한 가지 작은 예외 사항만 제외하면 파악하기 쉽다. 이 데이터 배열은 nc개만큼의 행과 max_neurons만큼의 열로 구성되지만, 이중 오직 처음 n_inputs개까지의 열에만 데이터가 존재한다. 탐욕적인 다중 레이어 훈련을 논의하고 나면 왜 그런지 명확해질 것이다. 모든 데이터에 걸쳐서 재구조화 오차가 누적되면서 각 데이터에 대한 첫 번째 단계는 visible1에 데이터를 저장하는 것이다.

```
double rbm1_threaded (
   int nc ,               // 데이터 개수
   int n_inputs ,         // 입력 개수
   int max_neurons ,      // 뉴런 레이어와 nin의 최대 개수
   double *data ,         // nc개의 행, max_neurons 개의 열을 갖는 입력
                          // 데이터(0 또는 1) 포인터
```

```
   int nhid ,           // 은닉 뉴런 개수
   double *w ,          // nhid개의 행, n_inputs개의 열로 된 가중치 행렬
   double *in_bias ,    // 입력 레이어 바이어스 벡터
   double *hid_bias ,   // 은닉 레이어 바이어스 벡터
   double *visible1 ,   // n_inputs 길이를 가지며, 연산에 사용하기 위해
                        // 선언된 벡터
   double *hidden1      // nhid 길이를 가지며, 연산에 사용하기 위해
                        // 선언된 벡터
)
{
   int icase, ihid, ivis ;
   double error, sum, *wptr, *dptr, P ;

   error = 0.0 ;  // 재구조화 오차 초기화

   for (icase=0 ; icase<nc ; icase++) { // 모든 데이터들을 거치며 오차를 누적
      dptr = data + icase * max_neurons ; // 전체 중 현재 데이터를 가리키게 함
      for (ivis=0 ; ivis<n_inputs ; ivis++)
         visible1[ivis] = dptr[ivis] ;
```

다음 루프는 식 (3.3)을 그대로 구현했으므로 이해가 쉬울 것이다. 은닉
레이어 바이어스의 합산을 위해 sum 변수에 초기 값을 저장한 다음 입력
벡터와 현재 은닉 뉴런의 가중치 벡터를 내적한 결과를 루프를 통해 누적
해나간다. 로지스틱 활성화 함수를 뉴런의 알짜 입력에 적용해 활성화 값
을 구한다.

```
for (ihid=0 ; ihid<nhid ; ihid++) {

   wptr = w + ihid * n_inputs ; // 현재 뉴런에 대한 가중치 벡터
   sum = hid_bias[ihid] ;
   for (ivis=0 ; ivis<n_inputs ; ivis++)
      sum += wptr[ivis] * visible1[ivis] ;
   hidden1[ihid] = 1.0 / (1.0 + exp(-sum)) ;
}
```

다음 for 루프는 식 (3.4)를 계산해 각 입력에 대한 재구조화된 P 값을 구한다. 런타임상에서 조건 매크로를 통해 식 (3.5)나 (3.6)의 교차 엔트로피 중어떤 평균 제곱 오차 기법을 사용할지 선택할 수 있다. 여기서는 MSE 기법을 적용하는 것이 더 낫기도 할뿐더러 나중에 다른 방식으로 가도 전혀 문제가 없다고 판단했기 때문에, 컴파일 타임에 오차를 구하는 방식을 선택할수 있게 만들었다. 하지만 두 가지 모두 코드로 구현해서 두 버전 모두 실험해볼 수 있다.

```
    for (ivis=0 ; ivis<n_inputs ; ivis++) {
      sum - in_bias[ivis] ;
      for (ihid=0 ; ihid<nhid ; ihid++)
        sum += w[ihid*n_inputs+ivis] * hidden1[ihid] ;
      P = 1.0 / (1.0 + exp(-sum)) ;

#if RECON_ERR_XENT
      error -= visible1[ivis] * log(P+1.e-10) + (1.0 -
          visible1[ivis]) * log(1.0-P+1.e-10) ;
#else
      double diff ;
      diff = visible1[ivis] - P ;
      error += diff * diff ;
#endif
      }
    } // icase 인덱스를 사용하는 for 루프 종료
  return error;
}
```

멀티스레드 기반의 초기 가중치 선택

이번 절에서 제시할 코드는 초기 시도용 파라미터들과 재구조화 오차를 멀티스레드 기반의 알고리즘으로 구현하는 것까지 모두 포괄한다. 윈도우상에서 동작하는 멀티스레딩을 이용할 때 필수적으로 알아야 할 여러 가지

개념들에 대해 이미 앞 절에서 다룬바 있다. 중복된 내용을 반복하고 싶지 않기 때문에 자세한 설명을 하지 않을 것이므로, 이 부분을 반드시 복습하길 바란다.

다음과 같은 구조를 통해 스레드 기반 루틴으로 파라미터 값들인 작업 영역의 시작 주소 값 등이 전달된다. 래퍼 루틴은 다음과 같다.

```
typedef struct {
    int nc ;                // 데이터 개수
    int n_inputs ;          // 입력 개수
    int max_neurons ;       // 입력을 포함해 어떤 한 레이어에 존재하는
                            // 최대 뉴런 개수
    double *data ;          // nc개의 행, max_neurons개의 열을 갖는
                            // 입력 데이터(0 또는 1) 포인터
    int nhid ;              // 은닉 뉴런 개수
    double *w ;             // nhid x n_inputs개의 가중치를 담고 있는
                            // 가중치 행렬
    double *in_bias ;       // 입력 레이어 바이어스 벡터
    double *hid_bias ;      // 은닉 바이어스 벡터
    double *visible1 ;      // n_inputs 길이를 갖는 작업 벡터
    double *hidden1 ;       // nhid 길이를 갖는 작업 벡터
    double crit ;           // 이 함수에서 반환하기 위해 선언된 평가 기준 변수
} RBM_THR1_PARAMS ;

static unsigned int __stdcall rbm1_wrapper ( LPVOID dp )
{
    ((RBM_THR1_PARAMS *) dp)->crit = rbm1_threaded (
        ((RBM_THR1_PARAMS *) dp)->nc ,
        ((RBM_THR1_PARAMS *) dp)->n_inputs ,
        ((RBM_THR1_PARAMS *) dp)->max_neurons ,
        ((RBM_THR1_PARAMS *) dp)->data ,
        ((RBM_THR1_PARAMS *) dp)->nhid ,
        ((RBM_THR1_PARAMS *) dp)->w ,
        ((RBM_THR1_PARAMS *) dp)->in_bias ,
```

```
        ((RBM_THR1_PARAMS *) dp)->hid_bias ,
        ((RBM_THR1_PARAMS *) dp)->visible1 ,
        ((RBM_THR1_PARAMS *) dp)->hidden1 ) ;
    return 0 ;
}
```

호출 파라미터 리스트만 보면 방금 전에 봤던 재구조화 오차 루틴과 거의
같다. 하지만 한 가지 아주 중요한 차이점이 있다. 이전 경우 각 스레드마
다 그 루틴을 호출하므로 반드시 각 스레드 고유의 파라미터(가중치 및 바이어
스)와 작업 영역(visible1과 hidden1)을 소유해야 했다. 그렇지 않으면 서로
다른 스레드들이 서로의 데이터를 덮어써버려서 말 그대로 엉망이 된다.
그러므로 이 루틴이 호출될 때는 이러한 벡터들을 반드시 충분히 많은 네
이터 공간을 max_threads개만큼의 파라미터들과 작업 영역에 대해 할당
해줘야 한다. 다음은 이에 해당하는 호출 파라미터들과 지역 변수들의 선
언부를 보여준다.

```
double rbm_thr1 (
    int nc ,            // 데이터 개수
    int n_inputs ,      // 입력 개수
    int max_neurons ,   // 입력을 포함한 임의의 레이어상의 최대 뉴런 개수
    double *data ,      // nc개의 행, max_neurons개의 열을 갖는 입력
                        // 데이터(0 또는 1) 포인터
    int nhid ,          // 은닉 뉴런 개수
    double *w ,         // 반환된 가중치 행렬로, nhid x n_inputs개의
                        // 가중치를 담고 있다
                        // max_threads 개수만큼의 w가 존재
    double *in_bias ,   // 반환된 입력 바이어스 벡터; max_threads개 존재
    double *hid_bias ,  // 반환된 은닉 바이어스 벡터; max_threads개 존재
    double *visible1 ,  // n_inputs만큼의 크기를 갖는 작업 벡터;
                        // max_threads개 존재
    double *hidden1 ,   // nhid만큼의 크기를 갖는 작업 벡터;
                        // max_threads개 존재
```

```
    double *in_bias_best ,      // n_inputs만큼의 크기를 갖는 작업 벡터
    double *hid_bias_best ,     // nhid만큼의 크기를 갖는 작업 벡터
    double *w_best ,            // n_inputs * nhid만큼의 크기를 갖는
                                // 작업 벡터
    double *data_mean           // n_inputs만큼의 크기를 갖는 작업 벡터
)
{
    int irand, ivis, ihid, i, k, n_rand, n_threads, empty_slot, ret_val ;
    double error, best_err, sum, wt, *dptr, *wptr, *hid_bias_ptr,
        *in_bias_ptr, diff ; char msg[4096] ;
    RBM_THR1_PARAMS params[MAX_THREADS] ;
    HANDLE threads[MAX_THREADS] ;
```

합리적인 바이어스 벡터를 계산하기 위해서는 랜덤한 가중치 데이터가 주어
졌을 때 각 입력 변수마다의 평균값이 필요하다. 하지만 이 평균값들에 로그
를 취한 다음 1을 뺀 값을 이용할 것이므로, 반드시 이 값들은 0이나 1과는
차이가 큰 값을 유지해야 한다. 이러한 과정을 수행하는 코드는 다음과 같다.

```
for (ivis=0 ; ivis<n_inputs ; ivis++)
    data_mean[ivis] = 0.0 ;

for (i=0 ; i<nc ; i++) { // 모든 데이터를 거치면서 평균 벡터를 누적한다.
    dptr = data + i * max_neurons ;   // 전체 데이터 중 현재 데이터를
                                      // 가리키는 포인터
    for (ivis=0 ; ivis<n_inputs ; ivis++)
        data_mean[ivis] += dptr[ivis] ;
}
for (ivis=0 ; ivis<n_inputs ; ivis++) {
    data_mean[ivis] /= nc ;
    if (data_mean[ivis] < 1.e-8)
        data_mean[ivis] = 1.e-8 ;
    if (data_mean[ivis] > 1.0 - 1.e-8)
        data_mean[ivis] = 1.0 - 1.e-8 ;
}
```

개개의 스레드 호출마다 재생성되는 오차를 계산하기 위한 루틴에서 필요로
하는 대부분의 파라미터들은 상수 값으로 정의된다(시도용 초기 가중치 데이터).
이들 중 일부(데이터, 입력, 은닉 뉴런의 개수 등)는 모든 스레드가 동일한 값을 이용
한다. 반면 작업 영역의 시작 주소는 당연히 각 스레드마다 서로 다른 위치
를 가리키고 있어야 서로의 영역을 침범해 개인 스레드의 속성들을 무단으
로 건드는 일이 없을 것이다. 이와 같은 할당을 다음과 같은 코드에서 수행
한다.

```
n_rand = TrainParams.n_rand ;      // 테스트할 랜덤 가중치의 개수

for (i=0 ; i<max_threads ; i++) {
   params[i].nc = nc ;
   params[i].n_inputs = n_inputs ;
   params[i].max_neurons = max_neurons ;
   params[i].nhid = nhid ;
   params[i].data = data ;
   params[i].visible1 = visible1 + i * max_neurons ;
   params[i].hidden1 = hidden1 + i * max_neurons ;
   params[i].w = w + i * nhid * n_inputs ;
   params[i].hid_bias = hid_bias + i * max_neurons ;
   params[i].in_bias = in_bias + i * max_neurons ;
}
```

어느 정도 초기화 작업을 수행한 다음 '무한' 루프를 실행해 시도용 가중치
들에 대해 개개의 스레드들을 차례로 수행시킨다. 최대로 허용될 스레드의
개수를 담은 max_threads는 전역 변수다. 큰 값을 지정할수록 호출 파라미
터 리스트를 보면 알겠지만, 더 많은 메모리를 잡아먹을 것이다. 총 n_rand
번 반복 시도하게 되며, irand로 현재까지 시도된 반복 횟수를 기록한다.
이렇게 동작을 시작하는 소프트웨어 스레드는 k로 인덱싱된다. 초기의 스레
드 큐가 채워지면서 k 값은 그에 따라 단순히 카운트를 증가시킨다. 하지만
큐가 다 채워지고 스레드들이 동작을 시작하고 마무리되고 나면 임무를 이

제 막 마무리하고, 반환돼 새로운 작업을 수행할 준비가 된 스레드로 k 값을
설정한다.

```
n_threads = 0 ;    // 활성화된 스레드의 개수를 저장할 변수
for (i=0 ; i<max_threads ; i++)
   threads[i] = NULL ;

irand = 0 ;        // 반복 횟수를 기록할 인덱스
empty_slot = -1 ; // 큐가 꽉 차면 작업을 끝낸 스레드를 확인
best_err = 1.e40 ;// 최고(best)의 재구조화 오차를 구하는 데 사용할 변수

for (;;) {         // 모든 작업을 처리할 메인 스레드 루프
   if (irand < n_rand) {    // 아직 시도할 가중치 값이 남아 있다면
     if (empty_slot < 0)    // 초기에 큐를 채우는 과정에서는 음수임
       k = n_threads ;
     else
       k = empty_slot ;   // 스레드가 현재 완료된 직후라 이제 사용 가능한 상태
```

이 시점에서 우리는 초기 시도용 가중치 데이터들과 은닉 뉴런 및 가시 뉴런
에 대한 바이어스 벡터를 생성할 준비가 돼 있다. 이 시도는 k번째 스레드로
수행되므로 반드시 해당 스레드가 소유한 파라미터 영역을 가리키는 포인터
를 얻어 와야 한다. 그런 다음, 식 (3.16)을 이용해서 현재 진행하는 시도에
'거대한 변화'가 일어남에 따라 그 차이를 계산한다. 개개의 시도 데이터마
다 별개의 '거대한 변화'를 이용함으로써 작은 가중치를 갖거나 적어도 몇
개의 거대한 가중치를 갖는 모든 시도 작업을 통해 동질적인 검색을 해버리
는 문제를 방지할 수 있다.

```
wptr = params[k].w ;
hid_bias_ptr = params[k].hid_bias ;
in_bias_ptr = params[k].in_bias ;

diff = 4.0 * unifrand_fast() / sqrt ( sqrt ( (double) n_inputs * nhid ) ) ;
```

이제 식 (3.17)을 이용해서 시도용 가중치 데이터를 구하고, 식 (3.18)을 이용해서 연관된 은닉 뉴런 바이어스를 계산한다. 여기서는 식 (3.19)를 이용했다. 단순히 내 (완전하진 못하지만) 경험에 따라 초기에 불균형을 이루는 활성화 값에 식 (3.19)가 사용된 경우 시도용 생성 프로세스에 내재된[inherent] 랜덤한 속성이 이따금씩 남은 영역에 뉴런을 내다 놓을 수도 있다. 하지만 사용자는 자신이 마음먹은 대로 실험해봐야 한다. 저자인 나 역시 쉽게 잘못된 선택을 할 수도 있는 것이다.

```
for (ihid=0 ; ihid<nhid ; ihid++) {
   sum = 0.0 ;

   for (ivis=0 ; ivis<n_inputs ; ivis++) {// 현재 은닉 뉴런에 대한
                                           // 가시 가중치를 얻어낸다.
      wt = diff * (unifrand_fast() - 0.5) ; // 식 (3.17)
      wptr[ihid*n_inputs+ivis] = wt ;       // 식 (3.18)을 위해 필요하다.
      sum += data_mean[ivis] * wt ;
      }

   hid_bias_ptr[ihid] = -sum ;              // 식 (3.18)
   } // ihid 인덱스 루프의 종료
```

식 (3.20)으로 입력 뉴런 바이어스 벡터를 계산한다.

```
for (ivis=0 ; ivis<n_inputs ; ivis++) {// 반대(가시 -> 은닉)의 경우도
                                        // 마찬가지로 수행한다.
   sum = 0.0 ;
   for (ihid=0 ; ihid<nhid ; ihid++)
      sum += wptr[ihid*n_inputs+ivis] ;
   in_bias_ptr[ivis] = log ( data_mean[ivis] / (1.0 - data_mean[ivis]) )
        - 0.5 * sum ;
   }
```

이제 현재까지 얻어낸 시도용 파라미터들을 테스트해줄 스레드를 구동시킬 수 있다. 실행 중인 스레드의 개수를 기록하는 카운터를 증가시키고, 또한

테스트된 시도 개수의 카운터 값을 증가시킨다.

```
threads[k] = (HANDLE) _beginthreadex ( NULL , 0 , rbm1_wrapper ,
    &params[k] , 0 , NULL ) ;
++n_threads ; ++irand ;
} // if (irand < n_rand) 조건문의 끝
```

이제 다음과 같은 세 가지 상황이 존재한다.

1) 이제 막 동작을 시작하면서 스레드의 큐를 여전히 채워나가는 상황

2) 동작 중인 스레드들의 개수가 최대로 허용된 개수에 도달했고, 여전히 테스트할 시도용 파라미터가 더 존재하는 상황

3) 모든 시도용 데이터가 스레드를 (이미) 시작시킨 상태고, 이제는 그저 그 스레드가 완료되길 기다리는 상황

첫 번째 상황은 아무것도 완료될 필요가 없다. 단지 우리는 다시 무한 루프가 동작하게 해서 새로운 시도용 파라미터들을 생성하고, 이 데이터로 스레드를 시작시킨다. 그런 다음 코드 블록에서 두 번째 상황을 처리한다. 1,200만 밀리초로 설정했듯이 타임아웃 상수 값은 반드시 스레드가 완료될 시간을 줄 정도로 충분히 크면서, 동시에 컴퓨터가 멈췄을 때 아무런 단서도 없는 상태에 빠지지 않을 정도로 작아야 한다. 마지막으로 empty_slot을 재사용하기 위해 이제 막 해제된 슬롯으로 설정한 후 스레드를 종료시키고, 실행 중인 스레드의 카운터 값을 감산한다.

```
if (n_threads == max_threads && irand < n_rand) {
    ret_val = WaitForMultipleObjects ( n_threads , threads , FALSE ,
        12000000 ) ;
    error = params[ret_val].crit ;

    // 개선됐다고 확인되면 지금까지 얻은 결과 중 최고의 파라미터를 저장한다.
    if (error < best_err) {
        best_err = error ;
```

```
    for (ihid=0 ; ihid<nhid ; ihid++) {
      hid_bias_best[ihid] = params[ret_val].hid_bias[ihid] ;
      for (ivis=0 ; ivis<n_inputs ; ivis++)
        w_best[ihid*n_inputs+ivis] =
            params[ret_val].w[ihid*n_inputs+ivis] ;
    }

    for (ivis=0 ; ivis<n_inputs ; ivis++)
      in_bias_best[ivis] = params[ret_val].in_bias[ivis] ;
  }

  empty_slot = ret_val ;
  CloseHandle ( threads[empty_slot] ) ;
  threads[empty_slot] = NULL ;  // 여기에 수록되진 않았지만, 사용자가 스레드
                                // 충돌 시 탈출할 수 있게 하기 위해 필요하다.
  --n_threads ;
}
```

세 번째 데이터는 두 번째와 비슷하지만, 좀 더 처리하기 쉽다. 모든 스레드
가 완료될 때까지 기다린다. 그런 다음 반드시 n_threads개의 각 스레드(최
고의 파라미터를 구하기 위해 현재까지 기다려오면서 관찰해 온)의 평가 기준을 체크한다.
마지막으로 이러한 모든 스레드를 종료하고, 무한 루프를 빠져나온다.

```
else if (irand == n_rand) {
  ret_val = WaitForMultipleObjects ( n_threads , threads , TRUE ,
      1200000 ) ;

  for (i=0 ; i<n_threads ; i++) {
    error = params[i].crit ;

    // 개선됐다는 것이 확인되면 현재까지 최고로 좋은 파라미터를 저장한다.
    if (error < best_err) {
      for (ihid=0 ; ihid<nhid ; ihid++) {
        hid_bias_best[ihid] = params[i].hid_bias[ihid] ;
        best_err = error ;
```

```
        for (ivis=0 ; ivis<n_inputs ; ivis++)
          w_best[ihid*n_inputs+ivis] =
               params[i].w[ihid*n_inputs+ivis] ;
      }
      for (ivis=0 ; ivis<n_inputs ; ivis++)
        in_bias_best[ivis] = params[i].in_bias[ivis] ;
    }
    CloseHandle ( threads[i] ) ;
  } // 막 작업을 끝낸 모든 스레드를 처리하는 i번째 수행 루프의 종료
  break ;  // 모든 작업을 마쳤으므로 무한루프에서 빠져나온다.
} // 마지막 스레드가 완료될 때까지 기다린다.
```

마지막 단계는 사용자를 위해 최고의 파라미터를 복사하고 재구조화 오차를 데이터와 입력의 개수를 곱한 크기로 나눠서 스케일을 맞춘 결과를 반환하는 것이다.

```
for (ihid=0 ; ihid<nhid ; ihid++) {
  hid_bias[ihid] = hid_bias_best[ihid] ;
  for (ivis=0 ; ivis<n_inputs ; ivis++)
    w[ihid*n_inputs+ivis] = w_best[ihid*n_inputs+ivis] ;
}
for (ivis=0 ; ivis<n_inputs ; ivis++)
  in_bias[ivis] = in_bias_best[ivis] ;

return best_err / (nc * n_inputs) ;
```

통계적 기울기 하강 알고리즘의 기본 원리

이번 절에서는 내 경험상 유용하다고 판단되는 몇 가지 일반적인 RBM 훈련 원리들에 대해 알아본다. 이때 이 분야가 요즘 한창 발전해나가고 있는 분야이므로 아직 초기 단계에 머물러 있다는 점을 양해 바란다. 여기서 제시하는 알고리즘보다 더 좋은 아이디어를 가진 연구원들도 있을 것이며, 주기적으

로 더 개선된 기법들이 계속해서 탄생하고 있다. 하지만 여기서 알고리즘들은 널리 인정받아 쓰이고 있고 안정화된 내용들이며, 다른 외적인exotic 접근 방식들에 대해 군건한 기초가 돼주고 있다.

핵심 알고리즘

통계적 기울기 하강 알고리즘을 뒷받침하는 아이디어는 일부 파라미터에 대한 기울기 값의 추정치를 계산한 다음, 기울기상의 반대 방향으로 약간 이동시킨 값으로 그 파라미터 값을 설정해주는 것이다. 적어도 매우 작은 크기의 이농에 대해서 오차 평가 기준은 평균적으로 감소해 나갈 것이다. 이렇게 단순한 알고리즘을 식으로 나타내면 식 (3.21)과 (3.22)가 된다. 이 방정식에서 W_k는 k번째 가중치 데이터(바이어스 벡터 포함)를 의미하고, rate는 학습률이라는 매우 작은 숫자 값을 의미하며, $\triangle_k$는 W_k에서의 기울기를 의미한다.

$$increment_k \ = \ -rate * \triangle_k \qquad\qquad (3.21)$$

$$W_{k+1} \ = \ W_k + increment_k \qquad\qquad (3.22)$$

이렇게 간단한 기법에 존재하는 한 가지 문제점은 오차 평가 기준 함수가 길쭉하면서 가느다란 틈새 같은 형태를 종종 갖는데, 이 경우 식 (3.22)를 통해 갱신된 값이 그 틈새의 옆면을 따라 이리 저리 튕기는 형태로 이동하면서 매번 이동할 때 거의 아무런 진척도 만들어내지 못하게 된다는 점이다. 이런 이유로 대개 모멘텀momentum 항을 포함시켜서 평균 이동 방향을 조절하면서 나아가게끔 한다. increment만큼 증가할 때마다 식 (3.23)과 같이 이전 갱신 값으로부터 증가된 비율을 포함한다. 모멘텀이 미치는 영향을 확인하기 위해 그림 3.2를 보면 모멘텀이 없는 경로는 등위선에 수직한 형태를 갖지만, 전 단계에서 갱신된 방향으로 약간 여유를 줘서 이동시키면 알짜 이동

경로를 틈새 안으로 더 깊게 밀어낼 수 있다.

$$increment_k = mom * increment_{k-1} - rate * \Delta_k \qquad (3.23)$$

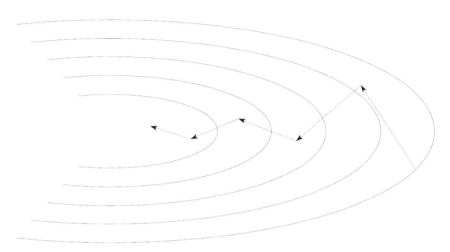

그림 3.2 틈을 향해 빠르게 이동시키는 모멘텀의 영향

배치 단위로 에포크 분할

이 주제는 앞에서 감동 훈련에 대해 얘기하며 설명했었던 내용이다. 하지만 이 내용은 특히 RBM 훈련 기법과 깊은 연관성을 가지므로 다시 한 번 반복하고자 한다. 각 데이터마다 기울기를 한 번에 하나씩 계산한 다음, 매번 차례가 돌아올 때마다 가중치를 조금씩 갱신시킬 수 있다. 하지만 이는 엄청난 오버헤드를 초래한다.

또 다른 극한 상황에서는 모든 데이터에 대한 기울기 값들을 합산하고 하나의 전체 훈련 데이터를 거치고 난 다음, 가중치 값을 갱신할 수 있다. 이렇게 하면 오버헤드를 최소한으로 줄일 수 있을 뿐만 아니라 개별 기울기 추정치를 합할 때 임의의 오차 값들이 크게 상쇄될 수 있기 때문에 기울기 오차의 변화도 상대적으로 줄어들 수 있다. 기울기를 높은 정확도로 추정해내는 것은 훌륭한 일이다.

이러한 두 가지 극적인 상황 사이에서 우리는 전체 훈련 데이터를 배치 단위로 나눌 수 있다. 개개의 배치마다 할당된 기울기 값들을 합산하고, 배치마다 한 번씩 갱신한다. 하지만 배치를 얼마나 크게 만들어야 할까? 한 가지 중요한 고려 사항은 배치당 걸리는 기울기 계산 시간과 만족할 만한 훈련 성과를 내기 위해 필요한 배치의 개수 사이 트레이드오프 관계가 딱 떨어지지 않는다는 점이다^{net wash}. 특히 배치의 크기를 줄이게 되면 자연스럽게 배치당 계산 시간은 줄어들고, 기울기 시간이 줄어드는 만큼 빨리 수렴에 필요한 배치의 개수는 증가한다. 몇 가지 숫자를 떠올려보면 일괄 크기(따라서 배치당 걸리는 계산 시간까지)를 10의 배수로 줄이게 되면 기울기의 증가된 오차로 인해 각 배치마다 기존의 5배에 달하는 배치만큼 증가하게 요구된다는 것을 알아낼 수 있다. 그렇다고 해도 여전히 2의 배수만큼 여유가 있다.

물론 이는 수많은 배치를 사용하는 증가된 오버헤드만큼의 오프셋이다. 윈도우상에서 하나의 스레드를 동작시키는 데 드는 오버헤드는 꽤나 작으므로, 크게 고려할 부분은 아니다. 반면 CUDA 커널을 런칭시키는 오버헤드는 굉장하므로, 윈도우의 멀티스레딩보다는 CUDA 처리 기법으로 더 많은 배치들을 이용하고 싶어 하게 될 것이다.

에포크 뒤섞기

전체 훈련 데이터를 하나의 거대한 배치만으로 처리하려고 한다면 데이터들 중에서 훈련 데이터가 등장하는 순서는 서로 무관^{irrelevant}할 것이다. 하지만 대부분의 실질적인 상황에서는 이전 절에서 설명한 것처럼 데이터를 배치 단위로 나눌 것이기 때문에 훈련 데이터의 순서가 결과의 차이를 만들어 낼 것이다.

이때 순서에 의존하는 두 가지 고민거리가 있다. 먼저 훈련 데이터 간에 매우 큰 연속적 상관^{serial correlation}을 갖는다고 해보자. 충분히 있을 수 있는 일이다. 예를 들어 데이터가 시계열^{time series}적인 특성을 갖는다면 말이다. 실험자가 의도적으로 함께 그룹으로 묶어 놓은 서로 다른 조건들로부터 유도된 데이터를 갖고 몇 가지 테스트 측면들을 바꿔버리는 경우도 마찬가지다. 연속적 상관성이 존재하는 경우 하나의 배치가 기울기를 한 가지 방향으로 이동시키면 그 다음 배치는 다른 방향으로 되돌려서 이동시킨다. 좋지 않은 일이다.

두 번째로 명시적으로overt 시간상 연속되는 의존성이 없다면 훈련 데이터에는 하나 이상의 매우 보기 드문 데이터가 존재하거나, 우연하게 유사한 경우들을 그룹 지을 수도 있다.

일반적이지 않은 데이터나 배치들을 통해 형성되는 패턴 집단cluster들은 분산시켜 놓는 것도 좋지만, 매번 역방향으로 추적해나가는 기울기의 값을 동일하게 얻는 일이 없게 하기 위해서라도 개개의 에포크마다(전체 훈련 데이터들을 거치면서) 다양하게 흩어놓는 것도 효과가 있다.

물론 실질적으로 데이터들을 섞는 놓는 것은 이치에 맞지 않는 일이다. 몇 개밖에 안 되는 변수보다 데이터가 더 많은 경우 처리 비용이 매우 높아질 수 있기 때문이다. 그보다는 프로그래머가 벡터의 인덱스를 통해 데이터를 다루면서 이 벡터의 인덱스를 섞어 놓는 식으로 동일한 효과를 내는 것이 더 낫다.

학습률과 모멘텀 업데이트

학습률과 모멘텀을 처리하는 가장 간단한 방법은 훈련을 통해 미리 정해져 있는 값들로 이들을 고정시켜놓는 것이다. 이때 생길 수 있는 문제점은 값이 너무 작은 경우 최소 평가 기준에 수렴하는 것이 사실상 보장되지만, 필요 이상으로 훨씬 오래 걸릴 것이다. 그러므로 이 값을 크게 만들려고 하게 된다. 하지만 학습률이 너무 커져 버리면 최소 평가 기준이 반복적으로 오버슈트overshot되어서 수렴 불가능한 것이 아니라면 매우 어렵게 수렴된다. 모멘텀이 너무 크면 파라미터를 통해 전개되는 경로가 제대로 코너를 돌지 못해서

곡률이 큰 곡선을 완전히 관통해버릴 것이다(이는 진짜로 일어나는 일이다).

이런 이유들 때문에 더욱 진보된 학습률과 모멘텀 결정 알고리즘들이 고안돼왔다. 훈련이 진행되는 동안 일정한 비율로 학습률이 변하게 설정할 수도 있고, 평균 가중치 크기의 일정한 비율로 지정해버릴 수도 있다. 비슷하게 훈련 과정이 진행되면서 이 가중치들이 잘 거동하는 협곡 안에 점점 더 많이 포함되면서 꾸준히 모멘텀을 증가시킬 것이다.

하지만 이 기법들은 불안정한 휴리스틱 기법이다. 진정한 최적의 학습률은 헤시안 행렬로 이뤄진 함수로, 계산하려면 비현실적인 연산들을 수행해야 한다. 더 간단한 방법으로는 방향성을 갖는 최소 및 켤레^{conjugate} 기울기 같은 것들이 있으며, 이 기법들은 기울기를 정확하게 계산해낼 수 있으면 탁월한 선택이 되지만 기울기 추정치에 상당한 랜덤 변화량이 내포돼 있으면 크게 쓸모가 없어진다. 그럼 어떻게 해야 할까?

내가 작업하면서 거의 최적에 가까운 학습률에 도달하면서도 합리적인 모멘텀 인자까지 구해내는 간단하면서 매우 높은 효과를 보여주는 알고리즘을 찾아낸 적이 있다. 이 알고리즘은 학습률이 너무 작을 경우 연속적인 기울기 추정치가 거의 동일한 방향을 가리키게 될 것이고, 반대로 학습률이 너무 높으면 이 방향으로 최솟값이 오버슈트돼서 기울기가 원래 이동하기 시작했던 지점을 가리키게 될 것이라는 아이디어로부터 나오게 됐다. 그러므로 현재의 기울기와 전 단계에서의 기울기 벡터 사이의 각에 대한 코사인^{cosine of the angle} 값을 학습률의 퀄리티를 나타내는 척도로 사용할 수 있다. 이 코사인 값이 매우 작은 경우(기울기 값들이 거의 동일한 방향을 가리키는 경우) 학습률은 증가했다고 볼 수 있으며, 매우 큰 경우(기울기들이 서로 거의 반대 방향을 가리키는 경우) 학습률을 잘라내야 한다.

두 벡터 사이의 각에 대한 코사인 값은 식 (3.24)와 같이 두 벡터의 내적을 두 벡터의 길이를 곱한 값으로 나눈 것과 같다.

$$GradCos_k = \frac{\Delta_k \cdot \Delta_{k-1}}{\|\Delta_k\| \|\Delta_{k-1}\|} \qquad (3.24)$$

이 값은 학습률에 대해 적용했던 것만큼 좋은 효율을 갖지는 않지만, 모멘텀 인자를 지속적으로 유의해서 주시하는 데 사용할 수도 있다. 이 아이디어는 상황이 잘 진행될 때 연속적인 기울기들은 다소 수직 교차하는 형태를 갖게 된다. 이 기울기들이 그림 2.6과 같이 완전하게 수직할 필요는 없다. 하지만 학습률이 합리적인 값을 갖더라도 각도 값이 과도하게 크거나 작은 경우 모멘텀 값을 의심해볼 가능성이 높아진다. 모멘텀이 실제로 가장 가파른 하강 기울기의 방향으로부터 떨어져 있으므로, 불안정성을 일으키는 위험한 요소라는 사실을 상기하자. 모멘텀을 아예 쓰지 않거나 거의 쓰지 않는 것이 상책이다. 쓰지 않는다고 해봐야 수렴 속도가 느려지는 정도뿐이다. 하지만 지나치게 크거나 작은 모멘텀은 수렴을 방지하거나 남은 영역으로부터 아주 멀리 떨어진 지역 최솟값으로 도달하도록 유도한다. 의심스러운 데이터에서는 모멘텀을 잘라낸다.

이는 모멘텀을 결정하기 위한 간단한 알고리즘을 유도해낸다. 작은 모멘텀 값으로 시작해서 훈련을 진행하는 동안 천천히, 그리고 꾸준히 모멘텀을 증가시킨다. 하지만 식 (3.24)의 절댓값이 지나치게 커지거나 작아지면 모멘텀을 잘라낸다. 그리고 벡터 사이의 각도가 작게 나온 경우에도 모멘텀을 증가시키지 말자. 증가시키면 불안정해진다. 대신 학습률을 높이면 모멘텀은 그에 따라 자연스레 증가한다. 실제로 이렇게 해도 잘 먹힌다.

수렴 값 결정

결정적 최소화^{deterministic minimization} 과정을 수행할 때 수렴 값을 결정하는 것은 간단한 일이다. 평가 기준이 감소하는 비율을 관찰하다가 학습률이 정의된 임계치 이하로 떨어지면 중단한다. 아니면 기울기 벡터의 길이를 관찰하다가 이 길이가 충분히 작아지면 중단한다.

이러한 접근법은 RBM을 훈련시킬 때 문제가 있다. 조그마한 장난감 같은 문제가 아니고서야 최적화하길 바라는 발생 가능 평가 기준을 계산할 수 없으므로, 테스트를 중단하는 수단으로서 이렇게 값이 감소하는 비율을 이용할 수는 없다. 우리가 하려는 테스트에 사용하면서 감소율이 0에 가까워질 때 중단시키기 위한 기준으로 재구조화 오차를 쓰는 것도 굉장히 매력적이다. 이렇게 하는 것이 완전히 부적절한 방식이라고 할 순 없다. 이 결과 값은 직관적으로 강한 매력을 가지며, 종종 발생 가능성 값과 높은 상관성을 갖는다. 하지만 이는 우리가 계산하는 대상인 기울기의 함수가 아니므로 기울기 하강은 재구조화 오차가 줄어든다고 반드시 영향을 받는 것은 아니다.

대조적 발산contrastive divergence을 여러 번 반복 수행할 경우 발생 가능성likelihood에 대한 참 기울기 값에 점점 더 근사한 결과를 도출하게 되며, 이러한 경우에 특히 더 그렇다. 딱 한 번 루프를 돌면 기울기와 재구조화 오차는 일반적으로 매우 근사하게 부합하지만, 그렇다고 해도 여전히 완벽한 참값에 도달하려면 멀었다. 그리고 훈련 과정이 진행되면서 이러한 부합 정도는 점점 더 악화된다. 그 이유는 훈련이 진행될수록 일반적으로 가중치의 크기가 증가하고, 가중치가 커질수록 혼합 속도도 느려지기 때문이다. 이는 신경망 모델이 계속 훈련 데이터의 분포를 적절히 제공해주지 못하고 있는데 재구조화 오차는 작은 값을 유지하고 있다는 걸 의미한다. 그러므로 재구조화 오차의 감소 속도가 거의 0에 가깝게 떨어질 때 훈련을 중단시키면 그건 아마도 너무 이른 시기에 중단해버린 것일 수도 있다.

결정적 문제의 중단 기준이 RBM 훈련에 적절하지 못한 또 다른 이유는 기울기가 통계적으로 얻은 결과라는 점이다. 가중치가 어쩌다 보니 최적화 값에 정확하게 일치하게 됐다고 해도, 은닉 레이어(그리고 때에 따라서는 가시 레이어도 포함해) 뉴런의 활성화 값을 랜덤하게 설정하면서 생기는 영향 때문에 기울기 값은 여전히 이리저리 튕기고 있을 것이다. 정반대로 근본적으로 0인 기울기가 꼭 최적의 가중치에 부합할 필요는 없다.

그래도 여전히 꽤 훌륭한 테스트 중단 기준으로, 앞서 다룬 방식을 다양하게 변화시켜 적용해볼 수 있다. 최대 크기를 갖는 기울기 원소를 관찰함으로써 최적 값에 매우 근사한 결과를 얻을 때 랜덤의 영향이 미칠 수 있는 최악의 결과를 측정해볼 수 있다. 그러면 입력이 은닉 뉴런 활성화에 얼마나 큰 영향을 미칠 수 있는지에 대한 상대적인 비교 척도로서 수렴 값을 구하는 것이 목적이기 때문에 이 최악의 기울기를 가장 큰 가중치(꼭 최대의 기울기 원소에 대응하는 가중치를 대상으로 할 필요는 없다)와 비교한 비율을 이용한다.

이러한 테스트 방식의 또 다른 장점은 하나 이상의 가중치가 커지고 있는 경우(거의 일어나기 힘든 병리학적 상황으로, 특히 고의로 가중치 패널티가 압박을 받을 경우 더 그렇다) 진행을 중단시키고 싶어 할 수도 있다는 점이다.

하지만 이 테스트는 부가적인 수단으로 이용해야 한다. 나는 기울기 대 가중치 비율이 지금까지 구한 최솟값에서 더 이상 작아지지 않는 횟수가 하나의 행에 몇 번이나 있는지 나타내는 카운터 값이 가장 좋은 수렴 결과 측정 척도라는 걸 깨달았다. 일부 가중치들이 커지는 보기 드문 경우 이러한 카운팅 테스트에 실패할 수 있으며, 이러한 이유로 방금 설명했던 비율 테스트가 포함돼야만 한다. 하지만 일반적인 조건하에서는 일단 최대 발생 가능성 근처에 도달하면 임의성^{randomness}은 어느 시점에서 매우 작은 기울기/가중치 비율 값을 제공할 것이며, 이후 에포크 동안에도 더 이상 이 값은 줄어들기 힘들다. 그러므로 상당한 루프 반복을 거쳐서도 이 비율 값이 줄어들지 않으면 최적의 가중치 값들에 근사한 결과를 얻었다고 결론을 내릴 수 있다. 이렇게 매우 효과적인 수단이 바로 주요하게 사용될 수렴 척도가 돼야 한다.

멀티스레드 기반의 RBM 훈련 알고리즘 구현 코드

이번 절에서는 대조적 발산^{contrastive divergence} 기법을 이용해 최대 발생 가능성의 근삿값을 구해내는 RBM의 훈련 알고리즘을 구현한 코드(오차 값을 체크하는 기능 등을 포함해)를 다루고자 한다. 코드를 부분별로 나눠서 설명해볼 것이다. 전체 소스코드는 내 홈페이지에서 다운로드할 수 있다. 기울기 루틴 실행을 위한 호출 파라미터들부터 살펴보자. 초기 부분에 나와 있는 상수 값들은 나중에 사용할 난수 생성을 빠르게 처리하기 위한 값이다.

```
#define IA 16807
#define IM 2147483647
#define AM (1.0 / IM)
#define IQ 127773
#define IR 2836

static void rbm2_threaded (
    int istart ,              // 배치에 할당된 첫 번째 데이터
    int istop ,               // 마지막 데이터
    int ncols ,               // 데이터 행렬에서 열의 개수
    int n_inputs ,            // 입력 개수
    double *data ,            // '훈련 데이터'의 행과 입력 데이터의 열 ncols의
                              // 크기를 갖는 데이터 행렬(0과 1로 구성됨)
    int nhid ,                // 은닉 뉴런의 개수
    int n_chain ,             // 마르코프 체인 길이
    int mean_field ,          // 임의 샘플링 대신 mean field 사용
    double *w ,               // 가중치 행렬(n_inputs x nhid) 크기
    double *in_bias ,         // 입력 바이어스 벡터
    double *hid_bias ,        // 은닉 바이어스 벡터
    int *shuffle_index ,      // 뒤섞어 놓은 데이터를 처리하기 위한 인덱싱 포인터
    double *visible1 ,        // n_inputs 길이의 작업 벡터
    double *visible2 ,        // n_inputs 길이의 작업 벡터
    double *hidden1 ,         // nhid 길이의 작업 벡터
    double *hidden2,          // nhid 길이의 작업 벡터
```

```
double *weight_act ,     // nhid 길이의 작업 벡터
double *in_bias_grad ,   // 기울기 값을 저장해놓을 포인터
double *hid_bias_grad ,  // 기울기 값을 저장해놓을 포인터
double *w_grad ,         // 기울기 값을 저장해놓을 포인터
double *hid_on_frac ,    // 개개의 은닉 뉴런이 활성화되는 짧은
                         // 시간(짧은 시간)을 가리키는 포인터
double *error            // 재구조화 오차 기준을 저장할 포인터
)
```

이러한 대부분의 파라미터들은 앞에서 다룬 내용을 잘 이해하고 있다면 이름 자체만으로도 역할을 알 수 있다. 첫 시작 가중치를 찾아내는 루틴처럼 훈련 데이터 배열은 ncols개의 열 중에서 처음 n_inputs개의 원소가 사용된다. 탐욕적인 학습 기법을 소개하면서 이렇게 하는 이유에 대해 더욱 명확하게 이해될 것이다.

shuffle_index 배열의 크기는 전체 훈련 데이터 집단에 존재하는 데이터 개수와 같으며, 전체 데이터 개수 – 1만큼의 정수 값 0을 담고 있다. 이 데이터들은 특정 루틴을 호출해서 뒤섞어 놓은 다음, 임의의 순서로 이 루틴에서 데이터를 액세스하게 사용될 것이다.

난수 생성을 위한 변수 선언과 초기화를 구현한 코드는 다음과 같다. istop과 shuffle_index[0]를 임의의 초기화에 포함시켜 개개의 배치와 에포크에 대해서 은닉 뉴런의 활성화를 결정하기 위한 서로 다른 시퀀스의 난수를 얻을 수 있게 한다. 이러한 난수 생성기의 한 가지 특징은 0이라는 정수 값을 절대로 초기화 값으로 쓰면 안 된다는 점이다.

```
int k, randnum, icase, ivis, ihid, ichain ;
double sum, *wptr, *dptr, P, Q, frand ;

randnum = (istop + shuffle_index[0]) % IM ;
if (randnum == 0)
   randnum = 1 ;
```

기울기와 오차를 각 배치마다 누적해나갈 영역들을 0으로 초기화한다. hid_on_frac 배열은 각 은닉 뉴런마다 활성화되는 짧은 시간을 누적해간다. 이 배열은 나중에 희소 패널티를 위해 필요하다.

```
for (ihid=0 ; ihid<nhid ; ihid++) {
   hid_bias_grad[ihid] = 0.0 ;
   hid_on_frac[ihid] = 0.0 ;
   for (ivis=0 ; ivis<n_inputs ; ivis++)
     w_grad[ihid*n_inputs+ivis] = 0.0 ;
}

for (ivis=0 ; ivis<n_inputs ; ivis++)
   in_bias_grad[ivis] = 0.0 ;

*error = 0.0 ;
```

메인 루프에서는 배치에 할당된 각 데이터를 처리해나가면서 각 데이터에 대한 기울기를 추정하기 위한 알고리즘을 이용한 다음, 배치들을 거치면서 추정한 기울기 값들을 합산한다. 이 알고리즘의 첫 번째 단계는 식 (3.3)을 이용해 은닉 뉴런의 활성화 확률을 계산하는 것이다. 그 결과를 hidden1 변수에 저장해서 양의 기울기 항에서 사용하고, hidden2에도 저장해서 몬테카를로 체인Monte-Carlo chain에서 샘플링을 위해 사용한다.

```
for (icase=istart ; icase<istop ; icase++) {
   dptr = data + shuffle_index[icase] * ncols ;  // 데이터상의 현재
                                      // 케이스를 가리키는 포인터
   for (ivis=0 ; ivis<n_inputs ; ivis++)     // 현재 데이터를 얻어온다.
     visible1[ivis] = dptr[ivis] ;

   for (ihid=0 ; ihid<nhid ; ihid++) {
     wptr = w + ihid * n_inputs ;        // 현재 뉴런에 대한 가중치 벡터
     sum = hid_bias[ihid] ;
     for (ivis=0 ; ivis<n_inputs ; ivis++)   // 식 (3.3) 합산
       sum += wptr[ivis] * visible1[ivis] ;
```

```
        Q = 1.0 / (1.0 + exp(-sum)) ;           // 확률 = f(sum)
        hidden1[ihid] = hidden2[ihid] = Q ;  // CD-k 루프에서 아용하기 위해
                                              // hidden2가 필요하다.
        hid_on_frac[ihid] += Q ;   // 희소 패널티에서 사용하기 위해 필요하다.
    }
```

여기서 느리긴 해도 정확한 계산 결과를 얻어내는 알고리즘을 이용해서 재구조화 오차를 선택적으로 계산할 수 있다. 또한 평균 제곱 오차(식 (3.5))나 교차 엔트로피(식 (3.6))를 이용할 수도 있다.

```
#if RECON_ERR_DIRECT
    // 재구조화 오차를 계산한다. 결정적(deterministic)이지만 고비용이 든다.
    for (ivis=0 ; ivis<n_inputs ; ivis++) {// 기울기를 구하기 위한
                                            // 용도는 아니며
        sum = in_bias[ivis] ;               // 재구조화 오차만 구한다.
        for (ihid=0 ; ihid<nhid ; ihid++)  // 이는 아마도 큰 낭비가 될 수 있다.
            sum += w[ihid*n_inputs+ivis] * hidden1[ihid] ;  // 이중 중첩
                                               // 루프이기 때문이다!
        P = 1.0 / (1.0 + exp(-sum)) ;       // 식 (3.4)
#if RECON_ERR_XENT
        *error -= visible1[ivis] * log(P+1.e-10) + (1.0 - visible1[ivis])
             * log(1.0-P+1.e-10) ;
#else
        double diff = visible1[ivis] - P ;
        *error += diff * diff ;
#endif
    }
#endif
```

이제 현재의 가중치 집단에 대응하는 '자연스러운' RBM 분포로부터 임의로 추출한 샘플에 더 성공적으로 근사한 결과를 내주는 마르코프 체인 알고리즘을 수행한다. 매번 루프를 시작할 때마다 hidden2 변수는 은닉 레이어 뉴런 활성화의 확률 값을 담고 있다. 우리는 난수를 생성하고 샘플링해 weight_ act 변수에 값을 저장한다.

```
for (ichain=0 ; ichain<n_chain ; ichain++) {
   for (ihid=0 ; ihid<nhid ; ihid++) {
      k = randnum / IQ ;
      randnum = IA * (randnum - k * IQ) - IR * k ;
      if (randnum < 0)
         randnum += IM ;
      frand = AM * randnum ;
      weight_act[ihid] = (frand < hidden2[ihid]) ? 1.0 : 0.0 ;
   }
```

가시 활성화 확률 값은 식 (3.4)를 이용해서 계산한다. 그리고 이제는 이러한 확률 값들을 이용 가능하므로 평균 제곱 오차(식 (3.5)) 혹은 교차 엔트로피(식 (3.6))로 재구조화 오차 값을 구할 수 있다. 확률 P 값들은 샘플링된 은닉 레이어의 활성화 값들을 기반으로 하므로, 이 측정값은 결정적인 기법으로 구한 결과만큼 정확하진 않지만, 아무튼 기울기에 대해 이러한 확률 값들이 필요하므로 결정적 기법상 존재할 수 있는 노력의 낭비가 없다.

```
   for (ivis=0 ; ivis<n_inputs ; ivis++) {
      sum = in_bias[ivis] ;
      for (ihid=0 ; ihid<nhid ; ihid++)
         sum += w[ihid*n_inputs+ivis] * weight_act[ihid] ;
      P = 1.0 / (1.0 + exp(-sum)) ;          // 식 (3.4)

#if ! RECON_ERR_DIRECT
      if (ichain == 0) {
#if RECON_ERR_XENT
         *error -= visible1[ivis] * log(P+1.e-10) +
               (1.0-visible1[ivis]) * log(1.0-P+1.e-10) ;
#else
         double diff = visible1[ivis] - P ;
         *error += diff * diff ;
#endif
```

```
    }
#endif
```

'가시 뉴런' 루프의 마지막 단계는 그저 확률 값을 곧바로 저장하거나 `mean_field`가 없으면 난수를 생성해서 이 값으로 재구조화된 가시 활성화를 샘플링한다.

```
if (mean_field)
  visible2[ivis] = P ;
else {
  k = randnum / IQ ;
  randnum = IA * (randnum - k * IQ) - IR * k ;
  if (randnum < 0)
    randnum += IM ;
  frand = AM * randnum ;
  visible2[ivis] = (frand < P) ? 1.0 : 0.0 ; // 활성화 샘플링 수행
  }
} // 개개의 가시 뉴런마다 반복 수행
```

마르코프 체인 알고리즘의 마지막 단계는 가시 뉴런 값(확률 값이거나, 샘플링된 활성화 값)을 사용해서 은닉 뉴런 활성화의 확률을 계산하는 것이다.

```
for (ihid=0 ; ihid<nhid ; ihid++) {
  wptr = w + ihid * n_inputs ; // 현재 뉴런의 가중치 벡터
  sum = hid_bias[ihid] ;
  for (ivis=0 ; ivis<n_inputs ; ivis++)
    sum += wptr[ivis] * visible2[ivis] ;
  hidden2[ihid] = 1.0 / (1.0 + exp(-sum)) ;
  }
} // 마르코프 체인의 루프 수행
```

이렇게 해서 '데이터'와 '모델' 가시 뉴런과 은닉 뉴런의 확률 값, 그리고/혹은 활성화 값 등을 얻을 수 있었다. 이제 식 (3.12)를 이용해서 (음의) 기울기

를 계산할 수 있다. 이 식을 구성하는 항들은 기댓값으로 이뤄져있다. 구해
낸 '데이터' 값들은 훈련 데이터 분포로부터 랜덤하게 샘플링되면서 바이어
스되지 않은 값들이다. '모델' 값들은 바이어스된 값들로, 몬테카를로 체인
연산을 반복 수행해나가면서 바이어스된 정도가 점차 줄어든다. 하지만 그
럼에도 불구하고, 이 값들은 합리적인 수치들이다. 샘플들의 전체 배치는
평균을 낼 때 식 (3.12)의 기대치에 수용할 수 있을 만큼 근사한 값이 된다.
mean field 근삿값을 쓰지 않으면 반드시 '모델'의 은닉 활성화 값을 이용
한다.

```
for (ihid=0 ; ihid<nhid ; ihid++) {
  if (mean_field) {
    hid_bias_grad[ihid] += hidden1[ihid] - hidden2[ihid] ;
    for (ivis=0 ; ivis<n_inputs ; ivis++)
      w_grad[ihid*n_inputs+ivis] += hidden1[ihid] *
          visible1[ivis] - hidden2[ihid] * v isible2[ivis] ;
  }

  else {
    k = randnum / IQ ;
    randnum = IA * (randnum - k * IQ) - IR * k ;
    if (randnum < 0)
      randnum += IM ;
    frand = AM * randnum ;
    weight_act[ihid] = (frand < hidden1[ihid]) ? 1.0 : 0.0 ;
    hid_bias_grad[ihid] += weight_act[ihid] - hidden2[ihid] ;
    for (ivis=0 ; ivis<n_inputs ; ivis++)
      w_grad[ihid*n_inputs+ivis] += weight_act[ihid] *
          visible1[ivis] - hidden2[ihid] * v isible2[ivis] ;
  }
}

for (ivis=0 ; ivis<n_inputs ; ivis++)
  in_bias_grad[ivis] += visible1[ivis] - visible2[ivis] ;
```

```
      } // 현재 배치에 할당된 각 데이터마다 루프 수행
}
```

위와 같은 루틴은 기울기 연산을 처리하는 일꾼으로, 스레드에서 호출할 대상이다. 이미 스레딩에 대해서는 여러 번 논의했었기 때문에 이번에는 대략적으로만 훑어볼 것이다. 먼저 파라미터를 전달하기 위해 만든 데이터 구조와 각 스레드에 대해 호출될 래퍼 함수를 보면 다음과 같다.

```
typedef struct {
    int istart ;                // 배치의 첫 번째 데이터 인덱스
    int istop ;                 // 마지막 데이터 인덱스
    int ncols ;                 // 데이터의 열 개수
    int n_inputs ;              // 입력 개수
    double *data ;              // '훈련 데이터'의 행과 입력 데이터의 열 ncols의
                                // 크기를 갖는 데이터 행렬(0과 1로 구성됨)
    int nhid ;                  // 은닉 뉴런의 개수
    int n_chain ;               // 마르코프 체인 길이 ; 종종 1일 경우도 있음
    int mean_field ; // 임의 샘플링 대신 mean field 사용할지 나타내는 플래그
    double *w ;            // ( nhid sets x n_inputs) 크기의 가중치 행렬
    double *in_bias ;           // 입력 바이어스 벡터
    double *hid_bias ;          // 은닉 바이어스 벡터
    int *shuffle_index ;  // 뒤섞어 놓은 데이터를 처리하기 위한 인덱싱 포인터
    double *visible1 ;          // n_inputs 길이의 작업 벡터
    double *visible2 ;          // n_inputs 길이의 작업 벡터
    double *hidden1 ;           // nhid 길이의 작업 벡터
    double *hidden2;            // nhid 길이의 작업 벡터
    double *weight_act ;        // nhid 길이의 작업 벡터
    double *in_bias_grad ;  // 기울기 값을 저장해놓을 포인터
    double *hid_bias_grad ; // 기울기 값을 저장해놓을 포인터
    double *w_grad ;            // 기울기 값을 저장해놓을 포인터
    double *hid_on_frac ;  // 개개의 은닉 뉴런이 활성화되는 짧은
                                // 시간을 저장할 포인터
    double *error ;             // MSE 오차 기준을 저장할 포인터
```

```
} RBM_THR2_PARAMS ;

static unsigned int __stdcall rbm2_wrapper ( LPVOID dp )
{
   rbm2_threaded (
         ((RBM_THR2_PARAMS *) dp)->istart ,
         ((RBM_THR2_PARAMS *) dp)->istop ,
         ((RBM_THR2_PARAMS *) dp)->ncols ,
         ((RBM_THR2_PARAMS *) dp)->n_inputs ,
         ((RBM_THR2_PARAMS *) dp)->data ,
         ((RBM_THR2_PARAMS *) dp)->nhid ,
         ((RBM_THR2_PARAMS *) dp)->n_chain ,
         ((RBM_THR2_PARAMS *) dp)->mean_field ,
         ((RBM_THR2_PARAMS *) dp)->w ,
         ((RBM_THR2_PARAMS *) dp)->in_bias ,
         ((RBM_THR2_PARAMS *) dp)->hid_bias ,
         ((RBM_THR2_PARAMS *) dp)->shuffle_index ,
         ((RBM_THR2_PARAMS *) dp)->visible1 ,
         ((RBM_THR2_PARAMS *) dp)->visible2 ,
         ((RBM_THR2_PARAMS *) dp)->hidden1 ,
         ((RBM_THR2_PARAMS *) dp)->hidden2,
         ((RBM_THR2_PARAMS *) dp)->weight_act ,
         ((RBM_THR2_PARAMS *) dp)->in_bias_grad ,
         ((RBM_THR2_PARAMS *) dp)->hid_bias_grad ,
         ((RBM_THR2_PARAMS *) dp)->w_grad ,
         ((RBM_THR2_PARAMS *) dp)->hid_on_frac ,
         ((RBM_THR2_PARAMS *) dp)->error) ;
   return 0 ;
}
```

훈련 루틴을 실행하기 위한 호출 파라미터 리스트는 다음과 같다. 대부분은
앞서 살펴봤던 것과 동일하지만, 몇 가지 추가 설명이 필요한 부분도 있다.

- 앞서 언급했듯이 마르코프 체인 루프(매우 큰 연산 비용이 든다!)를 단 한 번만 수행한 경우 신경망 모델 분포로부터 '샘플링'된 결과는 데이터 분포 쪽으로 상당히 바이어스된 상태가 된다. 그럼에도 불구하고 최대 발생 가능 가중치 쪽으로 빠르게 우리를 잡아당길 정도의 충분한 정보보다도 더 많은 양의 기울기 정보들을 담게 될 것이다. 그러므로 소량(보통 1개인 n_chain_start)부터 전달하기 시작해서 기하급수적으로 완화시켜주는 비율(n_chain_rate)로 다소 큰 수(n_chain_end)를 향해 진행하고자 한다,

- 앞서 논의했던 두 가지 수렴 기준, max_no_improvement과 convergence_crit

- learning_rate는 단지 초기 값이다. 이는 앞서 논의했듯이 자동으로 조절된다. start_momentum과 end_momentum 역시 앞에서 함께 설명했다.

- 여러 가지 벡터들은 각 스레드마다 개별적으로 복사돼 존재해야 한다. 그러므로 호출자는 반드시 명백하게 요구되는 크기와 가능한 최대 스레드 개수를 곱한 만큼의 메모리를 할당해 놓아야 한다.

```
double rbm_thr2 (
    int nc ,                    // 훈련 데이터의 개수
    int ncols ,                 // 데이터 행렬의 열 개수
    double *data ,              // '훈련 데이터'의 행과 입력 데이터의 열 ncols의
                                // 크기를 갖는 데이터 행렬(0과 1로 구성됨)
    int n_inputs ,              // 입력 개수
    int nhid ,                  // 은닉 뉴런 개수
    int max_neurons ,           // 임의의 레이어의 최대 뉴런 개수
    int n_chain_start ,         // 마르코프 체인의 초기 길이(일반적으로 1)
    int n_chain_end ,           // 마르코프 체인의 마지막 최대 길이
    double n_chain_rate ,       // n_chain에 대한 기하급수적인 완화 비율
    int mean_field ,            // mean field 를 임의 샘플링 대신 사용할 지 나타내는 플래그
    int n_batches ,             // 하나의 에포크당 배치 개수
    int max_epochs ,            // 최대 에포크 개수
```

```
   int max_no_improvement,       // 루프를 여러 번 반복해도 개선되지 않으면
                                 // 수렴됐다고 판단
   double convergence_crit ,     // max inc/max weight에 대한 수렴 판단 기준
   double learning_rate ,        // 학습률(초기 값. 빠르게 조절됨)
   double start_momentum ,       // 학습 모멘텀의 초기 값
   double end_momentum ,         // 학습 모멘텀의 마지막 값
   double weight_penalty ,       // 가중치 패널티
   double sparsity_penalty ,     // 희소 패널티
   double sparsity_target ,      // 희소 목표치
   double *w ,          // nhid x n_inputs 의 크기를 갖는 계산된 가중치 행렬
   double *in_bias ,             // 계산된 입력 바이어스 베터
   double *hid_bias ,            // 계산된 은닉 레이어 바이어스 벡터
   int *shuffle_index ,          // nc 길이를 갖는 작업 벡터
   double *data_mean ,           // n_inputs 길이를 갖는 작업 벡터
   double *visible1 ,     // n_inputs * max_threads 길이를 갖는 작업 벡터
   double *visible2 ,     // n_inputs * max_threads 길이를 갖는 작업 벡터
   double *hidden1 ,      // nhid * max_threads 길이를 갖는 작업 벡터
   double *hidden2 ,      // nhid * max_threads 길이를 갖는 작업 벡터
   double *hidden_act ,   // nhid * max_threads 길이를 갖는 작업 벡터
   double *hid_on_frac ,  // nhid * max_threads 길이를 갖는 작업 벡터
   double *hid_on_smoothed , // 작업 벡터 nhid 길이를 갖는 작업 벡터
   double *in_bias_inc ,      // n_inputs 길이를 갖는 작업 벡터
   double *hid_bias_inc ,     // nhid 길이를 갖는 작업 벡터
   double *w_inc ,            // n_inputs * nhid 길이를 갖는 작업 벡터
   double *in_bias_grad , // n_inputs * max_threads 길이를 갖는 작업 벡터
   double *hid_bias_grad ,    // nhid * max_threads 길이를 갖는 작업 벡터
   double *w_grad , // n_inputs * nhid * max_threads 길이를 갖는 작업 벡터
   double *w_prev             // n_inputs * nhid 길이를 갖는 작업 벡터
)
```

변수 선언부는 다음과 같다. 이 알고리즘은 중첩된 내용으로 하위 개념의
변수들을 설정한다. 즉, 개개의 에포크^{epoch}들은 (전체 훈련 데이터를 완전히 거치는
시간) 가중치 갱신을 위해 여러 배치 단위로 쪼개지며, 각 배치는 여러 개의

스레드들을 대상으로 분포된다.

```
int i_epoch ;          // 각 에포크 동안 전체 훈련 데이터를 완전히 거치는 시간임
int n_threads ;        // 전체 배치는 이 스레드 개수만큼 나눠진다.
int ivis ;             // 가시 레이어 인덱스
int ihid ;             // 은닉 뉴런의 인덱스
int istart ;           // 첫 번째 배치 데이터의 인덱스
int istop ;            // 마지막 배치 데이터 인덱스
int jstart ;           // 첫 번째 스레드 데이터의 배치를 가리킬 오프셋 인덱스
int jstop ;            // 마지막 스레드 데이터 인덱스
int n_in_batch ;       // 현재 처리 대상인 배치의 훈련 데이터 개수
int n_in_thread ;      // 현재 처리 대상인 스레드의 훈련 데이터 개수
int ibatch ;           // 현재 처리 대상인 배치 개수
int ithread ;          // 현재 처리 대상인 스레드 개수
int n_done ;           // 현재 에포크에서 지금까지 수행된 훈련 데이터 개수
int nt_done ;          // 현재 배치에서 지금까지 수행된 훈련 데이터 개수
int n_no_improvement ;   // 연이어 수렴 기준이 개선되지 못한 횟수
double chain_length ;    // 연쇄 길이(위로 갈수록 완화될 수도 있음)
double error ;   // 각 에포크에 대한 평균 제곱 오차 ; 차이값을 제곱해 합산한 결과
double best_err ;      // 지금까지 발견된 최상의 오차

int i, j, k, ret_val ;

double *dptr, momentum, max_inc, max_weight, error_vec[MAX_THREADS] ;
double best_crit, double sp_pen, x_this, x_prev, len_this, len_prev, dot ;
double smoothed_this, smoothed_dot, most_recent_correct_error ;

char msg[4096] ;

RBM_THR2_PARAMS params[MAX_THREADS] ;
HANDLE threads[MAX_THREADS] ;
```

첫 번째 단계는 입력 벡터의 평균을 계산하는 것이다. 이는 나중에 희소 패널티를 구할 때 필요하다. 그리고 나서 스레드에 정보를 전달하기 위한 데이터 구조를 향후에도 변하지 않는 값으로 초기화시킨다.

```
for (ivis=0 ; ivis<n_inputs ; ivis++)
   data_mean[ivis] = 0.0 ;

for (i=0 ; i<nc ; i++) {        // 모든 데이터를 거치면서 평균 벡터를 누적
   dptr = data + i * ncols ;  // 현재 처리할 데이터를 가리킴
   for (ivis=0 ; ivis<n_inputs ; ivis++)
      data_mean[ivis] += dptr[ivis] ;
}

for (ivis=0 ; ivis<n_inputs ; ivis++)
   data_mean[ivis] /= nc ;

for (i=0 ; i<max_threads ; i++) {
   params[i].mean_field = mean_field ;
   params[i].n_inputs = n_inputs ; params[i].ncols = ncols ;
   params[i].nhid = nhid ;
   params[i].data = data ;
   params[i].in_bias = in_bias ;
   params[i].hid_bias = hid_bias ;
   params[i].w = w ;
   params[i].shuffle_index = shuffle_index ;
   params[i].visible1 = visible1 + i * max_neurons ;
   params[i].visible2 = visible2 + i * max_neurons ;
   params[i].hidden1 = hidden1 + i * max_neurons ;
   params[i].hidden2= hidden2+ i * max_neurons ;
   params[i].weight_act = weight_act + i * max_neurons ;
   params[i].in_bias_grad = in_bias_grad + i * max_neurons ;
   params[i].hid_bias_grad = hid_bias_grad + i * max_neurons ;
   params[i].hid_on_frac = hid_on_frac + i * max_neurons ;
   params[i].w_grad = w_grad + i * nhid * n_inputs ;
   params[i].error = error_vec + i ;
}
```

이 코드에서 상위 절반은 모든 스레드가 공유해 사용하는 파라미터들이다.
하위 절반은 영역 침범과 충돌을 방지하기 위해 스레드마다 별개의 영역을

할당받아 사용한다.

식 (3.23)을 통해 파라미터 증분^{increments}의 모멘텀 완화^{momentum smoothing}를
수행할 것이므로, 이러한 증분은 반드시 0으로 초기화시켜야 한다. 또한
희소 패널티가 요구할 짧은 시간 동안 각 은닉 뉴런이 활성화된 결과를
완화시킨 값을 hid_on_smoothed에 저장한다. 우리는 이 변수를 0.5로
초기화한다.

```
for (ihid=0 ; ihid<nhid ; ihid++) {
   hid_bias_inc[ihid] = 0.0 ;
   hid_on_smoothed[ihid] = 0.5 ;
   for (ivis=0 ; ivis<n_inputs ; ivis++)
     w_inc[ihid*n_inputs+ivis] = 0.0 ;
}

for (ivis=0 ; ivis<n_inputs ; ivis++)
   in_bias_inc[ivis] = 0.0 ;
```

이제 여러 번 더 많은 초기화를 수행한다. 즉, 뒤섞어놓은 인덱스 벡터를
설정하고 연속적으로 개선에 실패한 횟수를 카운팅할 변수를 0으로 설정한
다음, 모멘텀과 마르코프 체인 길이를 이 변수에 합리적인 초기 값으로 설정
한다. 그리고 나서 에포크(에포크 동안 모든 훈련 데이터를 완전하게 거친다)들을 처리
하는 루프를 수행하기 시작한다. 각 에포크의 첫 번째 단계는 데이터의 인덱
스를 뒤섞어놓는 것이다.

```
for (i=0 ; i<nc ; i++)
   shuffle_index[i] = i ;

momentum = start_momentum ;
n_no_improvement = 0 ;              // 개선시킬 실패율을 카운트
chain_length = n_chain_start ;

for (i_epoch=0 ; i_epoch<max_epochs ; i_epoch++) {

   i = nc ;                         // 남은 뒤섞음 횟수
```

```
while (i > 1) {        // 뒤섞을 횟수가 적어도 2번 남을 때까지 반복
  j = (int) (unifrand_fast () * i) ;
  if (j >= i)
    j = i - 1 ;
  k = shuffle_index[--i] ;
  shuffle_index[i] = shuffle_index[j] ;
  shuffle_index[j] = k ;
}
```

에포크 루프가 시작하자마자 배치 루프가 나온다. 여기서는 훈련 집단을 각
배치별로 나눈 다음, 가가 기울기 추정치를 계산하는 데 사용하고 가중치를
갱신시킨다.

```
istart = 0 ;       // 배치 시작 = 훈련 데이터 시작
n_done = 0 ;       // 현재 에포크에서 지금까지 처리된 훈련 데이터의 개수
error = 0.0 ;      // 재구조화 오차를 누적시킬 변수
max_inc = 0.0 ;    // 수렴 여부를 검증할 기준 변수

for (ibatch=0 ; ibatch<n_batches ; ibatch++) {  // 하나의 에포크를
                                                // 배치별로 나눈다.
  n_in_batch = (nc - n_done) / (n_batches - ibatch) ; // 남은 데이터
                                                // 개수/남은 배치 개수
  istop = istart + n_in_batch ; // 이 인덱스 직전까지 수행하고 중단한다.
```

이 시점에서 우리는 곧 데이터의 시작 인덱스인 istart와 마지막 인덱스의
직전 istop으로 n_in_batch개의 데이터들을 배치로 처리해나간다. 현재
배치를 동시 다발적으로 실행시킬 n_threads개의 스레드로 나눈다. 배치
의 크기가 너무 크면 max_threads개의 스레드만 이용한다. 하지만 하나의
스레드를 실행시킬 때 오버헤드가 존재할 수 있으므로, 확실히 각 스레드가
적절히 배분된 개수의 데이터를 처리하게 한다. 여기서 사용한 10이란 상수
는 임의로 지정한 것이며, 시스템에 의존적이지만 전혀 중요하지 않은 값이
다. 현재 배치에 대응하는 모든 스레드를 실행시키면서 먼저 변화하는 파라
미터들을 설정한다.

```
n_threads = max_threads ;      // 가능한 한 많은 스레드를 사용하려고 한다.
while (n_threads > 1 && n_in_batch / n_threads < 10) // 하지만 오버 헤드도
                                                     // 고려한다.
   --n_threads ;          // 어떤 상수 값을 쓸지 선택하기는 쉽지 않은 일이다.

jstart = 0 ;              // 현재 배치 안의 시작 스레드 인덱스
nt_done = 0 ;             // 현재 배치에서 처리 완료된 스레드 개수

for (ithread=0 ; ithread<n_threads ; ithread++) {
  n_in_thread = (n_in_batch - nt_done) / (n_threads - ithread) ;
  jstop = jstart + n_in_thread ;

  params[ithread].istart = istart + jstart ; // 배치 시작 인덱스 +
                                              // 스레드 시작 인덱스
  params[ithread].istop = istart + jstop ;   // 배치 시작 인덱스 +
                                              // 스레드 마지막 인덱스
  params[ithread].n_chain = (int) (chain_length + 0.5) ; // 에포크 동안
                                                         // 일정한 상수
  threads[ithread] = (HANDLE) _beginthreadex ( NULL , 0 , rbm2_wrapper ,
                             &param s[ithread] , 0 , NULL ) ;
  nt_done += n_in_thread ;     // 현재 배치에서 지금까지 처리된 데이터 개수
  jstart = jstop ;         // 현재 스레드가 중단된 지점에서 다음 스레드 실행
} // 현재 배치에 존재하는 모든 스레드를 루프 수행
```

이제 모든 스레드가 완료될 때까지 기다린다. 이때 초기화 작업에서 기울기
와 오차를 누적하는 영역이 각 스레드마다 필요한 공간만큼 오프셋된 주소
에서 시작한다는 점을 상기하자. 그러므로 예를 들어 params[0].hid_
bias_grad는 hid_bias_grad의 주소와 같으며, 이후의 다른 기울기들과
오차들도 마찬가지다. 그러므로 thread 1에서 시작해서 각 스레드에 해당
하는 기울기와 오차들을 합산해서 가장 처음 thread 0에 대한 값을 갖고
있는 뿌리에 해당하는 변수에 저장할 수 있다. 그리고 반드시 스레드 사용이
끝나면 핸들러를 닫아야 한다.

```
ret_val = WaitForMultipleObjects ( n_threads , 스레드 , TRUE , 1200000 ) ;

CloseHandle ( threads[0] ) ;
for (ithread=1 ; ithread<n_threads ; ithread++) {  // 스레드 0에 결과를
                                                    // 가져온다.

   for (ihid=0 ; ihid<nhid ; ihid++) {
     hid_bias_grad[ihid] += (params[ithread].hid_bias_grad)[ihid] ;
     hid_on_frac[ihid] += (params[ithread].hid_on_frac)[ihid] ;
     for (ivis=0 ; ivis<n_inputs ; ivis++)
       w_grad[ihid*n_inputs+ivis] +=
           (params[ithread].w_grad)[ihid*n_inputs+ivis] ;
   }

   for (ivis=0 ; ivis<n_inputs ; ivis++)
     in_bias_grad[ivis] += (params[ithread].in_bias_grad)[ivis] ;

   error_vec[0] += error_vec[ithread] ;
   CloseHandle ( threads[ithread] ) ;
}
```

하나의 배치가 끝났고, 이 배치로 가져온 데이터에 대한 기울기와 재구조화
오차 값을 구하게 됐다. 이제는 다음과 같은 동작들을 수행한다.

- 현재 배치에 대한 재구조화 오차 값들을 누적한다. 전체 배치들이 갖는
  오차 값들을 모두 합산할 것이다.

- hid_on_frac을 현재 배치가 처리하는 데이터의 개수로 나눠서

- 현재 배치에서 각 은닉 뉴런마다 활성화되는 평균 시간을 구한다.

- 이 값을 기하급수적으로 완화시켜 hid_on_smoothed를 구한다.

- 식 (3.14)를 이용해서 희소 패널티를 각 뉴런의 알짜 입력으로 편미분한
  sp_pen을 계산한다. 계산된 평균 활성화 값을 완화시켜 사용함으로써 이
  리저리 요동치는 현상을 방지한다.

- 현재 배치에서 처리하는 은닉 뉴런의 활성화 값은 0이나 1에 매우 근사한

값을 갖는다. 이는 은닉 바이어스를 조절하기 위해 부가적인 '희소' 패널 티를 조절하고 잘못된 뉴런이 쓸모없는 포화 상태에 빠지지 않게 멀리 끌어 당겨놓는다는 의미를 함축하고 있다. 내 경험상 0.5를 패널티 인자로 줬으며, 원한다면 마음껏 조절해도 된다.

- 식 (3.23)을 이용해서 은닉 바이어스에 대한 증분을 계산한다. 바이어스에 대한 입력이 정의에 따라 1로 고정돼 있기 때문에 은닉 뉴런에 전달되는 알짜 입력을 이 바이어스로 미분한 결과는 1이 되며, 그러므로 희소 패널 티를 이 바이어스로 미분한 것이 바로 sp_pen이 된다.

- 증분마다 은닉 레이어 바이어스를 조절한다.

위 과정을 구현한 코드는 다음과 같다.

```
error += error_vec[0] ;

for (ihid=0 ; ihid<nhid ; ihid++) {
  hid_on_frac[ihid] /= n_in_batch ;
  hid_on_smoothed[ihid] = 0.95*hid_on_smoothed[ihid] +
      0.05*hid_on_frac[ihid] ;
  sp_pen = sparsity_penalty * (hid_on_smoothed[ihid] -
      sparsity_target) ;
  if (hid_on_frac[ihid] < 0.01)
    sp_pen += 0.5 * (hid_on_frac[ihid] - 0.01) ;// 0.5는 휴리스틱 상수
  if (hid_on_frac[ihid] > 0.99)
    sp_pen += 0.5 * (hid_on_frac[ihid] - 0.99) ;// 0.5 는 휴리스틱 상수
  hid_bias_inc[ihid] = momentum * hid_bias_inc[ihid] +
    learning_rate * (hid_bias _grad[ihid] / n_in_batch - sp_pen) ;
  hid_bias[ihid] += hid_bias_inc[ihid] ;
```

여전히 이 은닉 뉴런 루프 안에서 가시 뉴런 루프에 있는 다음과 같은 로직을 수행함으로써 가중치를 조절한다.

- 기울기의 합산 결과를 배치에서 처리하는 데이터의 개수로 나눠서 평균 기울기를 구한다.

- 식 (2.19)를 이용해서 가중치 패널티를 계산한다. 이 패널티는 가중치가 커지는 것을 방지하며, 이에 따른 기울기를 조절한다.

- 이미 sp_pen(희소 패널티를 각 은닉 뉴런에 전달되는 입력으로 편미분한 변수)은 계산해 놓았다. 가시 뉴런에서 어떤 은닉 뉴런에 전달되는 입력은 이 가시 뉴런과 이 뉴런에 연결된 가중치를 곱한 만큼 기여한다. 그러므로 연쇄 법칙에 따라서 희소 패널티를 가중치로 편미분한 결과는 해당 은닉 뉴런에 대한 sp_pen에 이 가중치에 대한 가시 뉴런의 활성화를 곱한 것과 같다. 이 수량마다 기울기를 완화시킨다. 개개의 훈련 데이터들을 따로 고립시켜놓은 것보다는 훈련 데이터들을 통틀어서 각 입력의 평균치를 이용하는 것이 더 쉽고 안정된 처리를 할 수 있다.

- 식 (3.23)을 이용해서 가중치의 증분을 구하고, 이 수량으로 가중치를 조절한다.

- 에포크가 끝나는 시점에서 수렴 여부를 확인하기 위해 최대 증분량을 지속적으로 갱신시킨다.

```
for (ivis=0 ; ivis<n_inputs ; ivis++) {
   w_grad[ihid*n_inputs+ivis] /= n_in_batch ;
   w_grad[ihid*n_inputs+ivis] -= weight_penalty *
       w[ihid*n_inputs+ivis] ;
   w_grad[ihid*n_inputs+ivis] -= data_mean[ivis] * sp_pen ;
   w_inc[ihid*n_inputs+ivis] = momentum * w_inc[ihid*n_inputs+ivis]
       + learning_rate * w_grad[ihid*n_inputs +ivis] ;
   w[ihid*n_inputs+ivis] += w_inc[ihid*n_inputs+ivis] ;

   if (fabs(w_inc[ihid*n_inputs+ivis]) > max_inc) // 수렴 여부 판단
      max_inc = fabs(w_inc[ihid*n_inputs+ivis]) ;
   } //각 ivis마다의 루프 종료
} // 각 ihid마다의 루프 종료
```

마지막으로 가시 바이어스에 대한 증분 값을 계산해서 그 값에 따라 조절 작업을 수행한다.

```
for (ivis=0 ; ivis<n_inputs ; ivis++) {
   in_bias_inc[ivis] = momentum * in_bias_inc[ivis] +
       learning_rate * in_bias _grad[ivis] / n_in_batch ;
   in_bias[ivis] += in_bias_inc[ivis] ;
}
```

이제 자동으로 학습률과 모멘텀 등을 조절하기 위해 전 단계에서 구한 기울기와 현재 기울기 사이의 각도(실제로는 사이의 각도를 코사인으로 변환한 결과임)을 계산할 수 있다. 첫 번째 에포크의 첫 번째 배치라면 이전 단계의 기울기가 존재하지 않으므로, 초기화시킨다. 그러면 이 각의 코사인 값을 계산할 수 있다.

```
if (i_epoch == 0 && ibatch== 0) {
   len_this = 0.0 ;
   for (ihid=0 ; ihid<nhid ; ihid++) {
     for (ivis=0 ; ivis<n_inputs ; ivis++) {
       x_this = w_grad[ihid*n_inputs+ivis] ;
       w_prev[ihid*n_inputs+ivis] = x_this ;
       len_this += x_this * x_this ;
     }
   }
   len_prev = len_this ;
}

else {
   len_this = dot = 0.0 ;
   for (ihid=0 ; ihid<nhid ; ihid++) {
     for (ivis=0 ; ivis<n_inputs ; ivis++) {
       x_this = w_grad[ihid*n_inputs+ivis] ;
       x_prev = w_prev[ihid*n_inputs+ivis] ;
       w_prev[ihid*n_inputs+ivis] = x_this ;
```

```
      len_this += x_this * x_this ;
      dot += x_this * x_prev ;
   }
}

dot /= sqrt ( len_this * len_prev ) ; // 전 단계와 현재가 이루는 각의
                                      // 코사인 값
len_prev = len_this ;
```

이렇게 코사인을 직접 구했으므로, 이제 학습률과 모멘텀을 조절할 수 있다. 여기서 사용된 상수 값들은 내 경험상 잘 동작하는 것으로 판단되는 값들이다. 독자가 원하는 값으로 얼마든지 고쳐도 좋다.

```
if (dot > 0.5)
   learning_rate *= 1.2 ;
else if (dot > 0.3)
   learning_rate *= 1.1 ;
else if (dot < -0.5)
   learning_rate /= 1.2 ;
else if (dot < -0.3)
   learning_rate /= 1.1 ;

if (learning_rate > 1.0)
   learning_rate = 1.0 ;
if (learning_rate < 0.001)
   learning_rate = 0.001 ;

if (fabs(dot) > 0.3)
   momentum /= 1.5 ;
} // 이 외의 경우라면 우리는 그 다음 배치에 있다는 의미다.
```

여기까지가 배치 루프의 마지막이다(한 에포크 동안). 현재 배치에서 처리한 데이터의 수를 업데이트하고, 처음 시작 위치를 가리키는 인덱스를 그 다음 배치가 시작하는 위치이자 곧 이번 배치가 끝나는 위치로 옮겨놓는다.

```
      n_done += n_in_batch ;
      istart = istop ;
} // 각 배치 단위의 루프 종료
```

재구조화 오차 값을 오차 합산에 사용됐던 데이터와 입력의 개수로 나눠서
정규화시킨다. 이렇게 정규화된 값은 개개의 데이터와 입력마다 대응되는
오차라고 간주할 수 있다. 지금까지 호출자에게 보인 것 중 최상의 오차라면
기존의 값을 대체한다.

```
error /= nc * n_inputs ;

if (i_epoch == 0 || error < best_err)
   best_err = error ;
```

수렴 여부를 판단하기 위해 앞서 언급했듯이 두 가지 테스트를 수행한다.
첫 번째는 다음과 같이 에포크 동안 최대 증분 값을 최대 가중치에 비교하는
방법으로, 부차적이지만 중요한 비중을 갖는다.

```
max_weight = 0.0 ;
for (ihid=0 ; ihid<nhid ; ihid++) {
   for (ivis=0 ; ivis<n_inputs ; ivis++) {
     if (fabs(w[ihid*n_inputs+ivis]) > max_weight)
       max_weight = fabs(w[ihid*n_inputs+ivis]) ;
   }
}

if (max_inc / max_weight < convergence_crit)
   break ;
```

수렴 여부를 판단하는 주요 검증 방법은 하나의 행에서 위와 같이 비교한
비율 값이 줄어들지 못한 횟수가 얼마 만큼인지 보는 것이다. 여러 번 연속
해서 실패했다면 이는 우리가 실질적으로 얻을 수 있는 최솟값에 도달했음
을 의미한다.

```
if (i_epoch == 0 || max_inc / max_weight < best_crit) {
    best_crit = max_inc / max_weight ;
    n_no_improvement = 0 ;      // 개선되지 못한 에포크 횟수
}

else {
    ++n_no_improvement ;
    if (n_no_improvement > max_no_improvement)    // 수렴 여부 판단
        break ;
}
```

이제 거의 다 됐다. 즉, 하나의 에포크 시간에 도달했다. 기존 모멘텀과 몬테 카를로 체인 길이에 마지막으로 구한 값들을 조금씩 적용해서 이동시킨다.

```
momentum = 0.99 * momentum + 0.01 * end_momentum ;
chain_length = (1.0 - n_chain_rate) * chain_length + n_chain_rate
        * n_chain_end ;
```

휴리스틱적인 책략^{machination}의 마지막 일부분을 끝마쳤다. 거의 모든 실제 응용 상황에서는 수렴에 도달하는 과정에서 이미 앞서 보였던 자동적인 학습률 조절이 탁월한 결과를 가져올 것이다. 즉, 오버슈트(미세하게 진행해 나아가지 않는 이상 역방향의 기울기를 따라)라는 하나의 문제가 되며, 그러므로 학습률을 매우 작은 값으로 낮춰버리는 결과를 보게 될 것이다. 하지만 일반적으로 훈련 데이터상에 존재하는 패턴의 부족함과 연관되는 몇 가지 손쓰기 힘든 경우 이러한 알고리즘은 종종 너무 큰 학습률을 도출해버린다. 이런 이유로 n_no_improvement 값을 통해 우리가 실제로 도달할 수 있는 가장 낮은 값에 근사하게 도달했음을 알 수 있으며, 이 경우 강제로 학습률을 작게 만드는 것이 현명하다. 실질적으로 이러한 마지막 휴리스틱 기법은 드물게 이용되겠지만, 훈련 데이터가 근본적으로 임의성을 띠는 경우 RBM이 모델링할 일관적인 패턴이 거의 혹은, 완전히 없어서 가중치가 굉장히 오랫동안 들쭉날쭉한 값을 갖게 될 것임을 의미한다. 이로 인해 알고리즘 계산이 지연되는

것 빼고는 아무런 손상도 입지 않지만, 그래도 지연되는 건 그다지 내키지 않으므로, 이와 같은 마지막 휴리스틱적 기법을 유용하게 써먹을 수 있다.

```
    if (n_no_improvement > 50 && learning_rate > 0.03)
      learning_rate = 0.03 ;

    if (n_no_improvement > 100 && learning_rate > 0.02)
      learning_rate = 0.02 ;

    if (n_no_improvement > 150 && learning_rate > 0.01)
      learning_rate = 0.01 ;

    if (n_no_improvement > 200 && learning_rate > 0.005)
      learning_rate = 0.005 ;

    if (n_no_improvement > 250 && learning_rate > 0.002)
      learning_rate = 0.002 ;

  } // 각 에포크 단위의 루프 종료

  return error ;
}
```

CUDA 기반의 RBM 훈련 코드

신경망 훈련과 관련된 수많은 CUDA 프로그래밍 방법에 대해서는 이미 다중 레이어 피드포워드 신경망을 다루면서 언급했었다. 이 부분을 다시 복습해보길 강력히 권장한다. 그러면 RBM의 CUDA 프로그래밍을 이해하기 훨씬 더 수월할 것이며, 나도 독자들이 이 부분에 대해 충분히 이해하고 있다고 가정할 것이다. 또한 RBM 훈련을 CUDA 버전으로 구현한 코드도 내 홈페이지에서 다운로드할 수 있다. 여기서 다룰 부분은 전체는 아니지만, 중요한 원리를 보여주거나 소스코드만 보고 이해하기 힘든 부분들을 발췌해서 다룰 것이다.

초기화와 캐시 라인 매칭

앞에서 이미 CUDA 장치상에 존재하는 첫 번째 캐시(L1)에 액세스하는 기본 단위가 128바이트이며, 가능한 한 빨리 전역 메모리 액세스를 이 단위에 맞도록 정렬시키는 것이 중요하다고 언급했었다. 그 다음으로 완전한 메모리 배열을 갖추게 해주는 방법이 있음을 확인했지만, 이때는 약간의 속도 향상을 위해 '거의 완벽한 수준'의 알고리즘에 비교했을 때 다중 레이어 피드포워드 신경망^{MLFN}에 적용하기엔 상대적으로 복잡한 방법이라고 생각했었기 때문에 이 방식을 쓰지 않았었다. 이렇게 좀 더 복잡한 방식을 적용하는 예시를 확인할 수 있도록 이 방식을 MLFN보다 훨씬 더 적용하기 쉬운 RBM 훈련 코드 구현에 적용해놓았다.

이 방식은 행렬 저장 과정에서 적용된다. CUDA 라이브러리는 메모리 할당 루틴이 반환하는 주소가 캐시 라인에 맞게 배열되도록 보장해준다. 하지만 행렬이 행당 바이트 수가 128로 나눠떨어지지 않는 개수의 열을 담고 있다면 어떻게 될까? 이 경우 첫 번째 행은 완벽하게 배열되지만, 그 이후에 연속되는 여러 행들은 그렇지 못할 것이다. 이는 전역 메모리 전달의 효율성을 저하시킨다.

이러한 문제를 해결하기 위한 방법은 여분의 메모리 공간을 할당하고, 128바이트의 배수에 해당하는 공간을 포함하도록 여유분의 행을 추가해주는 것이다. 이는 그렇지 않아도 부족한 메모리를 낭비하게 되며, 프로그램의 복잡도도 늘리지만 충분히 시도해볼 만한 가치가 있을 정도로 속도를 향상시켜준다(비록 요즘에 나온 CUDA 장치들에서 이런 효과는 종종 미미한 수준이지만).

이러한 프로세스는 여러 부분으로 나눠놓은 코드 섹션들을 통해 설명할 것이다. 가시 레이어에서 은닉 레이어로 전이될 때뿐만 아니라 반대 방향으로 전파될 때도 효율적인 메모리 액세스가 이뤄지게 하기 위해서 가중치 행렬과 전치된 가중치 행렬, 총 두 가지 행렬을 지속 관리한다. 초기화 과정에서 128바이트의 배수가 되도록 32개의 float 타입을 갖는 4바이트 크기의 가중치 행렬들의 열에 해당하는 크기를 늘려준다. 여기서는 이러한 크기를 어떻게 계산하는지, 메모리는 어떻게 할당하는지, 그리고 호스트 측의 가중치 행렬 w를 기존 가중치 행렬 변수인 h_w에 복사하고 CUDA 장치상의 전치 행렬을 h_wtr 변수에 복사하는 과정 등에 대해 살펴본다. 각 행의 끝부분에 사용되지 않는 메모리를 0 값으로 채워서 여유분으로 만든다는 점에 주목하자. 나중에 연산 절감 알고리즘에 대해 다루면서 왜 이렇게 해야 하는지 확인해볼 것이다. fdata 배열 변수는 double을 float 타입으로 변환하기 위해 임시적으로 사용되는 변수다.

```
n_inputs_cols = (n_inputs + 31) / 32 * 32 ;  // 원래 행렬의 행 길이
nhid_cols = (nhid + 31) / 32 * 32 ;          // 전치 행렬

fdata = (float *) MALLOC ( n_inputs_cols * nhid_cols * sizeof(float) ) ;

cudaMalloc ( (void **) &h_w , (size_t) (n_inputs_cols * nhid *
    sizeof(float)) ) ;

for (j=0 ; j<nhid ; j++) {
   for (i=0 ; i<n_inputs ; i++)
     fdata[j*n_inputs_cols+i] = (float) w[j*n_inputs+i] ;
   for ( ; i<n_inputs_cols ; i++)
     fdata[j*n_inputs_cols+i] = 0.0f ;
}

cudaMemcpy ( h_w , fdata , n_inputs_cols * nhid * sizeof(float) ,
    cudaMemcpyHostToDevice ) ;

cudaMalloc ((void **) &h_wtr , (size_t) (n_inputs * nhid_cols *
    sizeof(float)) ) ;

for (i=0 ; i<n_inputs ; i++) {
   for (j=0 ; j<nhid ; j++)
     fdata[i*nhid_cols+j] = (float) w[j*n_inputs+i] ; // 전치
   for ( ; j<nhid_cols ; j++)
     fdata[i*nhid_cols+j] = 0.0f ;
```

```
}

cudaMemcpy ( h_wtr , fdata , n_inputs * nhid_cols * sizeof(float) ,
    cudaMemcpyHostToDevice ) ;
```

훈련 데이터 가져오기

이번 절에서는 배치 인덱스를 기반으로 뒤섞여있는 훈련 데이터를 선택하면
서 d_data에서 d_visible1로 가져오는 알고리즘에 대해 살펴본다. 명확하
게 이해되지 않는다면 앞에서 다뤘던 MLFN CUDA 훈련 기법에 대해 다시
확인해보자. 여유분으로 처리하는 행을 제외하고, 여기서 사용된 주소 처리
방식은 실질적으로 MLFN에서 사용했던 방식과 동일하다. 데이터를 가져오
기 위해 CUDA 장치 측의 코드를 호출하는 호스트 측의 루틴을 먼저 확인한
다음, CUDA 측 루틴을 살펴본다.

```
threads_per_block = (n_inputs + warpsize - 1) / warpsize * warpsize ;
if (threads_per_block > 4 * warpsize)
    threads_per_block = 4 * warpsize ;
block_launch.x = (n_inputs + threads_per_block - 1) / threads_per_block ;
block_launch.y = istop - istart ;
block_launch.z = 1 ;

device_fetch_vis1 <<< block_launch , threads_per_block >>> ( istart ) ;

__global__ void device_fetch_vis1 (
    int istart // 현재 배치에 할당된 첫 번째 데이터
)
{
    int icase, ivis ;

    ivis = block_Idx.x * block_Dim.x + threadIdx.x ;
    if (ivis >= d_n_inputs)
        return ;

    icase = block_Idx.y ;
```

```
    d_visible1[icase*d_n_inputs_cols+ivis] =
        d_data[d_s huffle_index[istart+icase]*d_n_inputs+ivis] ;
}
```

한 가지 알아둬야 할 핵심 포인트는 d_visible1에 곱셈이 될 곱셈기의 열 column 크기가 이 배열이 전달 효율성을 최대한 끌어올리기 위한 크기인 캐시 라인 너비의 배수가 되는 행의 길이를 갖기 때문에 d_n_inputs_cols의 길이를 갖는다는 점이다. d_data에 곱셈이 될 곱셈기의 크기는 이 행에 여유분 padding 으로 사용될 크기가 훈련 데이터에 대해서는 고려되지 않기 때문에 d_n_inputs가 된다.

훈련 데이터 행렬에 여유분을 주지 않으면 여유를 주는 경우보다 이로부터 메모리를 전달하는 것이 덜 효율적이게 된다는 의미를 내포한다. 하지만 이는 심각한 문제는 아니다. 하나의 배치를 처리하는 동안 d_visible1 변수에는 반복적으로 액세스하지만, 배치마다 단 한 번만 훈련 데이터 행렬에서 d_visible1로 데이터를 전달하게 된다. 잠재적으로 저장 공간이 크게 증가해 훈련 데이터 행렬의 모든 행(case)마다 여유분 pad을 필요로 하는 경우 이 여유분을 추가한다고 해서 상대적으로 미미하게 절약되는 시간을 합리화해 주진 못한다.

가시 레이어에서 은닉 레이어로

이번 절에서는 가시 레이어의 활성화 값으로부터 은닉 레이어 확률 값들을 CUDA 기반으로 계산해내는 코드에 대해 논의한다. 여기서는 굳이 앞 절에서 보여줬던 것과 동일하게 이 함수를 호출하는 호스트 측의 코드는 다루지 않을 것이다. 각 스레드는 단 하나의 은닉 뉴런을 처리할 것이다.

```
__global__ void device_vis_to_hid (
    int nc // 데이터(case)의 개수
)
{
```

```
    int icase, ivis, ihid ;
    float sum, Q ;

    ihid = block_Idx.x * block_Dim.x + threadIdx.x ;
    if (ihid >= d_nhid)
      return ;

    icase = block_Idx.y ;

    sum = d_hid_bias[ihid] ;
    for (ivis=0 ; ivis<d_n_inputs ; ivis++)
      sum += d_wtr[ivis*d_nhid_cols+ihid] *
          d_visible1[icase*d_n_inputs_cols+ivis] ;
    Q = 1.0f / (1.0f + __expf(-sum)) ;
    d_hidden1[icase*d_nhid_cols+ihid] = Q ;
    d_hidden2[icase*d_nhid_cols+ihid] = Q ; // MC 체인 루프 연산에
                                            // 사용하기 위해 Q 값을 할당
    d_hid_on_frac[icase*d_nhid_cols+ihid] = Q ;
}
```

이때 메모리 액세스가 큰 문제를 일으킬 수 있다. 은닉 뉴런 인덱스가 행렬에서 가장 빠르게 변화할 수 있도록 반드시 가중치 행렬을 전치^{transpose}시켜서 사용해야 한다(d_wtr). 이렇게 해서 하나의 워프 안에서 서로 근접한 스레드들은 가중치 행렬상에 서로 근접한 원소들에 액세스하게 된다. 결과 값들을 저장하는 마지막 세 개의 코드 라인에서는 동일한 액세스 패턴이 일어난다. 간단히 살펴보면 d_visible1 변수는 ivis가 가장 빠르게 변하기 때문에 문제가 될 소지가 있다. 하지만 루프를 돌때마다 모든 스레드가 동일한 ivis 값을 갖게 되므로, 한 번의 데이터 취득만으로도 충분히 모든 스레드를 지원할 수 있다! 은닉 뉴런 인덱스인 ihid는 d_visible1을 처리하는 코드에 전혀 나타나지도 않는다.

은닉 레이어에서 가시 레이어로

가시 레이어로 되돌아가는 루틴은 가시 활성화 값들을 선택적으로 샘플링하는 부분을 처리해야 하기 때문에 좀 더 복잡한 형태를 띤다. 여기서는 올바른 메모리 결합 coalescing을 위해 전치되지 않은 가중치 행렬을 사용하고 있으며, 이때 주목할 만한 점은 하나의 워프에 존재하는 모든 스레드가 동일한 인덱스를 저장하고 있는 d_weight_act 변수를 사용함으로써 메모리에 관련된 모든 사항을 관리할 수 있다는 것이다.

이 트릭은 난수 생성으로 샘플링하는 것이다. d_shuffle_index의 값이 임의의 값이라는 사실을 활용한다. 가시 뉴런 인덱스와 호스트 측 호출자가 제공하는 임의의 오프셋으로 된 데이터 인덱스들을 합침으로써 0에서 n_cases-1 사이의 범위를 갖는 임의의 정수 값을 얻을 수 있다.

```
__global__ void device_hid_to_vis (
  int nc ,              // 현재 배치상에서 처리하는 데이터(case)의 개수
  int random_offset   // 랜덤 샘플링을 위해 shuffle_index에서 인덱스 시작
)
{
  int k, icase, ivis, ihid ;
  float sum, P, frand ;

  ivis = block_Idx.x * block_Dim.x + threadIdx.x ;
  if (ivis >= d_n_inputs)
    return ;

  icase = block_Idx.y ;

  sum = d_in_bias[ivis] ;
  for (ihid=0 ; ihid<d_nhid ; ihid++)
    sum += d_w[ihid*d_n_inputs_cols+ivis] *
        d_weight_act[icase*d_nhid_cols+ihid] ;
  P = 1.0f / (1.0f + __expf(-sum)) ;

  if (d_mean_field)
```

```
      d_visible2[icase*d_n_inputs_cols+ivis] = P ;
   else {
     k = ((unsigned int) (icase * d_n_inputs + ivis + random_offset))
         % d_ncases ; frand = (float) d_shuffle_index[k] / (float)
         d_ncases ;
     d_visible2[icase*d_n_inputs_cols+ivis] = (frand < P) ? 1.0f :
         0.0f ;
   }
}
```

기울기 길이와 내적 연산의 효율성을 향상시켜주는 알고리즘

앞에서도 연산 효율성을 향상시켜주는 방법에 대해 다룬 바 있기 때문에 동일한 내용을 반복하진 않겠지만, 여기에 수록한 CUDA 장치 측 코드는 독자가 왜, 언제 가중치를 호스트 측에서 CUDA 장치 측으로 복사해오는지, 그리고 언제 기울기를 할당하고 각 행마다 사용되지 않은 마지막 부분들을 0으로 채워놓아 여유 공간으로 잡아야 하는지 등을 보여주기 위한 것이다. 이번에는 연산 절감 알고리즘과 더불어 최대 가중치를 찾고, 행렬 구조의 데이터를 벡터 형태로 늘어뜨려 놓는 방식 등을 다룬다. 이는 벡터의 사용되지 않는 마지막 부분들이 벡터를 거쳐 그 안에 배치된 상태로 남겨놓는다!

```
__global__ void device_len_dot ()
{
   __shared__ float partial_len[REDUC_THREADS],
      partial_dot[REDUC_THREADS] ;
   int i, n, index ;
   float sum_len, sum_dot ;

   index = threadIdx.x ;
   n = d_n_inputs_cols * d_nhid ;    // 각 행의 마지막 부분에 사용되지 않은
                                     // 여유 공간까지 고려된 크기!
```

```
    sum_len = sum_dot = 0.0f ;
    for (i=block_Idx.x*block_Dim.x+index ; i<n ;
        i+=block_Dim.x*gridDim.x) { // 일렬로 나열한다.
      sum_len += d_w_grad[i] * d_w_grad[i] ;
      sum_dot += d_w_grad[i] * d_prev_grad[i] ;
      d_prev_grad[i] = d_w_grad[i] ;
    }

    partial_len[index] = sum_len ;
    partial_dot[index] = sum_dot ;
    __syncthreads() ;

    for (i=block_Dim.x>>1 ; i ; i>>=1) {
      if (index < i) {
        partial_len[index] += partial_len[index+i] ;
        partial_dot[index] += partial_dot[index+i] ;
      }
      __syncthreads() ;
    }

    if (index == 0) {
      d_len_out[block_Idx.x] = partial_len[0] ;
      d_dot_out[block_Idx.x] = partial_dot[0] ;
    }
}
```

입력 바이어스 업데이트

입력 바이어스를 업데이트하는 것은 매우 쉬운 일이지만, 여기서는 좀 더
복잡한 은닉 레이어 바이어스와 가중치를 업데이트하는 과정에 대해 다뤄본
다. 하나의 가시 뉴런을 하나의 스레드로 처리한다.

```
__global__ void device_update_in_bias (
  int nc ,          // 현재 배치상에서 처리하는 데이터(case)의 개수
  float rate ,      // 학습률
```

```
    float momentum    // 학습 모멘텀
)
{
    int icase, ivis ;
    float sum ;

    ivis = block_Idx.x * block_Dim.x + threadIdx.x ;

    if (ivis >= d_n_inputs)
        return ;

    sum = 0.0f ;

    for (icase=0 ; icase<nc ; icase++)
        sum += d_visible1[icase*d_n_inputs_cols+ivis] -
                d_visible2[icase*d_n_inputs_cols+ivis] ;

    d_in_bias_inc[ivis] = momentum * d_in_bias_inc[ivis] + rate *
        sum / nc ;
    d_in_bias[ivis] += d_in_bias_inc[ivis] ;
}
```

가장 중요하게 눈여겨볼 점은 연속적으로 이어져있는 스레드들이 연속적인 메모리 주소를 액세스하기 때문에 메모리 결합을 고려해 메모리 액세스가 이뤄지도록 식 (3.12)를 구현했다는 점이다.

은닉 뉴런 바이어스 업데이트

은닉 뉴런 바이어스의 경우 희소 패널티를 적용해야 하고, 또한 근사화 기법을 쓰지 않은 경우 랜덤 샘플링이 필요할 수도 있기 때문에 입력 바이어스보다 좀 더 구현하기가 복잡하다. 다음은 CUDA 장치 측에서 동작하는 코드이며, 각 은닉 뉴런마다 하나의 스레드가 이용된다.

```
__global__ void device_update_hid_bias (
    int nc ,                // 현재 배치상에서 처리하는 데이터(case)의 개수
```

```
   float rate ,            // 학습률
   float momentum ,        // 학습 모멘텀
   int random_offset ,     // 랜덤 샘플링을 위한 shuffle_index의 첫 번째 인덱스
   float sparse_pen ,      // 희소 패널티
   float sparse_targ       // 희소 목표치
)
{
   int icase, ihid, k ;
   float sum, frac_on, frand ;

   ihid = block_Idx.x * block_Dim.x + threadIdx.x ;
   if (ihid >= d_nhid)
     return ;

   sum = frac_on = 0.0f ;
   if (d_mean_field) {
     for (icase=0 ; icase<nc ; icase++) {// 식 (3.12)을 통한 합산 결과 연산
       sum += d_hidden1[icase*d_nhid_cols+ihid] -
           d_hidden2[icase*d_nhid_cols+ihid] ;
       frac_on += d_hid_on_frac[icase*d_nhid_cols+ihid] ;
                                         // 활성화(on)될 확률
     }
   }
   else {
     for (icase=0 ; icase<nc ; icase++) {
       k = ((unsigned int) (icase * d_nhid + ihid + random_offset)) %
           d_ncases ;
       frand = (float) d_shuffle_index[k] / (float) d_ncases ;
       d_weight_act[icase*d_nhid_cols+ihid] =
           (frand < d_hidden1[ic ase*d_nhid_cols+ihid]) ? 1.0f : 0.0f ;
       sum += d_weight_act[icase*d_nhid_cols+ihid] -
           d_hidden2[icase*d_nhid_cols+ihid] ;
       frac_on += d_hid_on_frac[icase*d_nhid_cols+ihid] ;
     }
   }
```

```
        sum /= nc ;
        frac_on /= nc ;

        d_hid_on_smoothed[ihid] = 0.95f * d_hid_on_smoothed[ihid] + 0.05f
            * frac_on ;
        sum -= sparse_pen * (d_hid_on_smoothed[ihid] - sparse_targ) ;
        if (d_hid_on_smoothed[ihid] < 0.01)
            sum -= 0.5 * (d_hid_on_smoothed[ihid] - 0.01) ; // 0.5는
                                                            // 휴리스틱으로 정한 상수
        if (d_hid_on_smoothed[ihid] > 0.99)
            sum -= 0.5 * (d_hid_on_smoothed[ihid] - 0.99) ;

        d_hid_bias_inc[ihid] = momentum * d_hid_bias_inc[ihid] + rate * sum ;
        d_hid_bias[ihid] += d_hid_bias_inc[ihid] ;
    }
```

먼저 식 (3.12)에 따라 음의 기울기를 합산한다. 이는 랜덤 변화$^{random\ variation}$를 줄여주기 때문에 사용자가 평균장$^{mean\ field}$ 근사화를 필요로 하는 경우 일반적으로 선호되는 접근법이다. 그래서 기존의 (데이터로부터 구한) 활성화 확률에 곧바로 연결해서 쓸 수 있다. 하지만 평균장 근사화 결과를 원하지 않는다면 반드시 활성화 값을 샘플링해 weight_act 변수에 저장할 값을 얻어내야 한다. 앞서 우리가 했던 것처럼 데이터 인덱스와 은닉 뉴런 인덱스, 그리고 호스트 측 호출자가 제공하는 랜덤 오프셋 값을 모두 합쳐서 순서를 뒤섞을 용도로 사용할 인덱스 배열로부터 0부터 d_n_cases-1까지의 범위로 임의의 정수 값을 얻어낸다. 동일한 루프 안에서 각 은닉 뉴런들이 입력에 의해 활성화되는 짧은 시간 (확률) 값들을 합산한다. 이는 희소 패널티를 구하기 위해 필요하다.

이 찰나의 시간을 기하급수적으로 완화시킨 결과를 식 (3.14)에 연결해 사용자의 희소 패널티 기울기를 조절한 결과를 구한다. 바이어스 항에 대한 '가시 레이어 활성화' 값은 기본 정의에 따라 1.0이 된다. 두 가지 제한적인 효과를 갖는 '희소' 패널티를 더 적용해 은닉 뉴런이 포화돼 활성화되거나

비활성화되지 않게 한다. 마지막으로 식 (3.23)을 이용해서 은닉 바이어스를 조절한다.

가중치 업데이트

여기서 제시하는 다음의 마지막 루틴은 가중치 행렬을 업데이트하는 부분이다.

```
__global__ void device_update_weights (
  int nc ,               // 현재 배치상에서 처리하는 데이터(case)의 개수
  float rate ,           // 학습률
  float momentum ,       // 학습 모멘텀
  float weight_pen ,     // 가중치 패널티
  float sparse_pen ,     // 희소 패널티
  float sparse_targ      // 희소 목표치
)
{
  int icase, ivis, ihid ;
  float sum ;

  ivis = block_Idx.x * block_Dim.x + threadIdx.x ;
  if (ivis >= d_n_inputs)
    return ;

  ihid = block_Idx.y ;

  sum = 0.0f ;
  if (d_mean_field) {
    for (icase=0 ; icase<nc ; icase++)
      sum += d_hidden1[icase*d_nhid_cols+ihid] *
             d_visible1[icase*d_n_inputs_cols+ivis] -
             d_hidden2[icase*d_nhid_cols+ihid] *
             d_visible2[icase*d_n_inputs_cols+ivis] ;
  }
```

```
  else {
    for (icase=0 ; icase<nc ; icase++)
      sum += d_weight_act[icase*d_nhid_cols+ihid] *
             d_visible1[icase*d_n_inputs_cols+ivis] -
             d_hidden2[icase*d_nhid_cols+ihid] *
             d_visible2[icase*d_n_inputs_cols+ivis] ;}

  sum /= nc ;
  sum -= weight_pen * d_w[ihid*d_n_inputs _cols+ivis] ;
  sum -= d_data_mean[ivis] * sparse_pen * (d_hid_on_smoothed[ihid]
      - sparse_targ) ;
  if (d_hid_on_smoothed[ihid] < 0.01)
    sum -= d_data_mean[ivis] * 0.5 * (d_hid_on_smoothed[ihid]
        - 0.01) ; // 0.5는 휴리스틱 상수
  if (d_hid_on_smoothed[ihid] > 0.99)
    sum -= d_data_mean[ivis] * 0.5 * (d_hid_on_smoothed[ihid]
        - 0.99) ;

  d_w_grad[ihid*d_n_inputs_cols+ivis] = sum ;
  d_w_inc[ihid*d_n_inputs_cols+ivis] =
      momentum * d_w_inc[ihid*d_n_inputs+ivis] + rate * sum ;
  d_w[ihid*d_n_inputs_cols+ivis] +=
      d_w_inc[ihid*d_n_inputs_cols+ivis] ;
}
```

첫 번째로 가장 중요하게 눈여겨봐야 할 점은 스레드마다 변화하는 두 개의
변수 ihid와 ivis를 정의한다. ihid 변수는 연속적인 스레드들에 따라 변
화하도록 정의하며, ivis 역시 루틴에서 참조하는 모든 배열 원소에 대응해
연속적으로 이어지는 메모리 위치를 정의한다. 나도 독자가 이런 말을 지겹
게 들어서 짜증이 날 수도 있다고 생각하지만, 이러한 메모리 배열은 효율적
인 메모리 액세스를 위해 필수 불가결하게 고려해줘야 한다.

눈치 빠른 독자라면 내가 이번 루틴에서는 전치된 가중치 행렬 변수인
d_wtr에 대해서는 그냥 넘어가고 있음을 알아챘을 수도 있다. 이 부분은

d_wtr[ivis*d_nhid_cols+ihid]와 같은 인덱싱을 통해 처리될 수 있다. 그 결과 ivis를 연속적으로 이어지는 값으로 증감시키는 연속되는 스레드들이 d_nhid_cols만큼씩 메모리를 건너뛰면서 메모리를 액세스하게 되고, 그로 인해 그야말로 비효율적인 메모리 액세스가 이뤄지게 될 것이다. 공유 메모리를 이용하면 행렬을 효율적으로 전치시킬 수 있으므로, 내가 원래 고려했던 계획은 그러한 루틴을 이용해서 가중치 값을 갱신한 다음에 가중치 행렬을 전치시키는 것이었다. 하지만 내가 이때 고려해야 할 타이밍에 대해 연구한 다음, 단순한 행렬 전치 알고리즘을 프로그램해보니 갱신 작업이 배치마다 처리하는 데이터들을 거치며 고도의 수학적인 반복 연산을 필요로 하기 때문에 그 루틴이 갱신에 소요되는 찰나의 시간 동안 동작한다는 사실을 발견했다. 그러므로 내가 원래 고안했던 설계 내용은 그대로 내버려두겠지만, 피해는 주지 않으나 여기에 수록할 필요도 없을 정도로 비효율적이면서 단순한 알고리즘으로 전치 작업을 수행하도록 하겠다.

식 (3.12)에 따라 음의 기울기 값들을 합산한다. 사용자가 평균장 근사치를 필요로 하지 않는 경우 d_weight_act를 은닉 뉴런 바이어스를 갱신하기 위한 데이터로 기울기 연산에 사용하는 점을 눈여겨보자. 하지만 이러한 활성화 벡터는 이미 은닉 바이어스 루틴에서 계산돼 있으므로, 다시 샘플링할 필요는 없다.

사용자의 가중치 패널티는 앞에서 언급했듯이 기울기 계산에 적용된다.

사용자의 희소 패널티 값들은 앞 절에서 은닉 뉴런 바이어스를 위해 적용됐던 것처럼 그때와 동일하게 두 개의 추가적인 패널티 값들로 포화 상태가 되지 않도록 한다. 이는 식 (3.14)를 거의 그대로 구현한 것이다.

마지막으로 식 (3.23)을 이용해서 가중치를 조절한다.

총정리

지금까지 RBM 훈련에서 필수적으로 사용되는 요소들을 계산하는 가장 중요한 몇 가지 CUDA 루틴들에 대해 살펴봤다. 실제 코드는 내 홈페이지에서 다운로드할 수 있다. 다음은 호출 파라미터 리스트다. 모든 파라미터는 앞에서 소개한 것과 동일하므로 중복 설명은 생략하겠다.

```
double rbm_cuda (

   int nc ,                    // 전체 데이터 집합의 총 데이터 개수
   int ncols ,                 // 전체 데이터 행렬에서 열의 개수
   double *data ,              // nc 행 x ncols 열의 크기를 갖는 입력 데이터 행렬
   int n_inputs ,              // 입력 개수
   int nhid ,                  // 은닉 뉴런 개수
   int n_chain_start ,         // 마르코프 체인의 시작 길이(보통 1)
   int n_chain_end ,           // 마르코프 체인의 마지막 길이
   double n_chain_rate ,       // 각 에포크마다의 기하급수적 완화율
   int mean_field ,            // 평균장 혹은 랜덤 샘플링 방식 사용 플래그
   int n_batches ,             // 각 에포크마다의 배치 개수
   int max_epochs ,            // 에포크의 최대 개수
   int max_no_imp ,       // 수렴 여부 판단을 위한, 개선되지 않는 상태의 최대 에포크
   double convergence_crit ,   // 수렴 판단 기준(최대 증분/최대 가중치)
   double learning_rate ,      // 학습률
   double start_momentum ,     // 학습 모멘텀 시작 값
   double end_momentum ,       // 학습 모멘텀 마지막 값
   double weight_pen ,         // 가중치 패널티
   double sparsity_penalty ,   // 희소 패널티
   double sparsity_target ,    // 희소 목표치
   double *w ,                 // (nhid x n_inputs)크기의 계산된 가중치 행렬
   double *in_bias ,           // 계산된 입력 바이어스 벡터
   double *hid_bias ,          // 계산된 은닉 바이어스 벡터
   int *shuffle_index ,        // nc만큼의 길이를 갖는 작업 벡터
   double *data_mean ,         // n_inputs만큼의 길이를 갖는 작업 벡터
```

```
   double *err_vec              // n_inputs만큼의 길이를 갖는 작업 벡터
)
```

지역 변수들의 선언부는 다음과 같다. 난수 생성을 위한 씨드[seed] 값을 적절한 값으로 초기화시키고, 희소 패널티를 구하기 위해 필요한 입력 값들의 평균을 계산한다. 또한 인덱스를 뒤섞는 용도로 사용할 벡터를 초기화한다. 각 에포크 동안 이 벡터를 뒤섞어놓고 나서 이를 다시 장치 측 메모리에 복사해서 임의 배치 선택과 임의의 활성화 샘플링 연산에 사용한다.

```
{
   int i, j, k, i_epoch, icase, ivis, n_no_improvement, ret_val, timer ;
   int istart, istop, ibatch, n_done, n_in_batch, max_batch, ichain,
       randnum ;
   double error, best_err, max_inc, momentum, chain_length ;
   double dtemp, sum, len_this, len_prev, dot, smoothed_this ;
   double smoothed_dot, max_weight, best_crit,
       most_recent_correct_error ;
   char msg[256] ;

   randnum = 1 ;

   for (ivis=0 ; ivis<n_inputs ; ivis++)
     data_mean[ivis] = 0.0 ;

   for (icase=0 ; icase<nc ; icase++) {
     for (ivis=0 ; ivis<n_inputs ; ivis++)
       data_mean[ivis] += data[icase*ncols+ivis] ;
   }

   for (ivis=0 ; ivis<n_inputs ; ivis++) {
     data_mean[ivis] /= nc ;
     if (data_mean[ivis] < 1.e-8)
       data_mean[ivis] = 1.e-8 ;
     if (data_mean[ivis] > 1.0 - 1.e-8)
       data_mean[ivis] = 1.0 - 1.e-8 ;
```

```
        }

      for (icase=0 ; icase<nc ; icase++)
        shuffle_index[icase] = icase ;
```

CUDA 기반의 초기화 작업 과정에서 메모리 할당이 올바르게 이뤄질 있으려면 배치 크기를 최대로 잡아줘야 한다. 그러므로 배치 루프를 수행해 나중에 다시 활용하면서 최대 배치 크기를 갱신한다. 뭔가 오류가 생길 경우 오류 메시지를 보이기 위해 초기화 값으로 문자열을 전달한다.

```
n_done = max_batch = 0 ;
for (ibatch=0 ; ibatch<n_batches ; ibatch++) {
  n_in_batch = (nc - n_done) /
       (n_batches - ibatch) ;   // 남은 데이터/남은 배치
  if (n_in_batch > max_batch)
    max_batch = n_in_batch ; n_done += n_in_batch ;
}

ret_val = rbm_cuda_init ( nc , ncols , n_inputs , nhid , mean_field ,
    max_batch , data , data_mean , in_bias , hid_bias , w , msg ) ;
```

이제 에포크 루프를 수행한다. 매번 루프를 돌면서 훈련 데이터 집합에 존재하는 모든 데이터를 거친다. 파라미터 갱신을 위해 각 에포크를 배치별로 쪼갠다. 에포크 루프를 수행하기 전에 모멘텀 값과 마르코프 체인 길이를 시작 값으로 초기화해준다. 또한 연속 개선 실패 횟수를 0으로 초기화한다. 이 횟수가 바로 주요 수렴 판단 기준이 된다. 에포크의 첫 번째 단계는 임의의 데이터 선택을 위해 인덱스 벡터를 뒤섞는 것이다. 그런 다음 이 벡터를 CUDA 장치 쪽으로 전달한다.

```
momentum = start_momentum ;
chain_length = n_chain_start ;
n_no_improvement = 0 ;     // 연속 개선 실패 횟수

for (i_epoch=0 ; i_epoch<max_epochs ; i_epoch++) {
```

```
     i = nc ;            // 남은 뒤섞음 횟수
     while (i > 1) {     // 적어도 2번 뒤섞음 횟수가 남을 때까지 반복
        j = (int) (unifrand_fast () * i) ;
        if (j >= i)    // 이럴 경우는 결코 없겠지만, 재앙을 피하기 위한 조치임
           j = i - 1 ;
        k = shuffle_index[--i] ;
        shuffle_index[i] = shuffle_index[j] ;
        shuffle_index[j] = k ;
     }

cuda_shuffle_to_device ( nc , shuffle_index ) ;
```

이제 각 에포크마다 배치 루프를 돌기 시작한다. 모든 배치가 수행되는 에포
크 동안 누적되는 재구조화 오차 값을 Error 변수에 저장한다.

```
istart = 0 ;     // 배치 시작 = 훈련 데이터 시작
n_done = 0 ;     // 현재까지의 에포크 동안 처리된 훈련 데이터 개수
error = 0.0 ;    // 에포크를 거치며 재구조화 오차를 누적해 저장할 변수
max_inc = 0.0 ; // 수렴 판단을 위한 변수: 증분 값을 최대 가중치 값에 비교한 결과

for (ibatch=0 ; ibatch<n_batches ; ibatch++) {   // 하나의 에포크를
                                                 // 각 배치마다 분산
   n_in_batch = (nc - n_done) /
       (n_batches - ibatch) ;   // 남은 데이터/남은 배치
   istop = istart + n_in_batch ; // 중단 지점으로, 현재 인덱스 직전 값을 할당

   // 데이터 배열로부터 visible1을 얻어온다.
   cuda_fetch_vis1 ( istart , istop , n_inputs , NULL ) ;

   // hidden1 확률을 계산(샘플링하지 않음);
   // 또한 MC 연쇄 계산을 위해 hidden2에 복사
   cuda_vis_to_hid ( n_in_batch , nhid , NULL , NULL , NULL ) ;

   for (ichain=0 ; ichain<(int)(chain_length+0.5) ;
       ichain++) {                              // 마르코프 체인

      // hidden2를 hidden_act에 샘플링
```

```
weight_act k = randnum / IQ ;
randnum = IA * (randnum - k * IQ) - IR * k ;
if (randnum < 0)
  randnum += IM ;

cuda_sample_hidden2 ( n_in_batch , nhid , randnum , NULL ) ;

// weight_act를 이용해서 visible2를 구하고, mean_field를 쓰지 않으면
// visible2 샘플링
k = randnum / IQ ;
randnum = IA * (randnum - k * IQ) - IR * k ;
if (randnum < 0)
  randnum += IM ;

cuda_hid_to_vis ( n_in_batch , n_inputs , randnum , NULL ) ;

if (ichain == 0)       // 재구조화 오차 누적
  cuda_recon_error ( n_inputs , n_in_batch , err_vec ) ;

// hidden2 확률을 구하기 위해 (hidden2를 샘플링하지 않음)
// visible2 를 이용(이는 확률 값이거나 mean_field 의 샘플링 값임)
ret_val = cuda_vis2_to_hid2 ( n_in_batch , nhid , NULL ) ;
} // 마르코프 체인 루프
```

기울기를 계산하기 위한 알고리즘을 살펴봤으며, 전체 개요 형태는 앞에서
다뤘었다. 이제 바이어스 벡터와 가중치 행렬을 갱신하면서 알고리즘을 전
개해나간다. 사용자가 평균장 근사치를 선택하지 않은 경우 데이터 분포를
따르는 은닉 확률은 반드시 샘플링돼야 하기 때문에 데이터에서 임의의 수
가 필요하다. 가중치 행렬을 업데이트한 다음, 이 행렬을 전치시켜서 저장
한다.

```
cuda_update_in_bias ( n_in_batch , n_inputs , learning_rate ,
    momentum , NULL , NULL ) ;
k = randnum / IQ ;
randnum = IA * (randnum - k * IQ) - IR * k ;
```

```
if (randnum < 0)
   randnum += IM ;

cuda_update_hid_bias ( n_in_batch , nhid , learning_rate , momentum ,
      randnum , sparsity_penalty , sparsity_target , NULL , NULL ) ;

cuda_update_weights ( n_in_batch , n_inputs , nhid , learning_rate ,
                  momentum , weight_pen , sparsity_penalty ,
                  sparsity_target , NULL , NULL , NULL ) ;

cuda_transpose ( n_inputs , nhid ) ;
```

현재 에포크 동안 발생하는 재구조화 오차 값들을 누적해나간다. 또한 최대 가중치 증분 값을 갱신해서 앞에서 언급한 두 번째 수렴 평가 기준에 쓸 수 있도록 한다.

```
for (ivis=0 ; ivis<n_inputs ; ivis++)
   error += err_vec[ivis] ;   // 에포크(모든 배치) 동안 발생한 오차 누적

cuda_max_inc_w ( n_inputs * nhid , &dtemp , 1 ) ;
if (dtemp > max_inc)
   max_inc = dtemp ;
```

가중치 기울기 벡터, 그리고 이 벡터와 이전 단계에서 구한 기울기와의 내적을 계산한다. 첫 번째 연산 수행 단계에서는 계산 대신 각 변수들을 초기화한다.

```
if (i_epoch == 0 && ibatch == 0)
   cuda_len_dot ( n_inputs * nhid , &len_prev , &dot ) ;
```

이미 앞 단계에서 기울기를 구했었기 때문에 현재 기울기와 과거 기울기를 내적 연산하고, 학습률과 모멘텀을 구하기 위해 서로 다른 두 기울기가 이루는 각의 코사인 값을 이용한다. 임계치와 조절 인자들은 경험에 의해 선택된 값들이므로, 독자가 원하는 값을 써 봐도 된다.

```
else {
  cuda_len_dot ( n_inputs * nhid , &len_this , &dot ) ;
  dot /= sqrt ( len_this * len_prev ) ; // 사이 각의 코사인
  len_prev = len_this ;

  if (dot > 0.5)  // 휴리스틱적으로 정한 임계치
    learning_rate *= 1.2 ;
  else if (dot > 0.3)
    learning_rate *= 1.1 ;

  else if (dot < -0.5)
    learning_rate /= 1.2 ;
  else if (dot < -0.3)
    learning_rate /= 1.1 ;

  if (learning_rate > 1.0)
    learning_rate = 1.0 ;

  if (learning_rate < 0.001)
    learning_rate = 0.001 ;

  if (fabs(dot) > 0.3)
    momentum /= 1.5 ;
}
```

이제 배치 수행을 완료했다. 현재 에포크가 진행되면서 수많은 데이터가 처리됐으며, 현재 배치에서 처리하는 마지막 데이터 바로 다음 데이터부터 다음과 같은 배치가 처리할 수 있도록 지정해준다.

```
  n_done += n_in_batch ;
  istart = istop ;
} // ibatch 루프
```

현재 에포크 동안 모든 배치의 처리가 완료됐다. 재구조화 오차를 정규화해 데이터와 입력당 재구조화 오차 값을 구한다. 이미 모든 배치를 대상으로 한 최대 증분 값을 알고 있으므로, 이제 최대 가중치를 찾는다. 최대 증분

값이 최대 가중치 값에 비해 아주 작다면 아마도 하나 이상의 가중치가 커지고 있다는 이상 신호를 보여주는 것이므로 작업을 중단한다. 아니면 아마도 사용자가 주요 수렴 평가 기준 값을 비현실적으로 크게 잡아서 이 비율 기준이 예상 밖의 값으로 나왔을 수도 있다.

```
error /= nc * n_inputs ;
cuda_max_inc_w ( n_inputs * nhid , &max_weight , 0 ) ;
if (max_inc / max_weight < convergence_crit)
   break ;
```

이 평가 기준 값이 지속적으로 최솟값이 되게 갱신해나간다. 이 값이 계속해서 점차 줄어드는 동안은 점점 더 최적의 파라미터들을 향해 이동 중이거나 (일반적인 상황) 어떤 가중치가 점점 커지고 있을 것이다(드물지만 매우 안 좋은 상황이다). 후자의 경우 부가적인 수렴 평가 기준으로 어떤 상황인지 확인할 수 있다. 일반적인 상황은 얼마나 많은 횟수로 연속해서 개선에 실패했는지 카운팅해 처리한다. 합리적인 수렴 범위 안에 들어오면 이 카운트 값이 올라가기 시작한다. 아직 수렴되지 않는다면 모멘텀과 마르코프 체인 길이를 조절한다. 수렴된 이후에는 CUDA 장치 메모리에서 파라미터 값들을 다시 가져오고 메모리를 청소해준다(즉, 메모리를 해제해준다).

```
   if (i_epoch == 0 || max_inc / max_weight < best_crit) {
     best_crit = max_inc / max_weight ;
     n_no_improvement = 0 ;                 // 개선이 안 된 에포크 횟수
   }
   else {
     ++n_no_improvement ;
     if (n_no_improvement > max_no_imp)   // 수렴 여부 판단
       break ;
   }

   momentum = 0.99 * momentum + 0.01 * end_momentum ;
```

```
    chain_length = (1.0 - n_chain_rate) * chain_length + n_chain_rate
        * n_chain_end ;
   } // i_epoch 루프

   cuda_params_from_device ( n_inputs , nhid , in_bias , hid_bias , w ) ;
   rbm_cuda_cleanup () ;
}
```

앞서 거의 임의적인 훈련 데이터를 수반하는 좋지 않은 상황에서 강제적으로
학습률을 작게 만들도록 마지막에 다음과 같이 휴리스틱적으로 정했었다.

```
if (n_no_improvement > 50 && learning_rate > 0.03)
   learning_rate = 0.03 ;

if (n_no_improvement > 100 && learning_rate > 0.02)
   learning_rate = 0.02 ;

if (n_no_improvement > 150 && learning_rate > 0.01)
   learning_rate = 0.01 ;

if (n_no_improvement > 200 && learning_rate > 0.005)
   learning_rate = 0.005 ;

if (n_no_improvement > 250 && learning_rate > 0.002)
   learning_rate = 0.002 ;
```

위 코드 블록은 사실 앞에서 살펴봤던 코드에서 에포크 루프의 마지막 부분
직전에 나와 있었으며, 이는 이전의 스레드 코드에서 볼 수 있었던 데이터
설정 내용과 정확히 동일하다. 하지만 훈련의 마지막 동작을 함께, 그리고
깔끔하게 유지할 수 있도록 이전 페이지에서는 생략했었다. 이 부분이 명확
하게 와 닿지 않는다면 이전 레퍼런스를 다시 복습해보고 RBM_CUDA.CPP
소스코드를 다운로드해서 실험해보길 바란다.

타이밍

이번 절에서는 방금 살펴봤던 CUDA 구현의 타이밍 측면에 대해 살펴본다. 최적화 작업에서 여러 단계의 상대적 시간으로 나누는 아이디어를 얻기 위해서 나는 28×28 크기의 MNIST 숫자 이미지 데이터베이스에서 6만 개의 데이터를 사용했으며, 신경망은 400개의 은닉 뉴런으로 구성돼 있고, 10 에 포크와 각 에포크당 100 배치로 나눠 동작한다. 이 알고리즘의 각 단계별 성능 측정 결과를 다음 테이블에 수록했다. 이 테이블의 첫 번째 열은 각 동작마다 10 에포크 동안 소요된 시간을 모두 합한 총 소요 시간이며, 두 번째 열은 이 시간들을 전체 시간에 비교해 비율로 표현한 값이고, 마지막 열은 커널 실행당 소요 시간이다. 실질적으로 대부분의 윈도우 시스템이 경고도 없이 한 번의 실행이 2초 이상 걸린 프로그램을 자동으로 종료시켜버리기 때문에 이 값들은 매우 중요 측정 결과다.

이 정보는 CUDA.LOG 파일에 기록돼 있으며, 이 로그 파일은 매번 DEEP 프로그램을 실행할 때마다 자동으로 생성된다.

```
RBM CUDA 연산 시간(초) : total,(percent),per launch
    배치 데이터 수집 =           0.062 (0.4 percent)   0.000062 per launch
    가시 > hidden1 전달 =        2.478 (16.6 percent)  0.002478 per launch
    은닉 > visible2 전달 =       2.781 (18.6 percent)  0.001391 per launch
    visible2 > hidden2 전달 = 2.434 (16.3 percent)  0.001217 per launch
    hidden2 샘플링 =            0.094 (0.6 percent)   0.000094 per launch
    재구조화 =                 0.232 (1.6 percent)   0.000232 per launch
    입력 바이어스 업데이트 =       0.248 (1.7 percent)   0.000248 per launch
    은닉 바이어스 업데이트 =       0.282 (1.9 percent)   0.000282 per launch
    가중치 업데이트 =            5.928 (39.7 percent)  0.005928 per launch
    전치(transpose) =         0.062 (0.4 percent)   0.000062 per launch
    (최대 증분)/(최대 가중치) 계산 =0.142 (1.0 percent)   0.000141 per launch
    내적 연산 =                0.186 (1.2 percent)   0.000186 per launch
```

가중치 업데이트 분석

가중치 업데이트야 말로 가장 많이 시간을 잡아먹는 녀석이므로, 이 부분을 처리하는 루틴에 대해 좀 더 상세한 연구부터 진행하겠다. 이번에도 28×28 크기의 MNIST 숫자 이미지 데이터베이스에서 6만 개의 데이터를 사용했으며, 신경망은 400개의 은닉 뉴런으로 구성돼 있고, 10 에포크와 각 에포크당 100 배치로 나눠 동작한다.

CUDA 분석 작업 과정은 시간을 얼마나 차지하고 있는지 확인하는 일이 될 것이며, 이는 대략적으로 CUDA 장치가 최대로 제공할 수 있는 활성화된 워프 개수의 평균 비율이다. 워프 스케줄러가 나중에 소개할 여러 가지 이유로 인해 하나 이상의 워프가 정착 상태에 빠질 때 이를 대신할 후보가 가능한 한 여럿 존재하는 것이 좋기 때문에 이 비율이 가능한 한 높기를 원한다.

하드웨어 성능에 의존하는 잠재적인 활성화 워프의 개수에 대한 제약 조건은 실행된 블록의 개수와 블록당 스레드 개수, 공유 메모리 사용량, 그리고 레지스터 사용량 등 다양한 요소 사이의 복잡한 상호작용 때문에 발생한다. 상세한 내용은 이 책의 범위를 벗어나지만, 그림 3.3의 표와 같이 정리할 수 있다. 이론적인 소모량theoretical occupancy은 우리의 커널과 실행 파라미터가 성취할 수 있는 최대치upper limit를 의미한다. 우리는 언제나 이 최대치가 100에 도달할 수 있도록 고군분투해야 하며, 이러한 목표는 이번에 달성된다. Achieved Occupancy는 실제로 도달된 소모량을 의미하며, 실행상 비효율성execution inefficiencies 때문에 이 소모량이 실제로 이론적 소모량에 도달하는 일은 거의 없다. 50%를 넘는 것은 일단 좋은 결과라고 볼 수 있으므로, 85.96까지 도달했다는 건 훌륭한 결과다.

Variable	Achieved	Theoretical	Device Limit	
⌃ Occupancy Per SM				
Active Blocks		16	16	
Active Warps	55.02	64	64	
Active Threads		2048	2048	
Occupancy	85.96 %	100.00 %	100.00 %	
⌃ Warps				
Threads/Block		128	1024	
Warps/Block		4	32	
Block Limit		16	16	
⌃ Registers				
Registers/Thread		24	255	
Registers/Block		3072	65536	
Registers/SM		49152	65536	
Block Limit		21	16	

그림 3.3 가중치 업데이터 소모량 차트

멀티프로세서들에 걸쳐 작업을 분포시켜보는 것도 유익하다. 워크로드의 균형이 맞춰져야 한다. 하나 이상의 멀티프로세서들에 할당된 작업량이 얼마되지 않는다면 이는 프로그래머가 병렬로 돌아갈 수 있는 유사한 알고리즘으로 태스크를 쪼개는 일과 이러한 태스크들을 블록과 스레드들로 할당하는일을 제대로 못했다는 걸 의미한다. 워크로드 그래프는 그림 3.4와 같이 그려진다.

Instructions Per Clock은 인스트럭션이 발행[issued]돼 실제로 각 클록 사이클마다 실행된[executed] 인스트럭션의 개수를 나타낸다. 실행된 개수는 최대한발행된 개수에 근사해야 한다.

SM Activity는 개개의 활성화된 멀티프로세서의 비율을 나타낸다. 실행된블록의 개수가 너무 적으면 일부 멀티프로세서들이 작업을 완료하고 나서더 이상 수행할 작업이 없는 상태에서 리소스만 낭비하고 있음을 의미한다.

Instructions Per Warp은 개개의 멀티프로세서마다 처리하는 하나의 워프당평균 실행 인스트럭션 개수를 나타낸다. 이 값의 균형을 잘 맞춰줘야 한다.

Warps Launched는 멀티프로세서마다 실행한 총 워프 개수를 나타낸다.프로그램이 실행되는 동안 너무 적은 개수의 블록을 제공하는 경우 이 개수의 균형이 깨질 수도 있다. 그림 3.4와 같이 모든 가중치 업데이트 그래프들이 탁월한 결과를 보여준다.

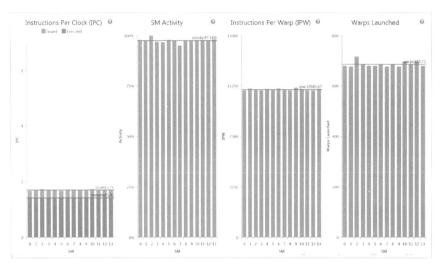

그림 3.4 가중치 업데이트 소모량 차트

발행 효율성Issue efficiency에 대한 연구를 해보면 이 애플리케이션이 하드웨어 리소스에 대해 요구하는 방식이 내포하는 모호한 제약 사항들을 밝혀낼 수 있다. 그림 3.5의 가운데 차트는 클록 사이클의 63.65%에 대해서 어떤 워프도 수행될 만한 자격이 없다는 걸 보여준다. 이 결과가 보기 드물게 높은 값은 아니지만, 이러한 정착 상태가 발생한 원인을 찾아봐야 한다. 오른쪽 차트는 그 압도적인 원인이 바로 어떤 파이프 하나가 바쁘게 처리 중이었음을 보여준다. 그림 3.6은 산술 연산 파이프가 거의 풀타임으로 동작하고 있으며, 이 작업의 93.38%가 32비트 정수형 산술 연산임을 보여준다. 이러한 모든 행렬 연산 작업은 제한적 상황을 만드는 요소로 작용한다. 직접적으로 포인터 산술 연산을 수행하게 바꾸면 더 빨라질 수도 있지만, 포인터가 64비트이기 때문에 아마 아닐 것이다.

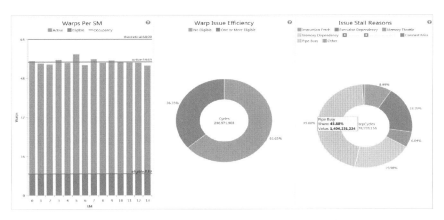

그림 3.5 가중치 업데이트 과정에서의 발행 효율과 정착 상태에 빠지는 원인

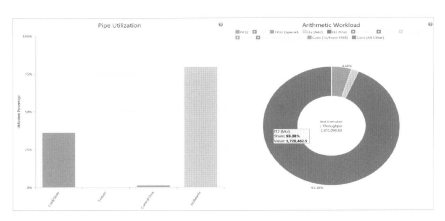

그림 3.6 가중치 업데이트 과정에서의 파이프 활용도

그 다음으로 확실히 중요한 사실은, 프로그램 실행 속도가 극도로 느려질 수 있으며 메모리 액세스가 부적절하게 이뤄지면 분명히 속도를 제약할 것이기 때문에 언제나 전역 메모리 액세스가 얼마나 효율적으로 이뤄지는지 한 줄 한 줄 검토해볼 가치가 있다는 점이다. 앞에서 가능한 한 모든 경우 연속된 스레드는 반드시 연속된 메모리 위치를 액세스 해야만 하며, 각 워프마다 첫 번째 스레드는 128바이트라는 캐시 라인 크기의 정수배에 해당하는 메모리 위치를 액세스해야 더 완벽하게 문제없이 액세스된다는 아이디어로 인해 충격을 받은 적이 있었다. 이렇게 될 수 있으면 많은 노력을 들여야

하므로, 정말 원하는 대로 됐는지 확인해볼 가치가 있다. 프로파일러 분석 결과 메모리 효율 통계 결과에 한 번 이상 의심이 가는 부분이 있었으며, 그로 인해 프로그램상에 심각한 버그가 있음을 확인했었다.

그림 3.7을 보면 다음과 같은 항목들이 존재한다.

- 가장 상단을 보면 6×400=2400개의 블록이 실행됐다는 걸 확인할 수 있다. 이 정도면 훌륭한 수준의 로드밸런싱을 이루기 위해 충분히 많은 개수이자 굉장히 합리적이라 할 수 있다.

- L1 Above Ideal Transactions란 메모리 전달 요청 횟수를 뜻하며, 이상적인 바이트 개수가 초과돼 전달 시간을 낭비하게 된다. 이 값은 항상 0이 되며, 이 값을 갖는 것이 곧 가장 완벽한 상태다.

- L1 Transfer Overhead란 요청된 전달 바이트 수에 비해 실제로 전달된 바이트의 평균 개수를 비율로 나타낸 값이다. 이 비율이 1보다 크다는 것은 전역 메모리를 비효율적으로 액세스했다는 것을 의미하며, 그림 3.8의 표에서는 다행히 그런 경우가 없다.

- L2 Transfer Overhead는 위와 비슷한 통계치이며, 단지 L2 캐시의 크기가 더 클 뿐이다. 신기하게도 두 줄 모두 1보다 작은 값을 기록하고 있으며, 이는 요청된 것보다 더 적은 바이트만이 전달됐다는 것을 의미한다. 이 두 코드 라인이 ivis에 의존하지 않는 메모리 주소를 가리키는 전역 포인터를 내포하기 때문에 이런 일이 발생하는 것이다. 그 결과, 가끔씩은 데이터를 가져온 이후에 워프 안의 다른 스레드들이 동일한 수치를 재사용할 수 있다. 이는 굉장한 이득이지만, 계획적으로 이뤄지게끔 하기는 힘든 부분이다.

정리하자면 이 루틴은 메모리 액세스를 탁월한 수준으로 효율적인 처리를 하고 있다.

File: rbm.cu ▸ device_update_weights ▸ **View:** Source Only ▸ **Grid Dim:** (6, 400, 1) **Block Dim:** (128, 1, 1) **Duration:** 5303.04 µs **Compute Capability:** 3.5

High to Low: A ▸ Low to High: A ▸

Line	Source	Instructions Executed	Thread Instructions Executed	Thread Execution Efficiency	Memory Type	Memory Access Type	Memory Access Size	L2 Transfer Overhead	L1 Above-Ideal Transactions	L1 Transfer Overhead
1724	sum = 0.01 ;									
1725	if (d_mean_field) {	27600	860400	64.9						
1726	for (icase=0 ; icase<nc ; icase++)	11113600	346454400	97.3						
1727	sum += d_hidden1[icase*d_nhid_cols+ihid] * d_visible1...	93867600	2926220400	97.4	Generic, Global	Load	Size32	0.6	0	1.0
1728	d_hidden2[icase*d_nhid_cols+ihid] * d_visible2...									
1729										
1730	else {									
1731	for (icase=0 ; icase<nc ; icase++)	0	0							
1732	sum += d_hidden_act[icase*d_nhid_cols+ihid] * d_visib...	0	0		Generic	Load	Size32		0	
1733	d_hidden2[icase*d_nhid_cols+ihid] * d_visible2...									
1734	}									
1735	sum /= nc ;	9200	286800	97.4						
1736	sum -= weight_pen * d_w[ihid*d_n_inputs_cols+ivis] ;	55200	1720800	97.4	Generic, Global	Load	Size32	1.0	0	1.0
1737	sum -= d_data_mean[ivis] * sparse_pen * (d_hid_on_smoothed[i...	92000	2868000	97.4	Generic, Global	Load	Size32	0.6	0	1.0
1738	if (d_hid_on_smoothed[ihid] < 0.01)	27600	860400	97.4						
1739	sum += d_data_mean[ivis] * 0.5 * (d_hid_on_smoothed[ihid]...	0	0							
1740	if (d_hid_on_smoothed[ihid] > 0.99)	18400	573600	97.4						
1741	sum -= d_data_mean[ivis] * 0.5 * (d_hid_on_smoothed[ihid]...	0	0							
1742										
1743	d_w_grad[ihid*d_n_inputs_cols+ivis] = sum ;	36800	1147200	97.4	Generic, Global	Store	Size32	1.0	0	1.0
1744	d_w_inc[ihid*d_n_inputs_cols+ivis] = momentum * d_w_inc[ihid...	55200	1720800	97.4	Generic, Global	Load, Store	Size32	1.0	0	1.0
1745	d_w[ihid*d_n_inputs_cols+ivis] += d_w_inc[ihid*d_n_inputs_co...	37200	1167600	98.1	Generic, Global	Load, Store	Size32	1.0	0	1.0
1746	}	18400	573600	97.4						

그림 3.7 가중치 업데이트 메모리 액세스의 통계 수치

가시 레이어에서 은닉 레이어로의 분석

RBM 훈련 알고리즘에서 두 번째로 시간을 잡아먹는 부분은, 가시 레이어에서 은닉 레이어로 전달되는 데이터를 계산하는 것이다. 이 부분에 대한 프로파일 링 차트를 이제 추가 설명 없이 다음과 같이 수록했다. 이 차트는 이전 예제에서 사용됐던 것과 동일한 태스크로 얻어낸 탁월한 거동 결과를 다시 보여준다.

Variable	Achieved	Theoretical	Device Limit	
∧ Occupancy Per SM				
Active Blocks		16	16	
Active Warps	44.35	64	64	
Active Threads		2048	2048	
Occupancy	69.30 %	100.00 %	100.00 %	
∧ Warps				
Threads/Block		128	1024	
Warps/Block		4	32	
Block Limit		16	16	
∧ Registers				
Registers/Thread		18	255	
Registers/Block		3072	65536	
Registers/SM		49152	65536	
Block Limit		21	16	

그림 3.8 가시 레이어에서 은닉 레이어로의 소모량

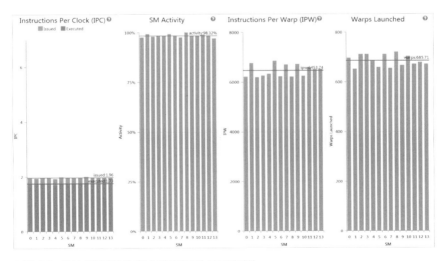

그림 3.9 가시 레이어에서 은닉 레이어로의 로드밸런싱

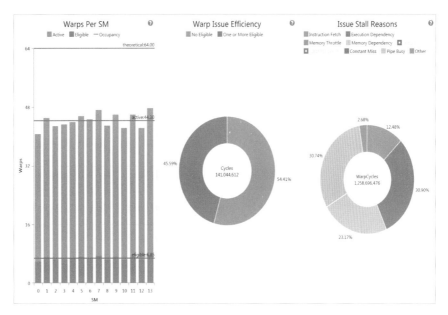

그림 3.10 가시 레이어에서 은닉 레이어까지의 발행 효율성과 정착 상태에 빠지는 이유

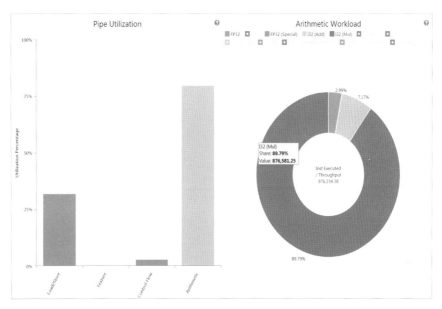

그림 3.11 가시 레이어에서 은닉 레이어까지의 파이프 활용도

device_vis_to_hid   Grid Dim: (4, 600, 1)   Block Dim: [128, 1, 1]   Duration: 2532.8 μs   Compute Capability: 3.5

File: rbm.cu   View: Source Only   High to Low: Low to High:

Line	Source	Instructions Executed	Thread Instructions Executed	Thread Execution Efficiency	Memory Type	Mem Access Type	Memory Access Size	L2 Transfer Overhead	L1 Above-Ideal Transactions	L1 Transfer Overhead
947	__global__ void device_vis_to_hid (									
948	int nc // Number of cases in this batch									
949	)									
950	{									
951	int icase, ivis, ihid ;									
952	float sum, Q ;									
953										
954	ihid = blockIdx.x * blockDim.x + threadIdx.x ;	28800	921600	100.0						
955	if (ihid >= d_nhid)	19200	614400	60.9						
956	return ;									
957										
958	icase = blockIdx.y ;	7800	240000	96.2						
959										
960	sum = d_hid_bias[ihid] ;	31200	960000	96.2	Generic, Global	Load	Size32	1.0	0	1.0
961	for (ivis=0 ; ivis<d_n_inputs ; ivis++)	11263200	346560000	95.8						
962	sum += d_wtr[ivis*d_nhid_cols+ihid] * d_visible[icase*d_n_in...	50388000	1550400000	96.2	Generic, Global	Load	Size32	0.6	0	1.0
963	Q = 1.0f / (1.0f + __expf(-sum)) ;	15600	480000	96.2						
964	d_hidden1[icase*d_nhid_cols+ihid] = Q ;	39000	1200000	96.2	Generic, Global	Store	Size32	1.0	0	1.0
965	d_hidden2[icase*d_nhid_cols+ihid] = Q ; // We'll need this f...	23400	720000	96.2	Generic, Global	Store	Size32	1.0	0	1.0
966	d_hid_on_frac[icase*d_nhid_cols+ihid] = Q ;	33000	1027200	97.3	Generic, Global	Store	Size32	1.0	0	1.0
967	}	15600	480000	96.2						

그림 3.12 가시 레이어에서 은닉 레이어까지의 메모리 액세스 통계

은닉 레이어에서 가시 레이어로의 분석

마지막으로 RBM 훈련 알고리즘에서 시간을 소모하는 부분은 앞의 경우와 반대로 가시 레이어에서 은닉 레이어로 전달되는 부분과 관련이 있다. 예외적으로 메모리를 리스팅하는 마지막 코드 라인은 이 루틴의 마지막 부분에 있는 메모리 해제 코드를 프로파일러와 약간 혼동하게 하는 컴파일러 최적화에서 따온 것이다(내가 어셈블리 출력 내용을 확인했다).

Variable	Achieved	Theoretical	Device Limit	
∧ Occupancy Per SM				
Active Blocks		16	16	
Active Warps	50.31	64	64	
Active Threads		2048	2048	
Occupancy	78.61 %	100.00 %	100.00 %	
∧ Warps				
Threads/Block		128	1024	
Warps/Block		4	32	
Block Limit		16	16	
∧ Registers				
Registers/Thread		18	255	
Registers/Block		3072	65536	
Registers/SM		49152	65536	
Block Limit		21	16	

그림 3.13 은닉 레이어에서 가시 레이어까지의 소모량

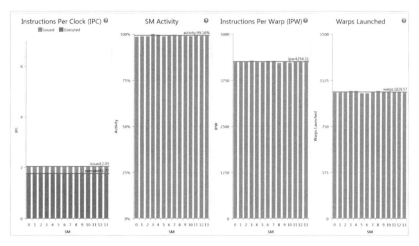

그림 3.14 은닉 레이어에서 가시 레이어까지의 로드밸런싱

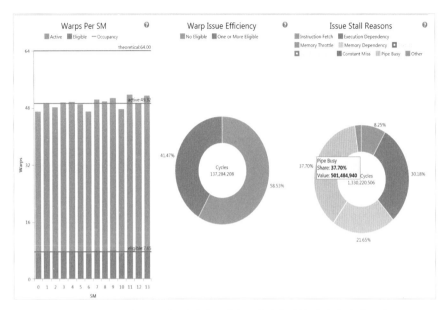

그림 3.15 은닉 레이어에서 가시 레이어까지의 발행 효율성과 정착 상태에 빠지는 이유

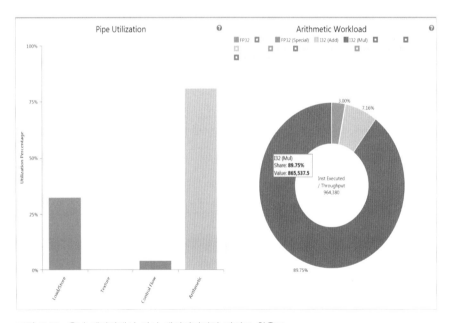

그림 3.16 은닉 레이어에서 가시 레이어까지의 파이프 활용도

device_hid_to_vis File: rbm.cu Grid Dim: (6, 600, 1) Block Dim: (128, 1, 1) Duration: 2439.392 μs View: Source Only High to Low: Low to High: A Compute Capability: 3.5

Line	Source	Instructions Executed	Thread Instructions Executed	Thread Execution Efficiency	Memory Type	Mem Access Type	Memory Access Size	L2 Transfer Overhead	L1 Above-Ideal Transactions	L1 Transfer Overhead
1049	int k, icase, ivis, ihid ;									
1050	float sum, P, frand ;									
1051										
1052	ivis = blockIdx.x * blockDim.x + threadIdx.x ;	43200	1382400	100.0						
1053	if (ivis >= d_n_inputs)	28800	921600	53.3						
1054	return ;									
1055										
1056	icase = blockIdx.y ;	13800	430200	97.4						
1057										
1058	sum = d_in_bias[ivis] ;	55200	1720800	97.4	Generic Global Load	Size32		1.0	0	1.0
1059	for (ihid=0 ; ihid<d_nhid ; ihid++)	11178000	348462000	97.1						
1060	sum += d_w[ihid*d_n_inputs_cols+ivis] * d_hidden_act[icase*d_...	49721400	1550010600	97.4	Generic Global Load	Size32		0.6	0	1.0
1061	P = 1.0f / (1.0f + __expf(-sum)) ;	27600	860400	97.4						
1062										
1063	if (d_mean_field)	27600	860400	48.7						
1064	d_visible2[icase*d_n_inputs_cols+ivis] = P ;	82800	2581200	97.4	Generic Global Store	Size32		1.0	0	1.0
1065	else {									
1066	k = ((unsigned int) (icase * d_n_inputs + ivis + random_offse...	0	0							
1067	frand = (float) d_shuffle_index[k] / (float) d_ncases ;	0	0		Generic	Load	Size32			
1068	d_visible2[icase*d_n_inputs_cols+ivis] = (frand < P) ? 1.0f...	14400	460800	100.0	Generic	Store	Size32		0	
1069	}									
1070										
1071	}	27600	860400	97.4						

그림 3.17 은닉 레이어에서 가시 레이어까지의 메모리 액세스 통계치

향상된 훈련 알고리즘과 향후 버전

직접적인 대조적 발산^{CD} 알고리즘보다 빠른 속도로 동작하는 훈련 알고리즘을 개발하는 과정에서 작은 규모의 사소한 처리 방법들을 비롯해서 초기 가중치를 탈락^{decay}시키는 기법, 그리고 다양한 연동^{hybrid} 기법 등 많은 일을 처리해왔다. 나는 현재 스레드 기반의 CUDA 버전으로 이러한 알고리즘들을 구현 중이며, 동시에 이들의 거동에 대해 연구 중이다. 또한 RBM을 대체할 자동 인코더$^{auto-encoder}$ 알고리즘을 구현 중이다.

은닉 레이어 간 활성화 값을 전파시키는 새로운 CUDA 프로그래밍 기법이 있으며, 이 대체 알고리즘은 감독 피드포워드 신경망과 RBM에 모두 적용해 볼 수 있다. 이 책에서 제시한 CUDA 구현 코드는 간결한 접근 방법으로 개개의 뉴런에 따라 작업을 분산시키는 방법을 기반으로 구현한 것이며, 피드포워드 신경망에 적용해보면 거의 완벽하고, RBM에 적용하면 완벽에 완벽을 더하는 수준으로 전역 메모리를 병합 액세스로 처리하게 한다. 하지만 근본적으로는 활성화 함수를 적용한 다음에 행렬과 행렬을 곱하는 과정으로도 볼 수 있다. 이런 관점에서 공유 메모리를 이용해 높은 효율로 행렬 곱 연산을 구현할 수 있다. 전역 메모리 액세스를 완전하게 감춰버리는 산술 연산이 제한 요소로 작용하는 것 같아 보이므로, 이렇게 엄청나게 더 복잡해지는 방법을 이용해봤자 얻을 것이 별로 없을 것 같다는 느낌이 강하게 든다. 하지만 나는 두 방법을 엄격하게 비교 수행할 수 있도록 이 대체 방법을 추구할 의도가 다분히 있다.

나는 진행 중인 개발이 완료되면 DEEP 프로그램을 업데이트하고, 이 책 역시 더욱 보강해 출판할 계획이다. 계속 주목하라! 어떤 내용이든 공표할 부분이 있으면 내 홈페이지에 게시할 것이다.

4

탐욕적인 훈련

2장에서 전래의 (감독) 다중 레이어 피드포워드 신경망을 어떻게 구성하고 훈련시키는지 살펴봤다. 3장에서는 단일 레이어를 갖는 제한된 비감독 볼츠만 머신[RBM]을 어떻게 구성하고 훈련시키는지 살펴봤다. 이제 여러 개의 RBM 레이어들을 어떻게 쌓아서 Deep Belief Nets를 구축하고, 어떻게 이 여러 겹의 은닉 레이어들을 비감독 훈련시키고 마지막 출력 레이어를 감독 훈련시킬지 살펴볼 것이다. 이러한 결과로 얻어낸 신경망은 정말이지 강력한 힘을 가질 수 있다.

RBM 레이어를 쌓는 알고리즘은 놀라울 정도로 간단하다. 대략적으로 말하자면 훈련 데이터가 입력으로 전달되는 가장 아래에 있는 RBM부터 훈련시킨다. 훈련이 완료되면 이 모델 전체를 통틀어 훈련 데이터를 입력시키면서 돌리고, 그렇게 해서 얻은 RBM 은닉 레이어의 활성화 결과를 그 다음 RBM을 훈련시킬 입력으로 이용한다. 두 번째 RBM이 훈련되면 훈련 데이터를 첫 번째, 두 번째 RBM를 따라 차례로 입력시켜서 돌리고, 두 번째 RBM 은닉 레이어의 활성화 결과를 다시 세 번째 RBM의 입력 벡터로 적용시켜서 훈련시킨다. 그 이후도 동일하게 진행해 나간다. 이렇게 한 레이어씩 차지하며 진행되기 때문에 탐욕적인 훈련greedy training 알고리즘이라고 부른다. 전체 모델을 한 번에 똑똑하게 훈련시키려는 아무런 시도도 이뤄지지 않으며, 그 대신 이 훈련 알고리즘은 가능한 한 많은 것을 첫 번째 레이어에서만 취득한 다음, 이를 놓치지 않고 붙들어 두고 다시 그 다음 레이어에서 가능한 한 많은 것을 가져오는 식으로 계속해서 동일하게 다음 레이어들을 따라 진행해나간다.

전형적으로 구현되는 탐욕적인 훈련 알고리즘은 다음과 같다.

```
for (training_layer=0 ; training_layer<n_layers ;
    training_layer++) {                    // 현재 레이어를 훈련시킨다.
  --> training_layer번째 레이어의 가중치를 초기화한다

  While {  // 수렴할 때까지 반복해서 훈련 루프 수행              |
    --> 데이터베이스로부터 원본 그대로의 입력 데이터를 얻어온다.      |
```

```
for (prop_layer=0 ; prop_layer<training_layer ; prop_layer++) {  |
    --> prop_layer상의 각 은닉 뉴런들마다 확률 계산                   |
    --> 선택적으로 은닉 확률 값을 이용해서 뉴런 값을 샘플링           |
} // 이전 레이어를 통해 전파                                         |
    --> 기울기 계산과 training_layer번째 레이어의 가중치를 갱신      |
  } // 훈련 루프      |
```

} // 모든 레이어가 훈련될 때까지 루프 수행

오른쪽에 막대로 표시된 라인들은 훈련되고 있는 **RBM**에 대한 훈련 알고리즘에 해당함을 뜻한다. 알고리즘 자체에는 그렇게 특별한 것이 없다. 3장에서 소개했던 방법이 될 수도 있으며, 아니면 개발자가 선호하는 다른 방법을 써도 된다. 하지만 한 가지 중요한 차이점이 있다. 우리가 각 단계마다 은닉 뉴런 값을 샘플링한다면 개개의 배치에 대해 기울기를 계산하기 위해 사용된 값들이 어떤 값이 랜덤하게 샘플링되는지에 따라 달라진다. 하나의 **RBM** 혹은 다중 신경망의 가장 하단 레이어만 훈련시킬 때 입력 데이터는 각 배치마다 일정한 값을 유지하게 된다. 하지만 첫 레이어 이후의 레이어에 대해서는 훈련 입력 값들이 변화하게 된다.

이러한 변화는 방금 살펴본 알고리즘에 큰 문제를 일으킬 수 있다. 다음 레이어에 전달할 입력으로 적용하기 위해 각 레이어마다의 은닉 뉴런을 샘플링한다. 모든 배치를 돌면서 반드시 원본 입력 데이터를 현재 훈련 중인 레이어보다 이전에 있는 모든 레이어를 거치면서 전파시킨다. 이는 훈련 프로세스에 상당한 오버헤드를 부가하는 고비용 작업이다.

이런 이유로 인해 나는 이전 알고리즘에 손을 좀 봐서 샘플링이 필요할 경우 훈련이 진행 중인 **RBM**에 전달되는 단일 레이어만을 위해 그렇게 한다. 이전에 이뤄졌던 모든 전파는 결정적^{deterministic}인 과정이었다. 이는 일부 전문가들로 하여금 논쟁을 일으킬 수도 있는 일종의 절충안이지만, 랜덤 샘플링을 적절히 허용하면서도 일정한 재전파$^{re-propagation}$ 오버헤드가 없다. 내가 사용한 알고리즘은 다음과 같다.

```
for (training_layer=0 ; training_layer<n_layers ;
    training_layer++) {            // 현재 레이어를 훈련시킨다.
  --> training_layer번째 레이어의 가중치를 초기화한다.
  for (prop_layer=0 ; prop_layer<training_layer ;
      prop_layer++)   // 이전 레이어를 통해 전파
    --> 각 은닉 뉴런마다 prop_layer에 해당하는 레이어에 대한 확률 계산
  --> training_layer번째 레이어의 가중치를 초기화한다.
  중단 기준에 걸릴 때까지 While 루프{                                  |
    --> 이전 레이어로부터 전달되는 값을 선택적으로 샘플링              |
    --> 기울기 계산과 training_layer번째 레이어의 가중치를 갱신        |
  }  // 현재 레이어 훈련                                             |
}  // training_layer 루프 종료; 전체 레이어 대상으로 탐욕적인 훈련 수행
```

이전처럼 오른쪽에 막대로 표시된 코드 라인들은 훈련 알고리즘에 해당한
다. 하지만 이번에 추가된 부분은 단지 훈련이 진행 중인 레이어에 입력
값으로 전달되는 이전 RBM의 선택적인 은닉 레이어의 샘플링 수행이다.
모든 이전 레이어를 거친 전파는 훈련이 시작하기 전에 단 한 번만 수행되
며, 이렇게 전파되는 값들은 모든 훈련 배치를 통틀어 변화하지 않고 일정
하게 유지된다.

생성적 샘플링

자동 인코딩과 같은 여타 탐욕적인 모델 구축$^{model-building}$ 기법보다 RBM이
더 우위를 차지하는 한 가지 장점은 훈련된 RBM을 쉽게 설득할 수 있어서
무엇을 학습했는지에 대해 통찰해볼 만한 가치가 있는 내용들을 드러내준다
는 점이다. 1장 '소개'의 도입 부분과 3장에서 소개했던 내용을 떠올려 보면
적절히 훈련된 RBM은 훈련 데이터가 표현하는 데이터 분포를 따르는 (대부
분의) 진정한 패턴을 함축하고 있게 된다. 하지만 정확히 어떤 패턴들이 보이
는가? 실제로 우리는 RBM이 함축하는 패턴들의 분포로부터 랜덤한 샘플들
을 생성할 수 있다.

지금이 3장의 '제한된 볼츠만 머신이란?' 절에서 소개했던 부분을 복습할 좋은 타이밍이며, 특히 식 (3.1)과 식 (3.2)를 대체하는 마르코프 체인으로 만들어지는 랜덤한 가시 뉴런의 상태가 훈련 데이터상의 데이터 분포를 모사함을 반드시 명확하게 이해하고 있어야 한다. 당연히 마르코프 체인으로부터 연속된 샘플들은 서로 상당한 상관성을 갖는다. 하지만 시작부터 크게 차이나는 벡터로부터 취한 샘플들은 무시할 만한 상관성을 갖게 되며, 특히 샘플링에 내재하는 랜덤한 속성이 그러한 역할을 하게 된다. 핵심 포인트는 훈련된 RBM이 데이터에 내제된 패턴들의 분포를 함축하고 있다는 의미에서 훈련 데이터의 구조를 표현한다는 점이다.

어떤 가시 레이어나 은닉 레이어의 활성화 값들로 시작하든 상관없이 엄청난 횟수를 반복하면서 식 (3.1)과 식 (3.2) 사이를 번갈아가며 루프를 돌면 수만 번 이상 돌아야 할 수도 있지만, 이 샘플링 값들은 결과적으로 마르코프 체인이 내포하는 자연스럽게 나오는 값으로 수렴한다. 이러한 분포로부터 진짜 제대로 된 샘플을 운좋게 취득한 경우 곧바로 수렴된 결과를 얻게 될 것이다. 이는 훈련 데이터 집단으로 RBM을 잘 훈련시켜서 RBM이 데이터를 잘 표현할 수 있게 된다면 대개 은닉이나 가시 활성화 데이터 집단에서 완전히 랜덤하게 샘플링한 값으로 시작하는 것보다 원래의 훈련 데이터 집단에서 샘플링한 데이터로 시작할 경우가 더 빠른 수렴 결과를 얻는다는 것을 내포한다. 이런 이유로 이 방법을 자주 쓸 수밖에 없다. 아니면 완전히 랜덤한 활성화 값으로 시작해서 반복 횟수를 엄청나게 크게 늘리는 것도 가능하다.

앞서 논의한 탐욕적인 훈련 방법을 통해 Deep Belief Nets를 구성해나간다면 상황이 약간 더 복잡해진다. 이런 상황에서는 하나 이상의 '훈련되고 나서 일정하게 유지되는' 레이어가 형성된다. 이 신경망의 가장 첫 레이어는 원래의 입력 데이터를 그대로 가장 마지막에 있는 가장 최근에 훈련된 레이어로 연결한다. 이 마지막 레이어 역시 하나의 RBM이다(이전 레이어들은 자신의 가중치가 계산돼 고정되고, 그 이후에 훈련이 진행되고 있는 RBM에 입력으로 사용되자마자 더 이상 RBM이 아니게 된다). 이제는 최상위 RBM으로부터 샘플링해 이 RBM의 가시 활성화 값들을 아래(이전) 방향으로 전파시켜나가면서 가장 마지막(처음)에 위치한 입력 레이어까지 내려간다.

이런 상황을 핸들링할 수 있는 방법은 적어도 두 가지가 있다. 가장 일반적인 방법은 RBM에 대한 임의의 활성화 벡터를 생성해 마르코프 체인을 여러 번 수행하고(이를 종종 깁스 샘플링^{Gibbs sampling}이라고도 부른다), 마지막 가시 활성화 값들을 가장 아래에 있는(가장 처음에 있는) 레이어까지 전파시켜나간다. 이렇게 하면 마르코프 체인 연산을 시작하기 위해 사용된 임의의 은닉 활성화 값들이 RBM의 분포로부터 적절하게 샘플링된 값에 근접하게 될 확률이 낮아진다는 단점을 갖는다. 그러므로 수도 없이 반복 연산을 수행해야 마르코프 분포에 수렴할 수 있게 된다. 종종 이보다 더 나은 접근법을 사용하곤 하는데, 바로 랜덤하게 훈련 데이터를 샘플링해서 그 값을 레이어들을 거치면서 전체 신경망의 최상위에 놓인 RBM의 가시 레이어에 도달할 때까지 상향 전파시키는 것이다. 탐욕적인 훈련을 수행해왔다면 이러한 가시 활성화 값들의 집단은 일반적으로 RBM의 자연스러운 분포에 근사하게 되며, 그러므로 빠르게 수렴된다.

이러한 생산적인 샘플링을 수행하는 서브루틴에 대해 살펴보자. 호출 파라미터는 다음과 같다.

```
static void gen_threaded (
    int nvis ,          // 첫 번째(최하단) 레이어에 전달되는 입력의 개수
    int max_neurons ,   // nvis을 포함해서 모든 레이어를 통틀어 가장 많은
                        // 뉴런의 개수
    int n_unsup ,       // 비감독 훈련된 레이어의 개수
    int *nhid_unsup ,   // 각 레이어마다 존재하는 뉴런의 개수를 담고 있는
                        // n_unsup 벡터
    double **weights_unsup , // 가중치 행렬을 가리키는 n_unsup 포인터
    double *in_bias ,   // 입력 바이어스 벡터(n_unsup x max_neurons 크기)
    double *hid_bias ,  // 은닉 바이어스 벡터(n_unsup x max_neurons 크기)
```

```
    int nchain ,     // 깁스(마르코프) 체인의 길이, 0이면 데이터 원본을 리턴
    int input_vis , // 가시로 시작하는지 나타내는 플래그(반대면 은닉으로 시작)
    double *workvec1 , // max_neurons만큼의 길이를 갖는 작업 벡터이자
                       // 첫 시작 데이터(case)에 해당하는 입력 벡터
    double *workvec2 , // max_neurons만큼의 길이를 갖는 작업 벡터이자
                       // 첫 시작 은닉에 해당하는 입력 벡터
    unsigned char *image // 계산된 이미지, 0과 255 사이의 값이 리턴됨
)
```

nvis개의 데이터 입력 원본이 존재한다. 모든 레이어를 통틀어 최대의 뉴런 개수는 max_neurons다. Deep Belief Nets에는 RBM까지 포함해서 총 n_unsup개의 레이어가 존재한다. nhid_unsup 벡터는 각 레이어마다의 은닉 뉴런 개수를 담고 있다. weight_unsup 벡터는 각 레이어마다의 가중치 행렬을 가리키는 포인터를 담고 있다. in_bias와 hid_bias 벡터는 각각 합쳐진 모든 레이어의 입력과 은닉 바이어스 벡터를 담고 있다. 각 레이어의 바이어스 벡터는 max_neurons만큼의 길이를 갖는다. 이때 마지막에 위치한 요소들은 일반적으로 사용되진 않는다. nchain번의 깁스 샘플링(마르코프 체인)을 반복해 수행할 것이며, 이때 input_vis가 참이면 workvec1의 가시 활성화 벡터 입력부터 수행 대상이 되고, input_vis가 거짓이 되면 workvec2의 은닉 활성화 벡터 입력부터 수행 대상이 된다. 이 서브루틴의 최종 출력 결과는 샘플링된 입력 활성화 값에 따라 0에서 255 사이의 숫자로 그려지는 이미지다. 실제 확률 값들이 필요하다면 수정되는 부분은 사소하면서 명확하다. 마지막으로 nchain이 0으로 입력되면 아무런 샘플링도 되지 않는다. 즉, 입력 활성화 값들이 스케일링업돼서 0과 255 사이의 값을 가지며, 이미지에 이런 결과가 반영된다.

상수(난수를 위해 존재)와 변수 선언부는 다음과 같다. 가시 뉴런과 은닉 뉴런 활성화에 대해 workvec1과 workvec2를 이용해서 앞뒤로 번갈아가며 진행할 것이다. 초기화를 수행한다. 사용자가 샘플링을 원하지 않는다면 그냥 입력 값을 다시 스케일링해서 반환한다.

```
#define IA 16807
#define IM 2147483647
#define AM (1.0 / IM)
#define IQ 127773 #define IR 2836

int i, k, ichain, ivis, nin, ihid, nhid, i_layer, randnum ;
double *vis_layer, *hid_layer, *w, *wptr, *ibptr, *hbptr, sum,
    Q, frand ;

vis_layer = workvec1 ;
hid_layer = workvec2 ;

if (nchain == 0) {   // 이미지 원본을 원하는가? 이는 input_vis를
                     // 덮어쓴다(overrides).
  for (i=0 ; i<nvis ; i++)
    image[i] = (unsigned char) (255.9999 * vis_layer[i]) ;
  return ;
}
```

사용자가 체인을 입력 벡터 샘플(전형적으로 빠른 수렴을 위한 훈련 데이터로 쓰임)로
시작하려고 한다면 반드시 최상단에 위치한 **RBM**까지 상향 전파해나가야
한다. 깁스 체인에서 은닉 뉴런 활성화를 샘플링하기 위한 난수 생성기가
필요할 것이다. 난수 생성 씨드를 초기화하기 위해 섬세하진 않지만 효과적
인 방법을 적용해보자.

```
if (input_vis) {

  randnum = 1 ;              // 랜덤 씨드를 얻어낸다.
  for (i=0 ; i<nvis ; i++) {   // 씨드가 절대로 0이 되서는 안된다!
    if (vis_layer[i] > 0.5)
      ++randnum ;
  }

// RBM에 도달할 때까지 전파시켜나간다.

  nin = nvis ;         // 현재 레이어까지 카운팅된 입력 개수
```

```
for (i_layer=0 ; i_layer<n_unsup-1 ; i_layer++) {
  nhid = nhid_unsup[i_layer] ;    // 현재 은닉 레이어에 존재하는 뉴런 개수
  w = weight_unsup[i_layer] ;     // 이 은닉 레이어의 가중치 행렬
  hbptr = hid_bias + i_layer * max_neurons ; // 이 은닉 레이어의 바이어스 벡터
  for (ihid=0 ; ihid<nhid ; ihid++) {    // 은닉 레이어의 모든 뉴런 활성화
                                         // 값들을 계산
    wptr = w + ihid * nin ;              // 현재 뉴런의 가중치 벡터
    sum = hbptr[ihid] ;           // 은닉 레이어상의 현재 뉴런의 바이어스
    for (ivis=0 ; ivis<nin ; ivis++)    // 식 (3.3)
      sum += wptr[ivis] * vis_layer[ivis] ;
    hid_layer[ihid] = 1.0 / (1.0 + exp(-sum)) ;
  }
  nin = nhid ;    // 현재 레이어에서 '은닉'은 다음 레이어에서 '가시'가 됨
  if (vis_layer == workvec1) {    // 은닉 레이어와 가시 레이어 뒤바꾸기
    vis_layer = workvec2 ;
    hid_layer = workvec1 ;
  }
  else {
    vis_layer = workvec1 ;
    hid_layer = workvec2 ;
  }
} // i_layer에 대한 루프로, RBM에 도달할 때까지 반복된다.
} // input_vis이 참일 경우
```

대신에 사용자가 가장 상단에 위치한(즉 n_unsup-1번째인) RBM상의 은닉 뉴런
활성화 벡터(랜덤한 값들로 이뤄져있다는 가정하에)를 입력한다면 난수 생성을 위한
씨드 값을 초기화하는 세련되지 못한 방식으로 이러한 활성화 값들을 사용
하게 된다. 또한 RBM에 입력의 개수를 설정해준다. 단지 하나의 RBM만
있다면 입력 개수는 곧 원본 입력 데이터의 개수만 해당된다. 하지만 이
RBM 밑에 하나 이상의 레이어가 존재한다면 입력 개수는 이 RBM 바로
밑에 있는 은닉 레이어의 뉴런 개수가 이에 해당하게 된다.

```
else {    // input_vis가 거짓이면 사용자는 RBM의 은닉 레이어를 입력하는 것임
```

```
    randnum = 1 ;       // 어느 정도 개수의 랜덤 씨드 값들을 구한다.
    for (i=0 ; i<nhid_unsup[n_unsup-1] ; i++) {
      if (hid_layer[i] > 0.5)
        ++randnum ;
    }

if (n_unsup == 1)     // RBM 밑에 아무런 레이어도 없다면
  nin = nvis ;
else
  nin = nhid_unsup[n_unsup-2] ;
} // input_vis이 거짓인 경우
```

이제 식 (3.3)과 (3.4)를 이용해서 가시 레이어와 은닉 레이어를 번갈아가며 활성화해나가는 마르코프 체인을 수행할 차례다. 은닉 활성화 값을 계산할 때 반드시 샘플링했어야 함을 상기해보자. 가시 활성화를 계산할 때는 샘플링을 해도 되고 안해도 되는데, 여기서는 샘플링을 하지 않는 쪽으로 진행해서 추가적인 랜덤성이 도입된다.

첫 번째 단계는 RBM을 구성할 은닉 뉴런 개수를 설정하고 가중치 행렬과 바이어스 벡터를 가리키는 포인터를 얻어오는 것이다.

```
nhid = nhid_unsup[n_unsup-1] ;
w = weight_unsup[n_unsup-1] ;
hbptr = hid_bias + (n_unsup-1) * max_neurons ;
ibptr = in_bias + (n_unsup-1) * max_neurons ;
```

깁스 샘플링(마르코프 반복 루프) 체인은 다음 코드와 같다. 이 루프의 절반은 은닉 레이어 활성화 벡터를 샘플링해 계산하는 것이다. 나머지 절반은 가시 레이어 활성화 벡터를 샘플링 없이 계산하는 것이다. 사용자가 시작점으로 입력 은닉 레이어 활성화를 입력하도록 선택했다면(input_vis가 거짓인 경우임) 이 연쇄 루프를 첫 번째로 수행할 때는 반드시 상위 절반은 생략하고 넘어가야 한다. 그래서 우리는 은닉 레이어에서 가시 레이어로 전달되는 부분으로 곧바로 넘어간다.

```
for (ichain=0 ; ichain<nchain ; ichain++) {

  if (ichain || input_vis) {   // 첫 번째 루프에서는 사용자가
                               // 은닉 레이어를 입력하는 경우 가시 레이어에서
                               // 은닉 레이어로 전파되는 계산을 생략한다.
    for (ihid=0 ; ihid<nhid ; ihid++) { // 샘플링으로 가시 레이어에서
                                        // 은닉 레이어로 전파
      wptr = w + ihid * nin ;  // 현재 뉴런을 위한 가중치 벡터
      sum = hbptr[ihid] ;      // 현재 은닉 뉴런의 바이어스
      for (ivis=0 ; ivis<nin ; ivis++)   // 식 (3.3)
        sum += wptr[ivis] * vis_layer[ivis] ;
      Q = 1.0 / (1.0 + exp(-sum)) ;
      k = randnum / IQ ;        // 샘플링을 위한 난수 생성기
      randnum = IA * (randnum - k * IQ) - IR * k ;
      if (randnum < 0)
        randnum += IM ;
      frand = AM * randnum ;
      hid_layer[ihid] = (frand < Q) ? 1.0 : 0.0 ; // 샘플링 수행(1 또는
                                                  // 0으로 샘플 값 지정)
    }
  }

  for (ivis=0 ; ivis<nin ; ivis++) {   // 샘플링 없이 은닉 > 가시 레이어 전파
    sum = ibptr[ivis] ;           // 입력 바이어스
    for (ihid=0 ; ihid<nhid ; ihid++)     // 식 (3.4)
      sum += w[ihid*nin+ivis] * hid_layer[ihid] ;
    vis_layer[ivis] = 1.0 / (1.0 + exp(-sum)) ;
  }

} // ichain에 해당하는 루프 종료
```

마르코프 체인의 깁스 샘플링 작업까지 완료되면 반드시 RBM의 가시 레이어를 이전 레이어를 거쳐서 원본 데이터가 입력되는 레이어에 도달할 때까지 전파해나간다. 상방향으로 전파해나갔을 때처럼 가시 레이어와 은닉 레이어에 해당되는 workvec1과 workvec2 포인터를 이용한다.

```
for (i_layer=n_unsup-2 ; i_layer>=0 ; i_layer--) {
    nhid = nin ; // 현재 레이어에 대한 은닉 뉴런들은 곧 RBM의 가시 뉴런임
    if (i_layer == 0) // 최하단 레이어(원본 데이터가 입력되는)에 도달했다면
        nin = nvis ;     // 현재 레이어에 입력되는 데이터의 개수는 곧 원본 입력
                        // 데이터의 개수가 된다.
    else               // 그 밖의 경우 현재 레이어 바로 아래에 위치한 레이어의
                        // 은닉 뉴런의 개수가 된다.
        nin = nhid_unsup[i_layer-1] ;
    w = weight_unsup[i_layer] ;     / 현재 레이어의 가중치 행렬 획득
    ibptr = in_bias + i_layer * max_neurons ; // 그리고 입력 바이어스 벡터 획득

    if (vis_layer == workvec1) {// 항상 '다른' 벡터를 매핑할 수 있게 서로
                            // 바꾼다.
        vis_layer = workvec2 ;
        hid_layer = workvec1 ;
    }
    else {
        vis_layer = workvec1 ;
        hid_layer = workvec2 ;
    }

    for (ivis=0 ; ivis<nin ; ivis++) {   // 샘플링 없이 은닉 > 가시 레이어 전파
        sum = ibptr[ivis] ;
        for (ihid=0 ; ihid<nhid ; ihid++)     // 식 (3.4)
            sum += w[ihid*nin+ivis] * hid_layer[ihid] ;
        vis_layer[ivis] = 1.0 / (1.0 + exp(-sum)) ;
    }
} // i_layer에 대한 루프 수행. 데이터 입력 레이어까지 전파하면서 내려간다.
```

마지막 단계는 0과 1 사이의 활성화 값을 0과 255 사이의 이미지 데이터로
스케일업하는 것이다. 이 단계는 사용자가 원하는 대로 수정해도 된다.

```
for (i=0 ; i<nvis ; i++)
    image[i] = (unsigned char) (255.9999 * vis_layer[i]) ;
}
```

5

DEEP 사용 매뉴얼

5장에서는 개략적인 DEEP 1.0 프로그램의 사용 매뉴얼을 소개한다. 첫 번째 절에는 기능의 용도를 간략하게 서술해놓은 설명과 이 설명이 불충분할 경우 좀 더 상세한 내용을 수록해놓은 페이지 번호와 함께 모든 메뉴 옵션을 나열했다.

메뉴 옵션

파일 메뉴 옵션

데이터베이스 읽어 들이기(253페이지)

표준 데이터베이스 포맷(예: 엑셀™ CSV)으로 된 텍스트 파일을 읽어 들인다. 첫 번째 라인은 변수의 이름이 기록되며, 그 다음 라인들은 실제 데이터 값들이 기록된다(한 라인당 하나의 데이터가 기록됨). 공백문자, 탭, 그리고 콤마 등은 구분자delimiter로 쓰일 수 있다. 이후 진행되는 훈련 과정은 기본적으로 분류기가 아닌 모델 예측 결과를 내놓는다.

MNIST 이미지 읽어 들이기(254페이지)

표준 MNIST 포맷의 이미지 파일을 읽어 들인다. 반드시 이미지 파일을 읽어 들인 이후 이에 해당하는 MNIST 라벨 파일들을 읽어 들여야 한다. 이후에 진행되는 훈련을 통해 기본적으로 예측 모델Predictive Model 이 아니라 분류기에 해당하는 모델을 도출한다.

MNIST 라벨 읽어 들이기(255페이지)

표준 MNIST 포맷의 라벨 파일을 읽어 들인다. 반드시 라벨 파일을 읽어 들인 이후 이에 해당하는 MNIST 라벨 파일들을 읽어 들여야 한다.

활성화 파일 작성(255페이지)

모든 훈련 데이터를 대상으로 특정 뉴런의 활성화 값들을 포함하고 있는 텍스트 파일을 작성한다.

모든 데이터 삭제(255페이지)

모든 훈련 데이터를 삭제하지만, 훈련된 모델(존재한다면)은 그대로 유지된다. 이 명령어의 용도는 테스트 데이터들을 읽어 들여서 이러한 새로운 데이터들을 기반으로 훈련된 모델의 성능을 측정하기 위함이다.

인쇄

현재 선택된 출력 화면을 인쇄한다(Display 메뉴 아래에 생성됨). 아무런 윈도우도 선택되지 않았다면 Print는 비활성화된다.

종료

프로그램을 종료한다.

테스트 메뉴 옵션

CUDA 활성화(Yes/No 전환)

이 옵션은 CUDA 지원 장치가 컴퓨터에 설치된 경우에만 활성화된다. 이 옵션 옆에 체크 표시가 나타나있다면 CUDA 지원 장치를 사용해서 연산을 수행한다. 이 옵션을 클릭하면 체크 표시를 on/off로 바꿀 수 있다.

모델 아키텍처(256페이지)

비감독 레이어와 감독 레이어의 개수와 더불어 각 레이어상의 뉴런 개수 등을 지정한다. Read a database 명령어로 데이터를 읽었다면 기본적으로 신경망 모델은 목표 변수(들)의 수치 데이터를 예측하는 모델이 될 것이다. MNIST 데이터를 읽었다면 신경망 모델은 기본적으로

SoftMax 출력 레이어를 이용해 라벨 파일에 기록돼 있는 라벨 값들에 따라 클래스를 나눈다.

데이터베이스 입력과 목표치(257페이지)

사용자는 하나 이상의 예측기 변수와 하나 이상의 목표 변수를 지정한다. MNIST 데이터를 읽었다면 예측기와 타겟 값들은 사전에 정의돼 있기 때문에 사용자가 굳이 지정할 필요가 없다. 하지만 사용자는 원한다면 이 명령어를 이용해서 이 값들을 변경시킬 수 있다. 모델을 훈련시키는 동안 모든 훈련 데이터를 대상으로 일정한 상수 값을 갖는 예측기들은 신경망 모델에서 생략된다.

고급 옵션

고급 속성 변경 옵션을 이용해서 일반적으로 사용자가 건들지 않는 부분들을 여기서 제어할 수 있다. DEEP 1.0에서는 비CUDA 스레드 연산이 허용된 최대 스레드 개수가 이에 해당하는 옵션이다. 실제 애플리케이션에서 이 기본 값은 아주 커야 한다. 단, 윈도우 운영체제가 갖는 제약사항 때문에 64보다 크게 설정하진 못한다.

RBM 훈련 파라미터(258페이지)

비감독 RBM 훈련과 관련된 파라미터들을 설정할 수 있다.

감독 훈련 파라미터(263페이지)

감독 훈련된 레이어들과 관련된 파라미터들을 설정할 수 있다.

훈련(265페이지)

현존하는 데이터들을 이용해서 모델 전체를 훈련시킨다.

테스트(269페이지)

훈련된 모델은 현존하는 데이터들을 이용해서 테스트될 수 있다.

분석(270페이지)

훈련된 모델을 분석하는 두 가지 기본적인 방식이 수행된다. 이는 입력의 평균 활성화 값을 재구조화된 데이터들을 대상으로 한 활성화 값들과 비교하고, 비감독 훈련된 마지막 레이어의 평균 활성화 값을 비교한다.

화면 출력 메뉴 옵션

수용 영역(Receptive field)(271페이지)

하나 이상의 은닉 뉴런들에 대한 수용 영역receptive fields(첫 번째/마지막 레이어의 가중치)의 그래프가 그려진다. 이렇게 출력된 화면은 File/Print 명령으로 프린트 가능하다.

생성적 샘플(Generative sample)(272페이지)

하나 이상의 생성적 샘플generative samples의 그래프가 출력된다. 이렇게 출력된 화면은 File/Print 명령으로 프린트 가능하다.

데이터베이스 읽어 들이기

표준 데이터베이스 포맷(예: 엑셀™ CSV)으로 된 텍스트 파일을 읽어 들인다. 아니면 다른 일반적인 통계/데이터 분석 프로그램이 생성하는 데이터베이스 포맷도 읽어 들인다. 첫 번째 라인은 반드시 데이터베이스에 존재하는 변수들의 이름이 명시돼 있어야 한다. 이 변수명으로 지정할 수 있는 최대 길이는 15글자다. 변수명은 반드시 문자로 시작해야 하며, 문자와 숫자, 그리고 밑줄 등으로만 이뤄져야 한다.

그 아래 줄들은 실제 데이터를 기록한 것으로, 한 줄당 하나의 데이터가 입력된다. 데이터를 누락missing data하는 것은 허용되지 않는다.

변수 이름과 데이터를 식별하기 위해 공백문자, 탭, 그리고 콤마 등을 쓸 수 있다.

다음은 전형적인 통계 데이터로부터 처음 몇 개의 라인을 발췌한 것으로, 6개의 변수가 존재하며, 각각 3개의 데이터를 기록하고 있다.

```
RAND0 RAND1 RAND2 RAND3 RAND4 RAND5
-0.82449359  0.25341070  0.30325535 -0.40908301 -0.10667177 0.73517430
-0.47731471 -0.13823473 -0.03947150  0.34984449  0.31303233 0.66533709
 0.12963752 -0.42903802  0.71724504  0.97796118 -0.23133837 0.81885117
```

MNIST 이미지 읽어 들이기

표준 MNIST 포맷의 이미지 파일을 읽어 들인다. 10개의 라벨이 있다고 가정한다. 행과 열의 개수를 파일에서 읽어 들이며, 일반적인 파일은 28개의 행과 열로 이뤄져 있지만 그렇다고 DEEP 프로그램에서 임의의 파일이 담고 있는 행과 열이 정확히 몇 개일 것이라 가정하고 있진 않다. DEEP 1.0에서 행과 열의 개수를 곱한 값이 절대 4096-10=4086을 넘어선 안 된다. 이미지 개수에는 딱히 명시된 제약이 없다. 단지 메모리에서 얼마나 수용할 수 있는지가 관건이다.

DEEP 1.0 안에 있는 모델은 분류기이거나 예측 모델일 수 있다. 전자의 경우 출력 레이어는 SoftMax가 되고, 후자의 경우 출력 레이어는 범위 제한이 없는 선형적으로 변할 수 있는 수치 값을 결과로 도출한다. MNIST 데이터를 읽어 들일 때 기본적으로는 분류기 형태가 쓰인다. 데이터베이스에 대한 데이터의 경우 기본적으로 수치적 예측 값이 쓰인다. 두 경우 모두 사용자는 기본 옵션을 변경해서 강제로 신경망 모델을 분류기로 만들거나 예측기로 만들 수 있다.

반드시 이미지 파일을 읽어 들인 이후 이에 해당하는 MNIST 라벨 파일들을 읽어 들여야 한다.

MNIST 라벨 읽어 들이기

표준 MNIST 포맷의 라벨 파일을 읽어 들인다. 10개의 라벨이 있다고 가정한다. 반드시 라벨 파일을 읽어 들인 이후 이에 해당하는 MNIST 라벨 파일들을 읽어 들여야 한다.

활성화 파일 작성

이 옵션은 모든 데이터를 대상으로 하나의 뉴런이 도출하는 활성화 값을 포함하는 텍스트 파일을 작성하며, 이때 한 라인당 하나의 데이터가 기록된다. 사용자는 기록될 뉴런이 비감독 혹은 감독 섹션에 있는지, 어느 레이어가 어떤 섹션 안에 존재하는지(1이면 첫 번째 레이어를 뜻함), 그리고 레이어마다(이 역시 1이 첫 번째 뉴런을 나타냄) 뉴런의 개수는 몇 개인지 등을 정의해주게 된다.

일부 사용자들은 다른 프로그램에 활성화 파일을 전달하는 것이 편하다고 생각할 수도 있겠지만, 활성화 파일은 주로 프로그램을 진단할 목적으로 사용한다.

모든 데이터 삭제

신경망 모델이 아직 학습하지 못한 데이터(이런 데이터를 '테스트 데이터' 혹은 'OOS$^{out-of-sample}$ 데이터'라고 부른다)를 가지고 훈련된 모델을 테스트하길 원할 때도 있다. 훈련 데이터와 훈련 신경망 모델을 읽어 들인 다음, Clear all data를 클릭해 테스트 데이터를 읽어 들이고, 마지막으로 Test를 클릭해 이런 테스트를 수행할 수 있다.

훈련된 모델이 존재하고 데이터를 삭제한 상태라면 그 이후에 읽어 들인 데이터들은 반드시 동일한 변수의 데이터이어야 하고, 신경망 모델을 훈련시키기 위해 사용된 데이터와 동일한 순서로 기록돼 있어야 한다.

모델 아키텍처

DEEP 1.0에 내장된 모델은 감독 훈련된 레이어만 있거나 하나 이상의 비감독 훈련된 레이어들로 구성된 모델로, 최상위에 위치한 RBM은 탐욕적인 훈련으로 생성한 결과물이다. RBM 다음에는 하나 이상의 감독 훈련된 레이어들이 존재하며, 마지막에 비감독 훈련된 레이어의 출력을 RBM의 입력으로, 목표치를 출력으로 이용해 훈련시킨 것이다(혹은 비감독 훈련된 레이어가 없는 경우 원본 데이터를 이용한다). 사용자는 다음과 같은 속성들의 크기를 지정해 모델의 아키텍처를 정의하게 된다.

비감독 훈련된 레이어 개수 이 속성을 0으로 지정하면 완전히 감독 훈련된 모델을 생성한다.

첫 번째로 비감독 훈련된 레이어상에 존재하는 은닉 뉴런 이 속성은 원본 데이터를 입력으로 받아들이는 최하단 레이어를 대상으로 한다.

마지막으로 비감독 훈련된 레이어상에 존재하는 은닉 뉴런 이 속성은 최상단에 있는 RBM 레이어를 가리키며, 이 뉴런들의 출력이 감독 훈련된 영역으로 전달된다. 비감독 훈련된 레이어가 하나밖에 없으면 이 속성 값은 반드시 첫 번째 비감독 훈련된 레이어의 은닉 뉴런의 속성 값과 동일해야 한다. 다중 레이어가 존재한다면 내부의 크기들은 선형적으로 추가된다^{interpolated}.

감독 훈련된 레이어의 개수 이 속성은 반드시 1(출력 레이어에 해당)보다 커야 하며, 하나 이상의 비감독 훈련된 레이어가 존재할 경우 일반적으로 존재하는 데이터이지만, 비감독 훈련된 RBM 영역이 '전형적으로' 출력 레이어 밑에 하나 이상의 은닉 레이어를 갖는 감독 훈련된 모델에 전달되는 것이 적절하다. 엄격하게 감독 훈련된 모델일 경우 DEEP 1.0를 이용하는 것도 가능하다.

첫 번째로 감독 훈련된 레이어상의 은닉 뉴런 이 속성은 감독 훈련된 레이어의 개수가 1보다 클 때만 의미가 있으며, 비감독 훈련된 레이어가 존재하지 않는다면 원본 데이터를, 기타 경우 비감독 훈련된 레이어의 출력이 마주치는 첫 번째 레이어상의 은닉 뉴런 개수가 이 데이터 값이다.

마지막으로 감독 훈련된 레이어상의 은닉 뉴런 이는 출력 레이어 바로 아래에 위치하는 마지막 은닉 레이어를 가리킨다. 감독 훈련된 레이어의 개수가 2 개라면 (하나는 은닉 레이어, 하나는 출력 레이어인 경우) 이 속성은 반드시 첫 번째 감독 훈련된 레이어의 은닉 뉴런과 같은 값을 가져야 한다. 다중 은닉 레이어(감독 훈련된 레이어의 개수가 2개보다 많을 때)가 존재한다면 내부 크기는 선형적으로 추가된다.

데이터베이스 입력과 목표치

이 옵션은 신경망 모델(예측기^{predictors})에 입력으로 사용될 변수(들)와 예측 대상이되는(목표치^{targets}) 변수(들)을 지정하기 위해 사용된다. 예측 혹은 목표치로 잡을 하나 이상의 각 변수들은 마우스를 드래그해서 일정 범위의 변수들을 선택하거나, 첫 번째 변수를 클릭하고 Shift 키를 누른 상태로 마지막 변수를 클릭해서 일정 영역 안에 들어오는 변수들을 선택하거나, Ctrl 키를 눌러서 원하는 변수들을 개별적으로 선택하는 등 표준 윈도우 방식을 이용해서 하나 이상의 데이터를 선택할 수 있다.

데이터베이스 읽어 들이기 옵션을 사용해서 훈련 데이터를 읽어왔었다면 사용자는 반드시 입력(들)과 목표치(들)를 지정해줘야 한다. 하지만 데이터가 어떤 MNIST 파일에 들어있는 값들일 경우 입력과 목표치는 자동으로 사전 설정된다. 그렇다고 해도 사용자는 마음껏 이 메뉴 옵션을 이용해서 사전 선택된 내용을 변경시킬 수 있다.

모든 MNIST 입력 변수들은 입력 격자 안의 각 픽셀 위치를 찾을 수 있게 P_row_column이라는 명명법을 따른다. 개념상 원점에 위치한 픽셀은 첫 번째 행과 열의 좌표 값이 둘 다 0이므로, 가장 좌측 상단에 위치한 픽셀의 이름은 P_0_0이다.

MNIST 목표 변수들의 이름은 `Label_digit`로 명명함으로써 이름에 적힌 숫자를 통해 이와 연관된 클래스가 무엇인지 확인할 수 있다. 그러므로 목표 변수의 이름은 `Label_0`부터 `Label_9` 사이가 될 것이다.

MNIST 데이터에 대해 신경망 모델은 기본적으로 **SoftMax** 출력을 갖는 분류기가 된다. 데이터베이스로부터 읽어 들인 훈련 데이터에 대해서 신경망 모델은 기본적으로 예측 모델이 되며, 이 모델은 각 목표치의 수치 값을 예측하려고 한다. 하지만 감독 훈련된 훈련 옵션(나중에 설명할 것이다)은 사용자로 하여금 강제로 신경망 모델을 분류기 혹은 예측기로 만들 수 있도록 허용해준다. 강제로 선택된 분류기의 경우 사용자는 반드시 데이터 입력과 목표치 메뉴 옵션을 이용해서 적어도 두 개 이상의 목표치를 지정해줘야 한다. 그리고 각 데이터(case)에 대해서는 최댓값을 갖는 목표치가 곧 그 데이터의 클래스가 무엇인지 판별해주는 기준이라고 가정한다.

RBM 훈련 파라미터

이 메뉴 옵션은 RBM 훈련과 관련된 파라미터들을 설정한다. 모든 파라미터는 수많은 애플리케이션이나 대부분의 애플리케이션에 적절히 적용해볼 수 있는 합리적인 기본 값으로 사전 정의돼 있다. 다음과 같은 파라미터들이 일반으로 사용되는 항목들이다.

랜덤 초기화 반복 순환 통계적 기울기 하강 알고리즘 훈련을 위한 좋은 시작 지점을 찾기 위해 테스트된 시도용 가중치 데이터의 개수를 의미한다. 이 알고리즘은 3장에 설명돼 있다. 이후에 진행할 훈련 작업을 재구조화 오차 값으로 시작할 수 있게 적어도 수십 번은 분명히 반복 시도해볼 만한 가치가 있다. 수백 번 이상 반복하는 건 과한 것일 수도 있다.

배치 개수 이 속성 값으로 지정된 배치 개수만큼으로 훈련 데이터를 개별 집단으로 나눠서(필요할 경우 DEEP 프로그램이 정확한 개수를 조절할 수도 있지만) 통계적 기울기 하강 알고리즘에 적용한다. 이러한 선택에 있어 필수적인 개념들은 3장에서 다뤘었다. 기본적인 원칙들을 다시 소개하면 다음과 같다.

- 앞서 논의했던 내용을 상기해보면 '배치당 시간$^{time-per-batch}$' 대 '수렴을 위한 배치$^{batches-for-convergence}$'의 트레이드오프 관계는 여러 개의 작은 배치들을 이용하는 쪽으로 선호하게 된다는 사실을 상기해보자. 하지만…

- 윈도우 스레드 실행 중에 소모되는 오버헤드가 미미하더라도 커널을 실행시킬 때의 오버헤드는 상당히 클 수 있다. 그러므로 CUDA 프로세싱을 이용한다면 되도록 적은 수의 배치를 이용할 수 있게 노력해야 한다.

- 앞서 소개했던 학습률과 모멘텀의 자동 조절은 상대적으로 큰 배치들을 대상으로 최상의 성능을 발휘한다. 이는 배치를 되도록 조금만 사용하는 걸 선호하게끔 만든다.

- 실질적으로 이는 가장 중요한 이슈다. 대부분의 윈도우 실행 프로그램들은 처음 실행 후 CUDA 커널 사용 시간이 2초로 제한돼 있다. 커널 시간은 거의 선형적으로 배치 크기에 비례한 관계를 갖기 때문에 사용자의 화면이 깜빡 거리다가 드라이버가 리셋됐다는 메시지가 뜬다면 배치 개수를 늘려보자. CUDA.LOG 파일에는 커널 시간 데이터가 기록되므로, 이 정보를 참조해서 최대한 임계치에 다다를 때까지 배치 개수를 조절해볼 수 있다(3장의 '타이밍' 절 참조).

마르코프 체인 길이(CD-k) 시작 통계적 기울기 하강 알고리즘 프로세스가 시작할 때 이 파라미터 값만큼 3장에서 나왔던 대조적 발산 알고리즘을 수행하면서 마르코프 체인을 반복 계산한다. 이 기울기 추정치의 정확도는 반복 횟수를 늘림에 따라 올라가고, 그러면서 더 적은 에포크 동안 수렴하게 되는 결과를 얻게 된다. 하지만 이러한 샘플들을 얻기는 매우 큰 비용이 든다. 훈련 과징의 초기 단계에서는 그다지 정확한 기울기 추정치를 구해낼 필요도 없다. 대략적인 근사치만으로도 충분하다. 이 파라미터는 거의 언제나 기본 값인 1로 남아있어야 한다.

마르코프 체인 길이(CD-k) 끝 학습이 진행되면서 취해지는 반복 순환 횟수다. 점차 수렴 상태에 도달하면서 연산 시간을 늘려 좀 더 정확한 기울기 추정치를 얻는 것도 해볼 만한 일이다. 기본 값인 4는 거의 모든 애플리케이션에서 적절하게 적용될 수 있는 수치다. 사용자가 참 최대 발생 가능 확률 파라미터 추정치를 구하고 싶은 경우(실질적으로는 이렇게 해봤자 대게 큰 의미를 얻지 못한다) 이 파라미터를 매우 큰 값으로 지정할 수 있다.

마르코프 체인 길이(CD-k) 증가율 체인 길이가 초기 길이에서 마지막 길이까지 증가하는 속도를 의미한다. 표준 기하급수적 완화 기법을 적용해 마지막 체인 길이가 연속되는 길이 값들을 따라 '새로운 값'으로 추가된다.

학습률 초기 학습률을 정의한다. 이 값은 작게 지정돼야 하며, 아마도 다른 프로그램에서 학습률을 지정할 때 익숙하게 적용했던 작은 값들보다 더 작아야 할 것이다. 그 이유는 3장에서 소개했던 자동 조절 알고리즘이 빠르게 학습률을 최적 값으로 변화시키기 때문이다.

모멘텀 시작 초기 모멘텀을 정의한다. 이 값은 작게 지정돼야 하며, 아마도 다른 프로그램에서 학습률을 지정할 때 익숙하게 적용했던 작은 값들보다 더 작아야할 것이다. 학습률과 마찬가지로 3장에서 소개했던 자동 조절 알고리즘이 빠르게 학습률을 최적 값으로 변화시키기 때문이다.

모멘텀 끝 훈련이 진행되면서 조절 알고리즘이 모멘텀을 작은 값으로 조절되도록 바로 잡아주지 않는 한 기울기 하강 알고리즘이 갖는 불안정성으로 인해 모멘텀 값이 점차 이 파라미터 값에 근사해지도록 변화할 것이다. 이 파라미터의 기본 값 자체만으로도 충분히 큰 값이기 때문에 이보다 더 크게 주는 건 위험하다.

가중치 패널티 큰 가중치 값들에 얼마만큼의 패널티를 적용할지를 나타내는 속성이다. 가중치가 최적 값에 근사할 수 있게 허용하려면 이 속성 값은 반드시 작아야 하지만, 그렇다고 0이 되면 안 된다. 가중치 패널티가 적용되지 않는다면 일반적이진 않지만 성가실 정도로 좋지 않은 상황에서는 하나 이상의 가중치 값들이 매우 크게 증가해버릴 수도 있다.

희소 패널티 다음 파라미터로 지정된 희소 목표치에 은닉 뉴런 활성화 속도가 접근할 수 있도록 조절하는 파라미터다. 이 속성이 큰 비중을 갖는 것은 아니며, 원한다면 0으로 정해도 좋다. 하지만 대부분의 데이터에서는 작은 은닉 뉴런 활성화 값을 결과로 도출하는 가중치 값을 지향하도록 상냥하게 가중치 0.1과 같은 값을 시도해보는 것이 좋다. 무엇보다도 이 속성은 가중치를 더욱 해석 가능하게 만들어줌으로써 특정 은닉 뉴런의 활성화 값과 관련된 패턴이 무엇인지에 대해 연구할 수 있다. 모든 은닉 뉴런이 절반의 시간 만에 활성화된다면 활성화가 더욱 희소해지는 경우보다 그러한 해석이 좀 더 힘들어질 것이다.

희소 목표치 희소 패널티에 의해 시도된 은닉 뉴런 활성화 비율을 목표로 하는 파라미터다. 일반적으로 0.1 정도의 값을 사용한다. 이 파라미터는 희소 패널티가 0일 경우 무시된다.

증분 수렴 판단 기준 이 파라미터는 부가적으로 사용될 수 있는 수렴 판단 기준으로, 3장에서 소개했다. 한 에포크 동안 가장 크게 조절된 가중치와, 가장 큰 가중치의 크기와의 비율이 이 파라미터로 지정된 임계치보다 아래로 떨어지면 수렴을 완료하도록 명해진다. 훈련 알고리즘의 초기 단계에서 종료되는 일이 없도록 이 파라미터 값은 아주 작게 지정해야 한다.

개선되지 않는 최대 에포크 이 파라미터는 주요 수렴 판단 기준으로 사용된다. 한 에포크 동안 가장 크게 조절된 가중치와 가장 큰 가중치의 크기와의 비율은 최소화되고 있는 음의 로그 발생 가능 확률 기준의 국부적 최솟값에 얼마나 가까이 와있는지 나타내주는 좋은 측정치다(비록 완벽하진 못더라도 말이다. 자세한 내용은 3장을 참조하자). 현재까지 구한 최소 비율보다 작은 이 파라미터 값 없이 지정된 개수의 에포크 동안 진행된다면 수렴에 도달했다고 말할 수 있다.

최대 에포크 이 파라미터는 일종의 보험backstop 같은 역할을 해서 무한 루프에 빠지지 않게 한다. 이 파라미터는 실질적인 수렴 값에 대해선 고려하지 않고 그저 강제로 루프를 막아버리는 역할만 하기 때문에 이 값을 실제 수렴 판단 기준으로 쓰면 절대 안 된다. 이 파라미터 값을 크게 적용하고, 매우 보기 드문 불안한pathological 상황을 제외한다면 이러한 주요 수렴 판단 기준들 중 하나로 현재의 상황을 잘 처리할 수 있다고 믿고 두고 보는 것이다.

가시 평균 필드(Visible mean field)(vs 통계 값) 이 박스를 체크하면 가시 레이어의 재구조화가 3장의 식 (3.4)에 있는 평균 필드 근사치approximation를 이용할 것이다. 체크하지 않으면 재구조화는 3장의 식 (3.2)를 따라서 샘플링을 취한다. 평균 필드 근사치가 일반적으로 인정되면서 쓰이는 건 아니지만, 가장 좋은 선택이 될 가능성이 있다. 실질적인 차이는 미미하다.

탐욕적인 평균 필드 이 박스를 체크하면 탐욕적인 훈련을 위한 초기 단계의 레이어를 거치는 입력 데이터는 엄격하게 평균 필드 근사치를 이용한다. 이 박스를 체크하지 않으면 훈련되고 있는 레이어에 전달되는 입력에 대해 샘플링이 수행된다(샘플링 대상이 아닌 첫 번째 레이어는 제외된다). 이 주제에 대해서는 4장에서 자세히 다뤘다.

바이너리 분리(split) 이 박스를 체크하면 평균보다 큰 변수들은 1로, 평균 이하인 변수들은 0으로 설정해서 엄격하게 원본 입력 데이터를 바이너리 형태로 변화시킨다. 이 박스를 체크하지 않으면 원본 입력 데이터는 0과 1 사이의 범위로, 선형적으로 스케일링된다.

세밀하게 튜닝된 완전한 모델 이 박스를 체크하면 전체 Deep Belief Nets를 구성한 이후에(즉, 모든 RBM을 탐욕적으로 훈련시키고 나서 이후에 이어지는 모든 레이어를 감독 훈련시킨 신경망을 완성한 다음에) 감독 훈련 기법을 이용해서 RBM 레이어들을 포함한 전체 모델을 변경한다. 이렇게 하면 항상 모집단 기반의 성능을 개선시키며, 종종 표본 집단의 성능도 개선시킨다. 하지만 재구조화 샘플들을 화면에 출력하는 것은 무의미한 존재가 된다.

감독 훈련 파라미터

이 메뉴 옵션은 다음과 같은 RBM 레이어(들)의 감독 기반 훈련과 더불어 완전한 Deep Belief Nets의 선택적인 정밀 튜닝과도 연관된 파라미터를 설정한다. 모든 파라미터는 대부분의 모든 애플리케이션에 합리적으로 적용될 수 있을 만한 기본 값으로 미리 설정돼 있다. 다음과 같은 파라미터들이 설정된다.

CUDA 타임아웃 방지를 위한 서브셋 이 파라미터는 신경망 모델상에 무엇이 생산되든 간에 아무런 영향을 미치지 않는다. 이 파라미터는 단지 어느 정도로 연산을 나눌 것인지에만 영향을 미친다. 즉, 연산 결과는 변하지 않는다. 이는 RBM 훈련 과정에서 배치를 나누는 것과는 다른 개념이다. RBM 배치를 나누는 것은 각 에포크 동안 가중치들이 갱신되기 때문에 신경망 모델과 수렴의 본질에 영향을 미친다. 감독 훈련된 경우 모든 배치는 에포크마다 한 번의 가중치 갱신을 수행한다(전체 훈련 데이터를 거치면서). 커널 실행에 소모되는 오버헤드를 줄이기 위해 서브셋의 개수를 가능한 한 낮게 정해줘야 한다. 하지만 계속해서 CUDA.LOG 파일에 기록되는 CUDA 시간 결과 정리 time summary 정보를 주시하면서 커널당 시간 데이터가 하나라도 2초라는 윈도우 운영체제의 제약 시간을 초과할 경우 더 많은 서브셋을 사용할 준비를 해야 한다.

감독 훈련 기반의 담금질 반복 순환 담금질 모사 알고리즘의 수행 횟수로, 훈련을 시작하기에 좋은 가중치 값을 찾는 데 사용된다. 이 주제에 대해서는 2장의 '기본적인 훈련 알고리즘' 절에서 상세히 다루고 있다. 이 값은 일반적으로 상당히 연산 비용이 적으며, 처음 수백 번 정도의 반복 수행만으로 좋은 결과를 얻는다. 빠르게 감소하는 반환 값으로 인해 반복 수행 횟수가 수천 번에 달하는 것은 아마도 지나치게 많은 반복 횟수가 될 것이다.

초기 랜덤 범위 가중치가 진동하는 평균 범위를 의미하는 파라미터로, 담금질 모사 알고리즘에 사용된다. 프로그램이 주기적으로 사용자가 지정한 값

주위를 오르락내리락하면서 이 파라미터의 비중을 줄여버린다. 이런 이유로 오차가 진행되는 그래프를 보면 확연하게 주기적으로 변한다는 것을 확인할 수 있다. 이는 일반적인 연산 결과일 뿐이다. 담금질 모사 알고리즘의 진동을 지배하는 정확한 알고리즘에 대해서는 2장의 '기본적인 훈련 알고리즘' 절에서 다루고 있다.

감독 훈련된 최대 반복 횟수 RBM 훈련이 완료된 다음에는 RBM 레이어(들) 이후의 감독 훈련된 레이어(들)가 훈련된다. 이 파라미터는 너무 오랜 시간 실행되지 않게 하기 위해 에포크의 개수를 제한하며, 매우 큰 값으로 설정돼야 하고 단지 보험용으로만 사용해야지 일반적인 수렴을 결정할 판단 기준 convergence determiner으로 쓰면 안 된다.

감독 훈련된 수렴 공차 범위(tolerance) 이 파라미터는 감독 훈련된 레이어(들)의 훈련 수렴 여부를 결정하기 위한 주요 판단 기준이다. 한 에포크에서 그 다음 에포크로 진행되면서 상대적인 변화량이 이 파라미터 값보다 작아지면 훈련을 중단한다. DEEP에서 사용된 감독 훈련된 훈련 알고리즘은 결정적deterministic이기 때문에 이 파라미터는 아주 작은 값으로 설정해도(대부분의 개선은 훈련 초기 과정에서 일어나기 때문에 이렇게 한다고 딱히 좋을 것도 없지만) 안전하다.

완전한 최대 반복 순환 이 파라미터는 완전한 (비감독 훈련된 RBM과 더불어 이후에 이어지는 감독 훈련된 레이어 등으로 구성되는) Deep Belief Nets를 선택적으로 세밀하게 튜닝하는 작업에 적용된다는 점만 제외하면 감독 훈련된 최대 반복 횟수 파라미터와 동일하다.

완전한 수렴 공차 이 파라미터는 완전한 (비감독 훈련된 RBM과 더불어 이후에 이어지는 감독 훈련된 레이어 등으로 구성되는) Deep Belief Nets를 선택적으로 세밀하게 튜닝하는 작업에 적용된다는 점만 제외하면 감독 훈련된 수렴 공차 범위 파라미터와 동일하다.

가중치 패널티 이 패널티는 감독 훈련 과정에서 큰 가중치를 줄이는 역할을 한다. 이 파라미터는 거의 항상 '최상의' 가중치를 학습하는 데 전반적으로 강한 영향을 미치지 않을 정도로 충분히 매우 작은 값으로 설정돼야 한다. 하지만 감독 훈련된 영역에 전달된 입력들이 서로 강하게 상관^{correlated}될 때 특히 더 발생할 가능성이 높은, 일반적으로 발생하지 않는 불안한 상황에서 생길 수 있는 큰 가중치를 방지할 수 있을 정도로는 커야 한다. 이 주제에 대해서는 2장의 '가중치 패널티' 절에서 다루고 있다.

모델이 분류기인가 기본적으로 MNIST 데이터는 분류기 모델을 도출하며, 데이터베이스 데이터는 예측 모델을 도출한다. 이 옵션은 기본 값을 사용자가 조정할 수 있게 해준다. 데이터베이스 데이터를 읽어 들여서 사용자가 강제로 신경망 모델이 분류기가 되도록 설정한다면 적어도 두 개의 목표치는 반드시 선택돼야 하며, 각 데이터에 대해서 최댓값을 갖는 목표치가 올바른 데이터라고 가정한다.

특이값 분해(singular value decomposition) 금지 예측 모델을 위해 명시적으로 최적의 출력 가중치를 계산하고 분류기의 반복적 훈련을 위한 시작 가중치에 쓸 수 있는 탁월한 값을 찾아내기 위해서 극도로 효율적인 특이값 분해^{SVD} 알고리즘을 어떻게 사용할 수 있는지에 대해 2장의 '최적의 출력 가중치 계산을 위한 특이값 분해' 절에서 논의했다. 하지만 어마어마한 문제 상황이나, 일부 불안정한 상황에서는 SVD도 (극히 드물지만) NaN$^{not\ a\ number}$이라는 결과를 내놓으면서도 실패할 수 있다. 이런 이유로 출력 레이어에 전달되는 입력이 400개 이상일 경우 SVD는 비활성화된다. 게다가 사용자는 SVD를 비활성화하도록 선택할 수도 있을 것이다. SVD가 빠르고 높은 수준의 수렴을 구하는 데 있어 엄청나게 큰 도움이 되기 때문에 가능하다면 항상 활성화해야 한다.

훈련

훈련 단계는 전체 Deep Belief Nets를 훈련시킨다. 우선 모든 RBM 레이어들을 비감독 기반의 탐욕적인 훈련 방식으로 훈련시킨다. 그런 다음, 이후에

이어지는 모든 레이어(전형적인 상황에서는 하나의 레이어, 즉 출력 레이어만 해당함)를 감독 훈련 방식으로 훈련시킨다. 마지막이고 선택적으로, 전체 Deep Belief Nets 를 감독 기반으로 세밀하게 튜닝시킨다. 완전한 훈련 과정을 위한 단계들이 화면 좌측에 나온다. 현재 구성에서 쓰이지 않는 단계들은 음영 처리돼 있다. 화살표 모양의 마커는 현재 실행 중인 단계를 나타내며, 특별히 속도가 느린 연산은 %로 진행률을 나타낸다.

RBM 훈련에서의 첫 번째 단계는 랜덤하게 가중치들을 생성해서 초기 가중치 값들을 구하고, 최소 재구조화 오차를 갖는 가중치는 찾아낸다. 그림 5.1 에서 이러한 연산 진행 과정의 예를 확인해볼 수 있다. 좌측 패널의 첫 번째 항목은 RBM 레이어 1을 훈련 중임을 나타낸다. 그 다음은 초기 가중치 계산이 55%까지 진행 중임을 나타낸다. 오른쪽의 그래프는 RMS 재구조화 오차를 그린 그래프로, 파란색 선은 개개의 시도 결과를 보이고 있으며, 굵은 선은 현재까지 발견한 최고(최저)의 재구조화 오차를 나타낸다.

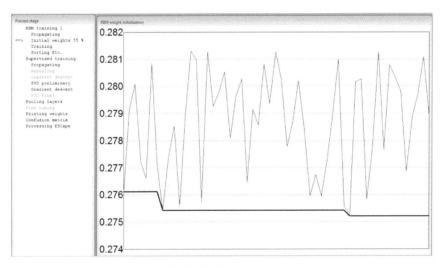

그림 5.1 RBM 훈련을 위한 초기 가중치 탐색 과정

초기 가중치 탐색 단계가 완료되면 프로그램은 통계적 기울기 하강 알고리즘을 이용해서 RBM을 훈련시킨다. 이 단계의 조작 화면이 그림 5.2에 나와 있다.

좌측 패널에서 현재 훈련 계산이 1% 진행 중임을 볼 수 있다. 이 수치는 앞에서 언급했던 보험용으로 사용할 목적으로, 전체적으로 큰 값으로 설정되는 최대 에포크 파라미터에 대한 상대적인 비율을 나타낸 값이다. 그러므로 이 % 값은 거의 항상 매우 보수적인 관점에서 실제 진행 상황에 상대적인 값이 된다.

오른쪽의 큰 윈도우에는 세 가지 값들(현재 값, 최솟값, 최댓값)이 그래프 중앙 상단에 나와 있다. 재구조화 오차는 빨간색이며, 일반적으로 빠르게 줄어들면서 수평선에 가깝게 일정하게 유지된다. 증분 비율(최대 증분 값을 최대 가중치로 나눈 값)은 보통 거의 선형적으로 변화하다가 한번 꺾이고 나서 조금 오르락내리락하면서 수평하게 진행된다. RMS 기울기는 종종 특별한 거동을 보여주는데, 매우 큰 기울기로 증가하다가 다시 급격하게 감소하다가 거의 0이 되면 다시 한 블록 크기로 증가해 좀 더 유용한 값으로 유지된다.

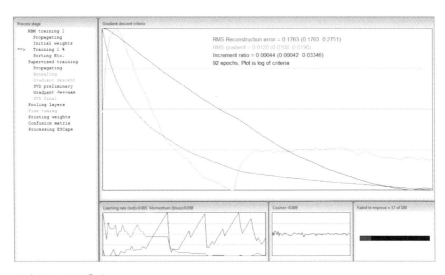

그림 5.2 RBM 훈련

이 그래프가 로그 스케일로 그려진다는 점에 주목하자! 또한 각 그래프마다 스케일링돼 파라미터의 전체 변화 범위는 그래프의 수직축 범위를 정확하게 모두 포괄한다. 알짜 효과는 사실, 훈련이 진행되면서 그래프 값이 작아지면 실제 값이 아주 작은 크기로 변화해도 이 그래프상에서는 큰 변화로 확대돼 표현된다는 것이다. 이러한 확대 효과는 실제로 일어나는 일이 무엇인지 매우 상세하게 확인해볼 수 있다는 점에서 아주 유용하다. 안타깝게도 이 효과는 사용자로 하여금 사실은 실제 값의 변화가 매우 미미할 때 격렬한 요동 violent gyrations 현상이 발생한다고 착각하게 만들 수 있다.

아래 좌측에 있는 그래프는 동적으로 조절된 학습률과 모멘텀을 보여주며, 또한 로그 스케일링돼 값의 변화가 정확하게 수직축 범위 안에 들어올 수 있게 돼 있다. 전형적으로 학습률은 처음엔 요동치다가 수십 번 정도 루프를 반복한 이후부터는 아주 작은 값으로 떨어지는 알짜 감소net decrease를 보여준다. 모멘텀은 아주 드물게 안정화되며, 과도한 수준이 되기 전까지는 꾸준히 증가하다가 오버슈트를 유발해 백트래킹backtracking되게 한다. 이 시점에서 조절 알고리즘은 잠시 동안 모멘텀을 다시 마구 감소시킨다.

아래 쪽 중앙에 나와 있는 그래프는 연속적으로 진행되는 기울기들 사이의 코사인 각을 계산해 −1과 1 사이의 범위로 스케일링한 그래프다. 이 값은 항상 중앙선 근처에 와야 하며, 이는 가중치 증분 값이 언더슈트나 오버슈트 가 일어나지 않음을 뜻한다.

아래 쪽 좌측에 나와 있는 막대그래프는 연속된 증분 값을 사용자가 지정한 제한 값에 비교한 비율이 감소하지 못한 실패 횟수를 나타낸다. 붉은 막대가 꽉 차면 훈련이 종료될 것이다. 이것이 수렴을 판단하는 주요 기준이다.

이후에 이어지는 RBM 레이어들의 감독 훈련과 더불어 선택적인 상세 튜닝 모두 훈련이 진행되면서 오차 그래프가 그려지게 한다. 이 부분에 대해서는 이해가 안갈 만한 점이 없으므로 상세한 논의는 생략하겠다.

테스트

테스트 단계에서는 현재의 데이터들을 기반으로 훈련이 끝난 모델을 테스트해본다. 훈련은 관심 대상이 아니며, 이 테스트 작업이 훈련이 완료됐을 때 주어지는 결과와 동일한 결과를 재현하기 때문에 즉시 모델을 테스트한다. 하지만 이 선택은 새로운 데이터를 기반으로 신경망 모델을 테스트하는 것을 용이하게 해준다.

일반적인 훈련 절차와 모델을 테스팅하는 절차는 다음과 같다.

- 훈련 데이터 읽기
- 아키텍처 정의
- 예측기와 목표 변수 선택
- 기본 값 이외의 다른 무언가를 원하는 경우 훈련 파라미터 설정
- 훈련 수행
- 모든 데이터 삭제
- 테스트 데이터 읽기
- 테스트 수행

테스트 데이터 집합에는 반드시 동일한 변수들이 훈련 데이터 집합과 동일한 순서로 존재해야 한다. 사용자는 절대로 아키텍처나 예측기/목표 변수들을 변경시키면 안 된다.

주의 사항 테스트 옵션은 CUDA 프로세싱을 이용하지 않는다. 신경망 모델을 CUDA 병렬 처리로 훈련시켰었다면 살짝 다른 방식의 부동소수점 연산은 CUDA를 기반으로 하는 것과 하지 않는 경우에 따라 약간 다른 테스트 결과를 도출할 수도 있다. 차이가 나도 그리 크지는 않을 것이다.

분석

이 단계는 연산 수행 후 DEEP.LOG 파일에 두 가지 데이터 테이블을 출력해준다. 첫 번째 테이블은 비교 테이블로, 개개의 입력 변수별로 훈련 데이터 집합에서 활성화될 확률 값과 재구조화된 입력 레이어에서 활성화될 확률 값들을 함께 나열하고 이다. 다음은 일부 예를 보여준다.

```
Variable   Visible   Reconstructed

P_8_10     0.616     0.617
P_8_11     0.551     0.547
P_8_12     0.522     0.519
P_8_13     0.516     0.513
P_8_14     0.517     0.511
P_8_15     0.520     0.514
P_8_16     0.517     0.513
P_8_17     0.514     0.510
P_8_18     0.539     0.536
P_8_19     0.606     0.603
P_8_20     0.706     0.706
P_8_21     0.806     0.810
P_8_22     0.887     0.891
P_8_23     0.942     0.943
```

또 다른 출력 테이블은 개개의 마지막(최상위) 레이어 은닉 뉴런이 활성화될 확률을 (모든 훈련 데이터 집합에 걸쳐서) 나열한 것이다. 다음은 그 예를 보여준다.

```
Hidden   Activation

   1     0.837
   2     0.449
   3     0.723
   4     0.596
   5     0.578
   6     0.501
```

```
7    0.501
8    0.418
```

수용 영역

RBM 상에서 은닉 뉴런의 수용 영역^{Receptive Field}은 (느슨하게) 입력 레이어를 은닉 뉴런과 연결해주는 가중치들의 패턴으로 정의된다. 이미지 데이터를 입력하게 된다면(예를 들어 MNIST 이미지 데이터 등) 입력 이미지와 동일한 크기로 이러한 가중치를 출력하는 것이 가능하다. 그림 5.3은 MNIST 데이터로 훈련된 12개 뉴런들의 수용 영역을 보여준다. 크기가 큰 양의 가중치는 흰색이고, 크기가 큰 음의 가중치는 검정색이며, 중간 정도 크기의 가중치들은 크기에 따라 다양한 회색으로 표현된다. 색상별로 표현하는 것도 하나의 옵션으로, 양의 가중치를 청록색으로, 음의 가중치를 붉은 색으로, 밝기는 가중치의 크기에 대응해 나타낼 수 있다. 각 이미지마다 가장자리 영역을 보면 회색으로 처리돼 있는데, 이것은 모든 데이터를 대상으로 일정한 상수 값을 갖는 픽셀들이며, 그러므로 신경망 모델에서는 생략돼 있다.

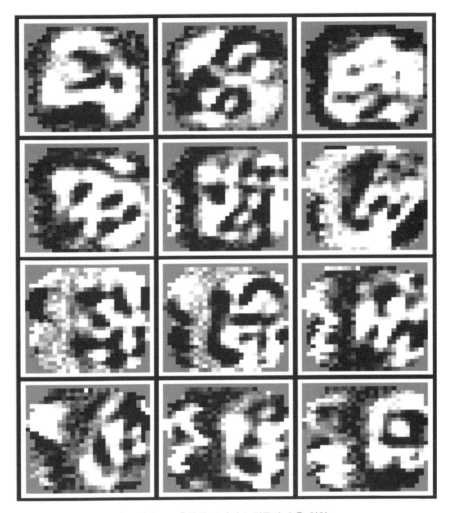

그림 5.3 MNIST 데이터를 기반으로 훈련된 12가지 뉴런들의 수용 영역

생성적 샘플

훈련된 RBM이나 일련의 RBM 레이어들은 이들을 학습시키는 데 기반이 됐던 분포^{distribution}로부터 랜덤하게 샘플을 추출해낼 수 있도록 만들어질 수 있다는 점을 4장의 '생성적 샘플링' 절에서 확인했다. 이렇게 랜덤하게 추출된 샘플을 검사^{examination}하는 일은 신경망 모델이 학습한 주요 패턴들의 예시

들을 보여주기 때문에 흥미로운 일이 될 수 있다.

수용 영역이 출력하는 것과 마찬가지로 이 옵션은 MNIST 이미지를 대상으로 할 경우에만 유효하다(적어도 DEEP 버전 1.0에선 말이다). 또다시 사용자는 반드시 출력할 행과 열의 수를 지정해줘야 한다. `nrows*ncolumns`개의 이미지들은 각각 별개의 샘플이다.

4장의 '생성적 샘플링' 절에서 논의했듯이 마르코프 체인의 마지막 값이 계산된 샘플이 되는 체인 연산을 시작할 두 가지 방법이 있다. 하나는 훈련 데이터 집합의 일부로 시작하는 것이다. 이렇게 하기 위해서 첫 번째 데이터 영역과 첫 번째 샘플로 사용될 훈련 데이터의 일련의 번호를 양수로 설정한다. 그 이후의 샘플들은 이어지는 훈련 데이터들로 시작할 것이다. 마지막 재구조화 결과가 시작 패턴과 닮은 정도는 훈련의 수준과 효과적인 혼합이 마르코프 체인에서 이뤄지고 있는지 보여주는 지표가 된다.

그림 5.4를 보면 첫 12개의 데이터는 1만여 개의 MNIST 테스트 셋으로부터 추출한 것이다. 그림 5.5는 1만 번의 반복을 거쳐서 이러한 데이터로부터 얻어낸 생산적 샘플의 결과를 보여준다. 이를 흥미롭게 만드는 부분은 단 15개의 은닉 뉴런으로만 구성된 하나의 RBM 레이어에서 유도된 결과라는 점이다! 이렇게 작은 모델이 훈련 셋의 패턴을 놀라운 수준으로 함축하고 있다.

대신, 최상위에 있는 은닉 뉴런 레이어를 임의의 값으로 설정할 수 있다. 이렇게 함으로써 계산된 샘플들을 훈련 데이터로부터 독립시킬 수 있다. 이는 신경망 모델이 인지하고 있는 실제의 주요 패턴들을 볼 수 있게 해준다. 그림 5.6은 100개의 은닉 뉴런을 갖고 있는 RBM으로부터 50,000번의 반복 루프를 거쳐 얻어낸 108개의 랜덤 샘플을 보여준다. 주목할 만한 점은 향후 버전에 추가될 수도 있는 옵션으로 표현된 숫자가 무엇인지 확인하기 위해 10개의 가시 뉴런을 입력 레이어에 더 추가하고, 이 10개의 뉴런을 '올바른' 값으로 고정해두면 실제 숫자 값의 표현 결과를 확인할 수 있을 것이라는 점이다. 여기서는 이런 작업이 이뤄지지 않으므로, 숫자를 보는 것보다는 신경망 모델이 학습한 숫자 이미지들의 컴포넌트를 확인한다.

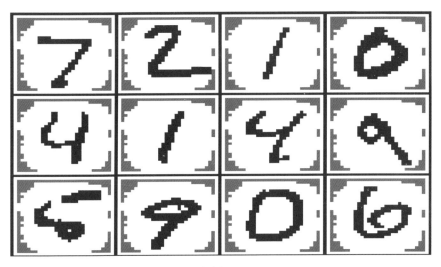

그림 5.4 MNIST 테스트 셋 중 첫 12개의 데이터

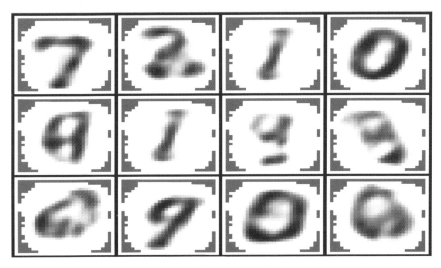

그림 5.5 10,000 번 반복 수행 후 얻어낸 생산적 샘플의 형태

그림 5.6 랜덤하게 설정된 100개의 은닉 뉴런을 이용한 샘플들

DEEP.LOG 파일

데이터베이스나 MNIST 파일을 읽어 들이면 DEEP 프로그램은 이렇게 읽어 들인 데이터 파일과 동일한 위치에 DEEP.LOG라는 새로운 파일을 생성한다. 이 이름과 동일한 이름의 파일이 이미 존재한다면 그 파일을 제거하고 새로 생성한다. 이 로그 파일이 생성된 디렉터리와 로깅 날짜, 시간 등을 보여주는 것으로 로깅 작업이 시작된다. 그런 다음, 읽어 들인 각 변수별로 평균과 표준 편차를 나열한다. 다음은 하나의 예다.

```
Deep (D:\DEEP\TEST\DEEP.LOG)  1/26/15  15:42:16

Found 23 variables in input file D:\DEEP\TEST\SYNTH.TXT

6304 cases read

Means and standard deviations...

    Variable    Mean      StdDev

    RAND0        0.00711   0.57541
    RAND1        0.01422   0.58043
    RAND2        0.01027   0.57694
    RAND3       -0.00765   0.58143
    RAND4        0.00713   0.57911
    RAND5       -0.01166   0.57263
    RAND6       -0.00648   0.57742
    RAND7       -0.01424   0.58015
    RAND8        0.00659   0.57533
    RAND9       -0.00366   0.57733
```

그 다음엔 신경망 모델의 아키텍처를 비감독 훈련 단계와 감독 훈련 단계 등을 포함해 보여준다.

```
Beginning training a model with the following architecture:

    There are 1 unsupervised layers, not including input
```

```
    Hidden layer has 5 neurons

  There are 1 supervised layers, including output
```

적어도 한 개의 **RBM** 레이어는 존재하기 때문에 이 레이어에 대한 훈련 파라미터들이 나열된다.

```
Restricted Boltzmann Machine training parameters...
    Initial random iterations for starting weights = 50
    Number of batches = 24
    Markov chain length start = 1
    Markov chain length end = 4
    Markov chain length rate = 0.0050
    Learning rate = 0.05000
    Starting momentum = 0.10000
    Ending momentum = 0.90000
    Weight penalty = 0.00010
    Sparsity penalty = 0.00100
    Sparsity target = 0.10000
    Increment convergence criterion = 0.00001
    Max epochs with no improvement = 500
    Max epochs = 10000
    Visible layer using mean field, not stochastic
    Inputs will be rescaled to cover a range of 0-1
    Unsupervised section weights will be fine tuned by supervised training
```

감독 훈련 단계에서 사용되는 훈련 파라미터들도 다음과 같이 나열된다.

```
Supervised layer(s) training parameters...
    Initial annealing iterations for starting weights = 100
    Initial random range for starting weights = 1.00000
    Supervised optimization max iterations = 1000
    Supervised optimization convergence tolerance = 0.0000500
    Complete model optimization max iterations = 2000
    Complete model optimization convergence tolerance = 0.0000100
```

```
Weight penalty = 0.00100
```

비감독 훈련된 레이어의 훈련 결과를 먼저 출력한다.

```
Training unsupervised layer 1
    Initial weight search RMS reconstruction error = 0.27098
    Unsupervised training complete; RMS reconstruction error = 0.31654
```

이 결에 한 가지 의문이 드는 점이 있다. 초기 가중치 탐색 결과 재구조화 오차는 0.27098이었지만, 실제 훈련을 완료한 다음 얻어낸 재구조화 오차는 0.31654로 증가했다. 어떻게 이런 일이 생겼을까?

사실, 이런 일은 입력 변수들이 RBM이 학습할 수 있는 패턴을 갖고 있지 않거나 있어도 별로 없을 때만 발생하는 보기 드문 경우다. 이 예제에서 입력은 모두 다 랜덤한 숫자이므로, 확실히 아무런 패턴도 있을 수 없다. 가중치 초기화 과정과 훈련 과정에서의 재구조화 오차가 서로 약간 다르게 측정된다는 사실을 반드시 기억하자. 3장에서 초기 재구조화 오차 탐색은 평균장mean field 근사치를 양방향으로 이용하는 결정적인 방식으로 계산된다고 했었다. 하지만 학습 과정에서 재구조화 오차를 위해 은닉 뉴런 활성화의 랜덤 샘플링 값을 이용한다. 이는 오차를 다소 증가시키는 경향이 있다. RBM이 실제 패턴을 학습할 수 있다면 재구조화 오차 연산 과정에서 임의적이라는 특성으로 인해 발생하는 차이는 신경망 모델이 진정한 패턴을 재구조화할 능력에 의해 궁지에 빠지게 된다. 하지만 재구조화할 패턴이 없는 경우 우리는 그저 랜덤성에 의한 효과가 반영된 결과를 얻게 된다.

비감독 훈련 방식의 탐욕적인 훈련 과정이 완료된 다음에는, 비감독 훈련 단계 다음에 이어지는 감독 훈련 단계가 진행된다. 세밀한 튜닝을 적용하도록 선택했으므로 마지막 단계는 전체 모델을 수정하는 것으로, 비감독 훈련에 감독 훈련을 더하는 단계다. 여기서 우리는 세밀한 튜닝 작업을 진행한 결과, 분류 모델을 압박했기 때문에 이 예제에서는 음의 로그 발생 가능성이 평가 기준으로 사용됐고, 이 기준 값이 크게 개선된다.

감독 훈련 단계의 최적화는 음의 로그 발생 가능 확률 값 = 0.12270으로 완료된다. 전체 모델을 세밀하게 튜닝하는 것은 음의 로그 발생 가능 확률 값 = 0.02327로 완료된다.

목표치들이 나열돼 있으며, 입력 값들을 0~1 사이 범위에 들어오도록 스케일링해서 곧 출력될 가중치들은 이렇게 스케일링된 값들을 가리키게 된다.

다음과 같은 목표치(들)를 예측하는 모델을 위해 훈련된 가중치에서 각 원본 입력들은 0에서 1 사이의 범위로 다시 스케일링돼 최대/최소 범위를 포괄하게 한다.

```
RAND1
RAND2
RAND3
```

그러므로 모든 가중치는 원본 값이 아니라 이렇게 스케일링된 값을 가리키게 된다.

단일 비감독 훈련된 레이어에 대한 가중치들이 이제 출력된다. 레이어의 개수가 여러 개라면 각 가중치 데이터가 여러 개의 데이터 집합으로 나타날 것이다. 이러한 가중치 값들은 세밀하게 튜닝된 이후의 결과다.

```
Weights for unsupervised hidden layer 1

                  1         2         3         4         5
   Q mean    0.4522    0.4796    0.4556    0.4138    0.4717
 skewness    0.1310    0.0700    0.1271    0.2440    0.0618

    RAND1   -7.0347   -4.5028    0.9392   -2.5469    1.4879
    RAND2    4.7047   -1.7225   -0.5104    7.0462    2.0824
    RAND3    2.8726    6.0903    1.6480   -4.7952   -2.6467
    RAND4   -0.0131    0.1551   -1.6304   -0.2535    0.3858
    RAND5   -0.0032   -0.3523   -0.0453    0.1271   -0.8947
    RAND6   -0.0619   -0.1453   -1.8291   -0.1889   -0.2881
     BIAS    0.7231   -0.5790    0.8983   -0.6242    0.4237
```

신경망 모델이 5개의 은닉 뉴런으로 구성되도록 지정했으므로, 테이블도 하나의 열이 하나의 뉴런에 대응돼 총 5개의 열로 구성돼 있다. 최대 10개의 열까지 출력된다. 각 비감독 훈련된 레이어들을 훈련시키고 난 다음에 은닉 뉴런의 가중치 값들을 정렬해서 절댓값의 최대 합산 값을 갖는 은닉 뉴런이 첫 번째 은닉 뉴런이 되는 식으로 나아간다. 이 방식은 가중치를 검토해 검출된 특성의 해석에 대한 힌트를 얻게 해주므로, 우리는 초기 열 부분들에 집중해볼 수 있다. 하지만 세밀 튜닝을 진행한다면 이번 예제에서의 데이터처럼 이러한 정렬은 순서가 뒤집혀버릴 수 있다. 세밀 튜닝 작업 결과가 거의 항상 거대하거나 전체적으로 RBM에서 발견된 가중치 패턴들의 해석 능력을 파괴해버리기 때문에 이는 실질적인 문제는 아니다.

Q mean 행은 각 은닉 뉴런의 평균 활성화 값을 의미하며, skewness 행은 이 활성화 값의 통계적 뒤틀어짐을 의미한다. 일반적으로, 양^{positive}의 뒤틀어짐 평균$^{skewness\ mean}$은 뉴런이 일반적으로 비활성화돼 있거나, 그 반대의 상태로 돼 있다는 걸 의미한다. 이러한 두 가지 값들은 감독 훈련된 세밀 튜닝을 하기 전에 계산된 것들이다; 이 값들은 훈련된 RBM의 가중치들이 감독 훈련된 세밀 튜닝으로 조절되기 전에 훈련된 RBM의 행동^{action}을 가리킨다.

이제 (마지막이자 유일한) 비감독 훈련된 레이어를 (첫 번째이자 유일한) 감독 훈련된 레이어와 연결해주는 가중치에 대해 살펴보자. 또한 앞에서 다뤘었던 최적화 평가 기준의 마지막 값이 반복된다.

마지막 (출력) 레이어에 대한 가중치

```
Target 1 of 3: RAND1

     -9.158017   비감독 훈련된 출력 1
     -6.844571   비감독 훈련된 출력 2
      0.781757   비감독 훈련된 출력 3
     -2.436789   비감독 훈련된 출력 4
      2.660202   비감독 훈련된 출력 5
      6.449515   CONSTANT
```

```
Target 2 of 3: RAND2

        5.160418   비감독 훈련된 출력 1
       -1.469535   비감독 훈련된 출력 2
       -0.629605   비감독 훈련된 출력 3
        9.063721   비감독 훈련된 출력 4
        2.708100   비감독 훈련된 출력 5
       -8.018184   CONSTANT

Target 3 of 3: RAND3

        3.467198   비감독 훈련된 출력 1
        8.798016   비감독 훈련된 출력 2
        1.170767   비감독 훈련된 출력 3
       -8.699801   비감독 훈련된 출력 4
       -3.433103   비감독 훈련된 출력 5
       -2.159271   CONSTANT

Negative log likelihood = 0.02327
```

모든 혼돈 행렬의 마지막 부분이 나와 있다. 일반적으로 분류기를 훈련시킬 때 각 데이터에 대한 목표치 벡터는 올바른 클래스에 해당하는 위치에서 1.0 이란 값으로, 다른 모든 위치에서는 0.0이란 값으로 이뤄진다. 하지만 이는 단지 보편적으로 통용되는 규약이며, DEEP 프로그램이 이를 꼭 따를 필요 는 없다. 대신 어떤 목표치든 최댓값을 갖는다면 참 클래스로 정의되게 했 다. 그래서 이번 예제에서 다뤄지는 상황처럼 연속적인 목표치들을 갖는 모 델을 강제적으로 분류기가 되게끔 했다. 특히 이번 예제에서는 세 개의 모든 목표치들도 입력으로 존재하기 때문에 좋은 분류 결과가 나올 것으로 예상 한다! 사실 실제로 그렇게 되는 걸 보고 있다.

혼돈 행렬(confusion matrix)... 행이 참(true) 클래스이며, 열은 예측된 클래스다. 참 클래스에 대한 세 가지 행의 개개 데이터 집합에서 첫 번째 행은 카운트를 나타내며, 두 번째 행은 해당 행(참 클래스)의 % 값을, 세 번째 행은 전체 데이터 집합에 대한 % 값을 나타낸다.

```
        1        2     3
1    2128        3     8
     99.49    0.14  0.37
     33.76    0.05  0.13

2       9     2088    15
      0.43   98.86  0.71
      0.14   33.12  0.24

3       8        7  2038
      0.39     0.34 99.27
      0.13     0.11 32.33

Total misclassification = 0.7931 percent
```

찾아보기

에이콘출판의 기틀을 마련하신 故 정완재 선생님 (1935-2004)

C++와 CUDA C로 구현하는 딥러닝 알고리즘 Vol.1
Restricted Boltzman Machine의 이해와 Deep Belief Nets 구현

발 행 | 2016년 4월 20일

지은이 | 티모시 마스터즈
지은이 | 이 승 현

펴낸이 | 권 성 준
편집장 | 황 영 주
편 집 | 이 지 은
디자인 | 박 주 란

에이콘출판주식회사
서울특별시 양천구 국회대로 287 (목동)
전화 02-2653-7600, 팩스 02-2653-0433
www.acornpub.co.kr / editor@acornpub.co.kr

한국어판 ⓒ 에이콘출판주식회사, 2016, Printed in Korea.
ISBN 978-89-6077-858-0
ISBN 978-89-6077-446-9 (세트)
http://www.acornpub.co.kr/book/dbn-cuda-vol1

이 도서의 국립중앙도서관 출판시도서목록(CIP)은 서지정보유통지원시스템 홈페이지(http://seoji.nl.go.kr)와
국가자료공동목록시스템(http://www.nl.go.kr/kolisnet)에서 이용하실 수 있습니다.(CIP제어번호: CIP2016010218)

책값은 뒤표지에 있습니다.